Peter Tremp (Hrsg.)

„Ausgezeichnete Lehre!" Lehrpreise an Universitäten

Erörterungen – Konzepte – Vergabepraxis

Waxmann 2010
Münster / New York / München / Berlin

Bibliografische Informationen der Deutschen Nationalbibliothek
Die Deutsche Nationalbibliothek verzeichnet diese Publikation
in der Deutschen Nationalbibliografie; detaillierte bibliografische
Daten sind im Internet über http://dnb.d-nb.de abrufbar.

ISBN 978-3-8309-2304-6

© Waxmann Verlag GmbH, Münster 2010

www.waxmann.com
info@waxmann.com

Umschlaggestaltung: Brigitte von Arx, Zürich / Christian Averbeck, Münster
Druck: Hubert & Co., Göttingen
Gedruckt auf alterungsbeständigem Papier, säurefrei gemäß ISO 9706

Mix
Produktgruppe aus vorbildlich bewirtschafteten
Wäldern und anderen kontrollierten Herkünften
www.fsc.org Zert.-Nr. SGS-COC-005773
© 1996 Forest Stewardship Council

Alle Rechte vorbehalten
Printed in Germany

Inhalt

Vorwort 9

Peter Tremp
Lehrpreise an Universitäten – Einleitung 13

ZUSAMMENHÄNGE

Peer Pasternack
Hochschulqualität und Lehrpreise 27

Uwe Wilkesmann / Christian J. Schmid
Ist der Lehrpreis ein Leistungsanreiz für die Lehre?
Theorie und empirische Evidenz 39

Carmel McNaught
Using Teaching Awards to Develop University Policy:
A Chinese Perspective on University Teaching Awards 57

Mandy Schiefner / Balthasar Eugster
Sichtbarkeit von Lehre – Gedanken am Beispiel des
Lehrpreises 71

Fritz Gutbrodt
Fußnoten und Geistesblitze:
Zur Motivation des Credit Suisse Award for Best Teaching 89

LÄNDERÜBERBLICKE

Kathrin Futter / Peter Tremp
Lehrpreise an Schweizer Hochschulen 101

Bettina Jorzik
   Viel Preis, wenig Ehr. Lehrpreise in Deutschland 117

Elisabeth Westphal
   Lehrpreise an österreichischen Universitäten. Ein Einblick 141

Joy Mighty
   Teaching Awards in Canada 151

Mark Israel
   Teaching Awards in Australian Higher Education 159

AUSGEWÄHLTE BEISPIELE

Kathrin Futter
   Credit Suisse Award of Best Teaching:
   Das Verfahren der Universität Zürich 173

Albertine Kolendowska
   Evaluation et valorisation de l'enseignement
   à l'Ecole Polytechnique Fédérale de Lausanne 181

Uwe Schmidt / Marie-Theres Moritz
   Lehrpreise in Rheinland-Pfalz:
   Zielsetzung, Verfahren, Kriterien 189

Günter Wageneder
   Lehrpeise an der Universität Salzburg:
   Gestaltung – Erfahrungen – Bewertungen 197

Frances Blüml / Oliver Vettori
   Innovative und Exzellente Lehre
   an der Wirtschaftsuniversität Wien 207

Inhalt

Preise in anderen Sparten

Markus Weil
  Berufsmeisterschaft, Weiterbildungswettbewerb, Lehrpreis –
  drei Auszeichnungsmodelle im Vergleich..217

Markus Binder
  „Jurieren ist ein Prozess des Auswählens in Schritten." –
  Wie die Architektur Qualität beurteilt.
  Interview mit Fredy Swoboda..233

  „Das Schwierige ist nicht, eine Person zu finden, der man
  10.000 Franken geben kann." – Wie das Bundesamt für Kultur
  die Qualität von Kunst beurteilen lässt.
  Interview mit Jean-Fréderic Jauslin..241

Autorinnen und Autoren

Vorwort

Lehrpreise erleben in den deutschsprachigen Ländern in den letzten Jahren einen eigentlichen Boom. Ihre Einführung profitiert ebenso von einem allgemeinen Best-of-Boom wie von einer verstärkten Vermessung von Bildung. Gleichzeitig lässt sich feststellen, dass sich kaum eine Diskussion über Lehrpreise etabliert hat: Entsprechende Fachbeiträge sind selten, Konzeptbeschriebe bleiben universitätsintern.

Lehrpreise an Hochschulen sind Auszeichnungen für gute Lehrleistungen. Sie können als Teil von Wissenschaftspreisen verstanden werden, die – hauptsächlich als Forschungspreise – eine lange Tradition kennen. Lehrpreise sind Auszeichnungen für die Tätigkeit in einem Bereich, der ansonsten wenig prestigeträchtig ist. Diese Preise sind Anreize und Belohnungen zugleich und haben zudem den Anspruch, die Qualitätsentwicklung in der Lehre insgesamt zu unterstützen.

Die Arbeitsstelle für Hochschuldidaktik der Universität Zürich hat im November 2008 eine Tagung durchgeführt, welche Fragen im Zusammenhang mit der Vergabe von Lehrpreisen aufgegriffen hat: Zum Beispiel nach Funktion, Anspruch und Renommee von Lehrpreisen sowie nach den Kriterien und Verfahren bei der Preiszuteilung an den einzelnen Hochschulen, oder nach ihrem Beitrag zur Qualitätsentwicklung und der Reichweite von Anreizsystemen in Bildungseinrichtungen. Der vorliegende Band dokumentiert einige Beiträge aus dieser Tagung, andere sind ergänzend dazu gekommen.

Nach einem einleitenden Beitrag von **Peter Tremp** (Universität Zürich) werden in einem ersten Teil grundsätzliche Fragen rund um Lehrpreise aufgegriffen: **Peer Pasternack** (Universität Halle-Wittenberg) argumentiert von einem explizit universitären Bildungsverständnis her und der entsprechenden Aufgabe für die Lehre. In der Hochschullehre „Qualität zu erzeugen" bedeutet hier, die Unterschreitung bestimmter Standards zu verhindern und gleichzeitig „die Normüberschreitung bzw. Normabweichung zu ermöglichen". Lehrpreise könnten dabei eine katalytische Wirkung haben, wenn zum einen „bestimmte Preismodalitäten" vorgesehen sind und zum anderen die „Integration in korrespondierende systematische Anstrengungen (erfolgt), die auf die Hebung des Stellenwerts der Lehre zielen".

Uwe Wilkesmann und **Christian Schmid** (TU Dortmund) verstehen solche Lehrpreise (auch) als Ausdruck der Individualisierung von strukturellen, bisher ungelösten Folgeproblemen der „massification of higher education". Obwohl sich Lehrpreise von anderen selektiven Anreizsystemen in zentralen Belangen unterscheiden, können sie „als belohnende Vergabe von reputativem Kapital wahrgenommen werden und Wirkung entfalten".

Carmel McNaught (Chinese University of Hong Kong) hat Lehrpreisträgerinnen und -träger ihrer Universität nach ihren Lehrprinzipien befragt. Die Analyse führt zu einer Reihe von „Principles of Excellent Teaching", die in der Folge auch wichtige Prinzipien der Qualitätsentwicklung dieser Universität darstellen.

Balthasar Eugster und **Mandy Schiefner** (Universität Zürich) fragen nach der Sichtbarkeit und Sichtbarmachung von Lehre. Der Lehrpreis ist hier ein mögliches Instrument, das allerdings seine Wirkung hauptsächlich außerhalb der Universität entfaltet.

Fritz Gutbrodt (Credit Suisse) geht von einer Gegenüberstellung von Lehre und Forschung aus. Lehrpreise werden hier in ihrer Bedeutung für eine bessere Positionierung von Lehre zum Thema – gerade auch als Kernelement nachhaltiger Forschungstätigkeit. Gleichzeitig macht dieser Beitrag deutlich, warum sich ein Unternehmen wie die Credit Suisse für die universitäre Lehre interessiert – und einen Lehrpreis stiftet.

Der zweite Teil präsentiert Länderberichte. Hier wird die Situation in den deutschsprachigen Ländern beschrieben: in der Schweiz (**Kathrin Futter** und **Peter Tremp**, Universität Zürich), in Deutschland (**Bettina Jorzik**, Stifterverband Deutsche Wissenschaft) und in Österreich (**Elisabeth Westphal**, Österreichische Universitätskonferenz Wien). Mit den Beiträgen aus Kanada (**Joy Mighty**, Queens University, Kingstone, Canada) und Australien (**Mark Israel**, University of Western Australia) folgen sodann zwei Berichte aus Ländern, welche schon eine längere Lehrpreis-Tradition kennen und gleichzeitig die Diskussion um die Bedeutung und Möglichkeiten von Lehrpreisen intensiv – gerade auch im Zusammenhang mit der Bedeutung für akademische Laufbahnen – führen.

Im dritten Teil werden ausgewählte Beispiele von Lehrpreisen aus der Schweiz, aus Deutschland und Österreich dargestellt: von der Initiierung des Lehrpreises über die Vergabepraxis (Datenbasis, Preisgremium, Übergabefeier etc.) bis hin zur Bedeutung resp. beobachtbaren Wirkung dieses Preises an der jeweiligen Hochschule. Die hier dokumentierten Beispiele bieten damit einen anregenden Vergleich. Beschrieben werden die Lehrpreise an der Universität Zürich (**Kathrin Futter**) und an der École Polytechnique Fédérale de Lausanne EPFL

(**Albertine Kolendowska**), die Lehrpreise des Landes Rheinland-Pfalz (**Uwe Schmidt & Marie-Theres Moritz**) sowie die Lehrpreise an der Universität Salzburg (**Günter Wageneder**) und der Wirtschaftsuniversität Wien (**Frances Blüml & Oliver Vettori**).

Im abschließenden vierten Teil werden Preisvergaben in anderen Bereichen diskutiert: **Markus Weil** (Universität Zürich) stellt weitere Auszeichnungen im Bildungssystem vor und macht damit auf anregende Preismodelle aufmerksam, die sich bereits vor dem Lehrpreis etabliert haben. Der Journalist **Markus Binder** fragt in seinen Interviews nach den jeweiligen Praxen bei den Preisvergaben in Architektur (Interview mit **Fredy Swoboda**, Hochschule für Wirtschaft, Zürich) und in Kunst und Kultur (Interview mit **Jean-Frédéric Jauslin**, Bundesamt für Kultur, Bern).

Ich darf mich bei allen an diesem Buch Beteiligten herzlich bedanken, insbesondere bei Herrn **Klaus Burri**, der diese Publikation administrativ unterstützt hat, und bei Frau **Yvonne Marti** für ihre Layout-Arbeiten. Bedanken darf ich mich auch bei den Mitarbeiterinnen und Mitarbeitern der Arbeitsstelle für Hochschuldidaktik der Universität Zürich für viele anregende Diskussionen – auch über Lehrpreise.

Ein besonderer Dank geht schließlich an Herrn **Fritz Gutbrodt** und den Jubiläumsfonds der Credit Suisse Foundation für den großzügigen Beitrag zur Finanzierung dieses Bandes.

Wir hoffen, mit dieser Publikation einige Anregungen für die Diskussion um Lehrpreise geben zu können. Gerade weil Lehrpreise in den deutschsprachigen Ländern sich erst kürzlich breit etabliert haben, bietet sich noch die Chance des Erprobens. Notwendig ist allerdings, die verschiedenen Modelle und Praxen nun aufmerksam zu verfolgen, notwendig sind auch systematische Vergleiche und fundierte Vergleichskriterien. Nur so werden auch innovative Lösungen sichtbar und diskutierbar, Lösungen also, die heute noch kaum über die einzelne Hochschule hinaus bekannt sind.

Peter Tremp, Arbeitsstelle für Hochschuldidaktik der Universität Zürich
Mai 2010

Peter Tremp

Lehrpreise an Universitäten – Einleitung

Zusammenfassung: Die Vergabepraxis bei Lehrpreisen lässt sich als Antwort auf einige grundsätzliche Fragen an das Verständnis universitärer Lehre lesen und illustriert damit bestimmte Qualitätsvorstellungen von Lehre. Die Diskussion um Lehrpreise führt unweigerlich zum Vergleich mit Forschungspreisen und allgemeiner zur Frage nach der Bedeutung und dem Zusammenspiel von Lehre und Forschung in Universitäten. Beispiele von Preisvergaben in anderen Bereichen machen auf unterschiedliche Funktionen von Preisen aufmerksam.

Teaching Awards at Universities – Introduction

Abstract: The procedure for awarding teaching prizes can be viewed as providing an answer to several fundamental questions about the nature of university teaching, and as such illustrates certain ideas and beliefs about what constitutes teaching quality. The discussion surrounding teaching awards invariably invites a comparison with research prizes and, more generally, invites questions related to the importance and interplay of teaching and research at universities. Examples relating to the award of prizes in other areas illustrate the many different functions which prizes can fulfil.

Lehrpreise prämieren Lehrleistungen. Sie honorieren eine Person und zielen auf eine erhöhte Bedeutung der Aufgabe „Lehre". Diese ist – historisch betrachtet – die traditionelle Aufgabe von Universitäten und bis heute im Zentrum, aber dennoch zweitrangig. Der stets implizite Vergleich mit der Forschung bestimmt denn auch häufig die – im deutschen Sprachraum erst schwach entwickelte – Diskussion um Lehrpreise. Diese haben bisher hauptsächlich symbolische Bedeutung mit lediglich geringem Anregungsgehalt für Lehrentwicklung an Universitäten insgesamt und Argumentationswert für individuelle akademische Karrieren.

1 Stimmige Analogie zu Forschungspreisen?

Die Etablierung von Lehrpreisen kann als Hinweis auf Selbstverständlichkeiten und Logiken der Universität und als Ausdruck einer schwierigen Lage der Lehre gedeutet werden. Diese nämlich konkurriert mit Forschung, was sich im akademischen Belohnungssystem und in universitären Laufbahnen ebenso zeigt wie in Nekrologen auf Professorinnen und Professoren: Hier werden fast ausschließlich die Forschungsleistungen aufgelistet, es wird kaum je auf Lehrleistungen verwiesen. Diese prekäre Lage der Lehre dürfte auch erklären, warum sich Lehrpreise – jedenfalls im deutschsprachigen Raum – lediglich auf Hochschulstufe etabliert haben, auf den vorangehenden Stufen des Bildungssystems hingegen kaum bekannt sind.[1]

Mit Lehrpreisen wird nämlich ein wettbewerbliches und reputationsträchtiges Modell übernommen, das sich im Bereich der Forschung gut etabliert hat und nun auch der Lehre zu größerem Ansehen verhelfen soll. Diese enge Anlehnung an Forschungspreise ist insofern verständlich, als es mit einiger Akzeptanz rechnen kann: Ein bereits etabliertes und akzeptiertes Modell wird in einem anderen Aufgabenfeld ebenfalls eingeführt.[2]

Damit sind allerdings besondere Probleme verknüpft: So wird die sonst breit postulierte Verknüpfung von Lehre und Forschung hier – wie umgekehrt auch bei den Forschungspreisen – nicht berücksichtigt, die Kluft lediglich weitergeführt.[3] Gleichzeitig stellt sich die Frage, ob Besonderheiten der Lehre – und damit die unterschiedlichen Logiken von Lehre und Forschung – genügend Beachtung finden.

So ist Lehre beispielsweise immer auch eine Antwort auf lokale Bedingungen und Situationen. Für „good practice" ist Angemessenheit und Passung auf örtliche Gegebenheiten zentrales Kriterium der Güte. Lehre hat „hier und jetzt"

---

1 So haben Lehrpreise an klassischen Universitäten eine andere Bedeutung und sind hier verbreiteter als in Fachhochschulen, wo sich die Lehre weniger behaupten muss gegenüber der Forschung.

2 Gleichzeitig profitiert die jetzige Welle von neu entstehenden Lehrpreisen von einem allgemeinen „Best-of-Boom" einerseits und der „Vermessung von Bildung" andererseits.

3 Vielleicht sogar verstärkt. Verschiedene Studien beinhalten Hinweise, dass in forschungsintensiven Universitäten der Gewinn eines Lehrpreises auch als Hinweis auf mangelnde Forschungskompetenz interpretiert wird (vgl. Warren/Plump 1999 oder Skelton 2005). Entsprechend hat Seldin vorgeschlagen, nur Personen mit dem Lehrpreis auszuzeichnen, die gleichzeitig hohe Reputation als Forscher haben (vgl. Carusetta 2001, S. 33).

ihren Zweck zu erfüllen, nämlich nachhaltige studentische Lernprozesse anzuregen und zu unterstützen und damit akademische Bildung zu ermöglichen. Und Lehre ist „flüchtig": Sie wird traditionellerweise in Hörsälen und Seminarräumen realisiert und hauptsächlich von Studierenden wahrgenommen; die dabei entstehenden „schriftlichen Produkte" (von Veranstaltungsprogrammen bis zu Handouts) sind nur Teil des Geschehens und geben deshalb nur beschränkten Einblick in die Qualität von Lehre.

Demgegenüber gelten bei der Forschung – prinzipiell weltweit – allgemeingültige Qualitätskriterien, deren Einhaltung durch das Öffentlichmachen von Forschung und durch die Diskussion in der Fach-Community sichergestellt werden soll. Gute Forschungsleistungen sind damit nachvollziehbar und finden denn zuerst hauptsächlich bei den Peers Anerkennung, die sich auf dieselben Qualitätskriterien beziehen.

Qualitätskriterien sind auch in der Lehre in den letzten Jahren stärker ins Blickfeld gerückt, Qualitätsansprüche werden systematischer eingefordert. Entsprechend sind zum Beispiel studentische Lehrveranstaltungseinschätzungen inzwischen sehr verbreitet, Akkreditierungsverfahren wollen Antworten auf Qualitätsentwicklungsmechanismen in der Lehre etc. Solche Instrumente und Verfahren – sie sind ebenso veränderten Steuerungsmechanismen geschuldet wie auch beispielsweise einer umfassenden Studienreform („Bologna-Prozess") – setzen eigentlich die Klärung und Explizierung von Qualitätsdimensionen voraus.[4]

Auffällig ist allerdings, wie die Qualitätsdiskussion auf formale Instrumente fokussiert ist, kaum aber inhaltliche Dimensionen diskutiert.[5] Was universitäre Bildung beinhaltet, was akademische Persönlichkeiten auszeichnet, bleibt letztlich häufig diffus und damit auch wenig hilfreich bei der Überprüfung, ob Studienprogramme und Lehrveranstaltungen die Erreichung dieser Zielsetzung tatsächlich in ausreichender Art unterstützen.

Für Lehrpreise stellt sich damit die Frage nach den Kriterien der Vergabe und damit der Legitimation des Preises überhaupt: Wer verdient den Preis aufgrund welcher Leistung? Gemäß einer Studie von Van Note Chism (2006) lassen sich bei mehr als der Hälfte der untersuchten Lehrpreise an US-amerikanischen Universitäten keine differenzierten Kriterien finden: Der Lehrpreis wird für „Excellent Teaching" vergeben, ohne dass genauer beschrieben würde, was darunter zu

---

4   Inzwischen liegen eine Reihe von Studien vor, die zentrale Dimensionen und Prinzipien „Guter Lehre" beschreiben und empirisch unterlegen.
5   Zwar werden – im Zusammenhang mit der Bologna-Reform – auch „Employablity" oder „Mobilität" als Postulate diskutiert, häufig aber relativ „inhaltslos" und eher formal abgehandelt.

verstehen ist. Diese Allgemeinheit der Ausrichtung dürfte die hauptsächlich symbolische Bedeutung von Lehrpreisen unterstreichen: Eine Universität zeigt, dass ihr die Lehre wichtig ist, dass gute Lehrleistung honoriert werden soll. Und diese Honorierung ist mit dem Lehrpreis billig zu haben.

2 Personifizierung von Lehrqualität

„Lehre" kann auf unterschiedlichen Ebenen betrachtet werden: von kurzen Lehrsequenzen über einzelne Lektionen bis zu einer Semesterveranstaltung, von einem Modul über ein gesamtes Studienprogramm bis hin zur Universität als Bildungseinrichtung. „Lehre" meint hier also das Insgesamt der Angebote und bereit gestellten Umgebungen, die zwar nicht bereits Lernen bewirken können, aber in dieser Absicht von den Studierenden genutzt werden sollen.[6]

Diese verschiedenen Ebenen von Lehre kennen je unterschiedliche Qualitätsansprüche, die sich letztlich darin zu begründen haben, akademische Bildung zu ermöglichen. Zudem gilt auch, dass ausgewählte Zielsetzungen besser erreicht werden können, wenn die unterschiedlichen Ebenen von Lehre auch tatsächlich dahingehend organisiert sind.

Diese Ebenen von Lehre und ihr notwendiges Zusammenspiel machen gleichzeitig darauf aufmerksam, dass verschiedene Akteure beteiligt sind. Lehrpreise, die auf Einzelpersonen fokussieren – und dies machen die meisten Lehrpreise –, lenken gleichzeitig von Bedingungen und Strukturen ab, die ebenfalls wichtige Faktoren für Lern- und Studienerfolg darstellen: Stipendien, Finanzierung der Universitäten, Betreuungsverhältnisse etc. In dieser „Personifizierung" von Lehrqualität wird „Lehr-Exzellenz" zu einem „individualistischen" Konzept (vgl. Skelton 2005, S. 23) und gerät in Gefahr, Lehre hauptsächlich „technisch" zu verstehen: Dozierende haben hauptsächlich einige „Skills" gut zu beherrschen.[7]

Wenn Lehrpreise also häufig die Performanz von Dozierenden in Lehrveranstaltungen ins Zentrum rücken („Wem gelingt es besonders gut, Lehrveranstaltungen zu gestalten und durchzuführen?"), so haben wir es – neben diesem problematischen Techniker-Verständnis von Lehre und Bildung – mit einer deutlichen

---

6 Vgl. das Modell Angebot – Nutzung – Wirkung bei Fend (2001).
7 In der Befragung von Warren/Plumb (1999) zeigt sich als häufigstes Kriterium für Lehrpreise „Excellence in delivery". Darunter verstehen sie „Communicates subject matter, skills, etc. effectively and with enthusiasm; prepares high quality course material; has comprehensive and up-to-date knowlegde of subject" (S. 252).

Verengung der „Lehr-Frage" zu tun. Diese Verengung zeigt sich in mindestens dreierlei Hinsicht: Zum einen wird die Besonderheit der Präsenzlehre im universitären Kontext kaum berücksichtigt.[8] Diese nämlich ist im Zusammenhang mit dem hohen Stellenwert des Selbststudiums zu sehen: Lehrveranstaltungen haben den Anspruch, weit über die Präsenzzeit hinaus zu wirken und also eine „kognitive Aktivierung über längere Zeit" zu ermöglichen. Zum zweiten wird das Umfeld dieser Lehrveranstaltung nicht beachtet: von der Einbettung ins Studienprogramm, den ergänzenden Lehrveranstaltungen etc. Und drittens wird eine einfache Verknüpfung von Lehren und Lernen unterstellt, was so zu kurz greift. Würde die „Lehr-Frage" als „Lern-Frage" gestellt und nachhaltiges Lernen pointiert ins Zentrum gerückt, so würden auch beispielsweise kooperative Lernformen außerhalb der obligatorischen Präsenzzeit oder informelle Lernprozesse und deren Berücksichtigung in formalen Bildungseinrichtungen eine größere Bedeutung erhalten.

Selbst wenn wir von dieser Verengung auf Lehrveranstaltungen ausgehen, so bleibt letztlich ungeklärt, welchen Beitrag die einzelnen Dozierenden in ihren Lehrveranstaltungen denn genau leisten, um nachhaltiges studentisches Lernen zu unterstützen. Selbstverständlich spielt die Person des Dozenten resp. der Dozentin eine Rolle, doch gibt die empirische Bildungsforschung bisher keine eindeutigen Antworten, und die Bedeutung der Person dürfte auch tatsächlich nach verschiedenen Studierendengruppen unterschiedlich stark ausfallen.[9]

Dozierende, die aufgrund ihrer Performanz in der Lehrveranstaltung den Lehrpreis erhalten, personifizieren und illustrieren damit gewissermaßen Lehrqualität. Diese ist zwar „traditionell verengt" betrachtet, gleichzeitig ist dies aber auch willkommen: Denn in ihrer Beispielhaftigkeit kommt Lehrpreisträgerinnen und Lehrpreisträgern eine gewisse Bedeutung zu in einem Umfeld, das sich kaum über Lehre austauscht und über wenig gemeinsame Konzepte und Modelle von Lehre verfügt, wie dies auf anderen Stufen des Bildungssystems (u.a.) über eine didaktische Grundausbildung vermittelt wird (vgl. Tremp 2009). Über Lehrpreise

---

8 Diese Kritik trifft freilich ebenso auf die meisten Bögen zur studentischen Einschätzung von Lehrveranstaltungen zu, die meines Erachtens eben kaum „universitätstauglich" sind.

9 Und umgekehrt wirken Dozentinnen und Dozenten unterschiedlich auf ihre Studierenden: Sind die Lehrveranstaltungsevaluationen mit Standardfragebögen alleinige Basis der Entscheidung, so ist nämlich die Wahrscheinlichkeit groß, dass Dozenten besser abschneiden als Dozentinnen, was allerdings weniger mit der tatsächlichen Qualität der Lehre zu tun hat als mit Bildern von „professoralem Unterricht" in den Köpfen der Studierenden.

wird so auch Lehrqualität festgelegt – und entsprechend lohnt es sich, die unterstellten Kriterien oder die Mechanismen der Preisvergabe genau zu beachten.

3 Notwendige Klärungen

Preise können unterschiedliche Funktionen erfüllen. Die Klärung dieser Funktion ist damit notwendiger erster Schritt bei der Etablierung von Lehrpreisen an der eigenen Hochschule. Nach einer (bereits älteren) Untersuchung von Warren und Plumb (1999) liegen die hauptsächlichen Absichten, die mit der Etablierung von Lehrpreisen verbunden sind, in der Belohnung ausgezeichneter Dozierender einerseits und der gewünschten stärkeren Beachtung der Lehrtätigkeit als zentrales akademisches Tätigkeitsfeld andererseits. Selbstverständlich sind weitere Funktionen denkbar: So können Lehrpreise beispielsweise auch Innovationen anregen wollen. Allerdings: Ob ein Lehrpreis die ihm zugedachte Funktion auch tatsächlich erfüllen kann, hängt zentral mit der Ausgestaltung zusammen. Hierfür sind einige Klärungen notwendig, die gleichzeitig grundsätzliche Fragen an das Verständnis von universitärer Lehre stellen.

Berücksichtigung der Lernergebnisse?
„Lehren" ist ein „Absichtsbegriff": Beabsichtigt ist, Lernprozesse anzuregen und zu unterstützen. Über den Erfolg ist damit allerdings noch nichts ausgesagt, dieser kann auch nicht einfach hergestellt werden, auch wenn Lehre „so tut als ob" und damit nicht auf mögliche glückliche Zufälle wartet, die ebenfalls Lernen anregen können, sondern diesen Zufall nicht-zufällig herbeiführen will (vgl. Treml 2000). Ist Lernen das Ziel (und zwar ein bestimmtes Lernen), soll dann – nicht vorhandene lineare Kausalität hin oder her – dieser Lernerfolg resp. der Lernzuwachs auch Berücksichtigung finden bei der Vergabe von Lehrpreisen?

Welche Lehrleistung?
Der Begriff der Lehre – verstanden als Angebot – kann sich auf verschiedene Ebenen beziehen (vgl. oben) und unterschiedliche Dimensionen beinhalten. So stellt sich die Frage, welche Aspekte von „Lehre" ins Zentrum gerückt und damit besonders betont werden sollen: die Planung eines Studiengangs, die Realisierung einer Lehrveranstaltung, die Gestaltung von Selbstlernmaterialien, die Betreuung von studentischen Arbeiten oder doch die Einrichtung einer Universitätsbibliothek? Die Realisierung von Lehre, zum Beispiel in einer konkreten Lehrveranstaltung,

kann zudem sehr unterschiedlich erfolgen. Entsprechend ergeben sich Profile, die sich in Bezug auf Gruppengröße und didaktische Steuerung ebenso unterscheiden können wie nach Funktion und Lernzieldomäne. So stehen bei Lehrpreisen Formen von Lehre zueinander in Konkurrenz, die sich zwar miteinander vergleichen, aber nicht gegeneinander messen lassen. Hier schließen einige sehr grundsätzliche Fragen an: zum Beispiel jene nach dem Verhältnis von Performanz und Kompetenz. Oder von Handlung und Reflexion.

Anzahl Preise und Struktur der Konkurrenzsituation?
Lehre kann sehr unterschiedlich geplant und umgesetzt werden. Auch gute Lehre. Die Herausforderung besteht dann darin, sehr unterschiedliche Lehrplanungen und -realisierungen miteinander vergleichen zu müssen von Personen mit unterschiedlicher Lehrerfahrung. Mit Gruppenbildungen – beispielsweise entlang von Fakultätsgrenzen oder Funktionsstufen – und der Vervielfachung von Preisen kann die Konkurrenzsituation geändert und können Gewinnchancen erhöht werden.[10] Zudem wird je nach dem Verständnis der preiswürdigen „Lehrleistung" der Lehrpreis als Individualpreis oder als Gruppenpreis vergeben werden müssen.

Welche Datenbasis?
Die konkrete Realisierung von Lehre mit Studierenden ist – als soziales Geschehen – (traditionell) flüchtig und kaum differenziert dokumentiert. So ist sie aber auch wenig diskutierbar – und von außen bewertbar. Damit stellt sich die Frage nach der adäquaten Datenbasis für die Vergabe des Lehrpreises: Werden nun eigens angefertigte Dokumentationen (Portfolios) verlangt? Oder wird beispielsweise auf studentische Lehrveranstaltungsevaluationen zurückgegriffen? Und vor allem: Wird lediglich auf eine Datenquelle zurückgegriffen oder werden mehrere einbezogen?[11]

Art der Verfahren und Beteiligungen?
Die Glaubwürdigkeit eines Lehrpreises kann prinzipiell hauptsächlich durch zweierlei Möglichkeiten hergestellt werden: durch die Möglichkeit einer Überprüfung

---

10   Damit könnte auch berücksichtigt werden, dass die Preise in den verschiedenen Phasen einer akademischen Laufbahn unterschiedliche Bedeutung haben können.
11   Gemäß der Untersuchung von Van Note Chism (2006) werden als Datenbasis am häufigsten „nomination letters" und „letters of support" verwendet, gefolgt von „student ratings of instruction". Gleichzeitig zeigt diese Untersuchung, dass Datenbasis und Exzellenzkriterien häufig nicht zueinander passen.

der ausgezeichneten Lehrqualität aufgrund klarer (wissenschaftlicher) Kriterien oder über das transparente und plausible Verfahren der Preisvergabe: Welche Schritte sind vorgesehen, wer ist beteiligt, wie setzt sich eine Jury zusammen? Eine besondere Schwierigkeit zeigt sich dabei in der Verbindung von Renommee und Studierendenbeteiligung: Die Reputation des Preises und damit auch des Preisträgers oder der Preisträgerin hängt nicht zuletzt von einer hochkarätigen Jury ab, die einen gewissen Bekanntheitsgrad besitzt, erworben dank herausragenden fachlichen Leistungen. Studierende können gerade dies aber kaum einbringen, haben aber, wie keine andere Gruppe, Einblick in die Realisierung von Lehre. Zudem sind Studierende immer auch mit dem Vorbehalt konfrontiert, nicht zu den Peers der Dozierenden zu gehören und letztlich Qualität von Lehre gar nicht beurteilen zu können, sondern bisweilen Lehrqualität mit eigener Zufriedenheit zu verwechseln.[12]

Honorierung und Auszeichnung:
Lehrpreise sind häufig Geldpreise, wobei sich die Beträge stark unterscheiden können.[13] Gleichzeitig haben Lehrpreise eine wichtige symbolische Bedeutung, die beispielsweise durch die Form der Preisfeier, der Berichterstattung oder auch der mit dem Preis einher gehenden exklusiven Berechtigungen unterstrichen werden können.[14]
Mit diesen Fragen sind gleichzeitig mögliche Kriterien des Vergleichs verschiedener Lehrpreis-Modelle beschrieben, werden diese nun auf lokaler oder nationaler Ebene vergeben.

12 Dieser Vorbehalt zeigt sich traditionell auch bei studentischen Einschätzungen von Lehrveranstaltungen.
13 Lehrpreise haben den Vorteil, dass sie billig sind – und (gerade?) auch in Zeiten knapper Budgets möglich bleiben. Gleichwohl verleiht die Preissumme – auch wenn diese tiefer liegt als das Monatsgehalt der Geehrten – dem Unterfangen eine gewisse „Ernsthaftigkeit".
14 In einer Analyse verschiedener Lehrpreismodelle können Warren und Plumb (1999) vier Typen charakterisieren, die sich hauptsächlich in der Art der Honorierung und damit auch der institutionellen Erwartung an die Preisträgerinnen und Preisträger unterscheidet: Traditional Award Schemes (ein Dozent/eine Dozentin erhält den Lehrpreis für die ausgezeichnete Lehrtätigkeit – in der Befragung von Warren und Plump das am meisten verbreitete Muster); Teaching Fellowship Schemes (mit dem Lehrpreis werden die ausgezeichneten Dozierenden in einen exklusiven Kreis guter Dozierender befördert, der sich gelegentlich trifft und sich über Fragen der Lehrentwicklung austauscht.); Educational Development Grant Schemes (der Lehrpreis ist eine Auszeichnung für ein gutes (geplantes) Projekt, das damit unterstützt und gefördert wird); Promotion/Bonus Schemes (der Lehrpreis unterstützt spezifische Aktivitäten zur Weiterentwicklung der Lehre

4 Anregende Modelle aus anderen Bereichen

Preise werden in vielen Bereichen und Domänen vergeben. Auch wenn alle diese Bereiche und Domänen ihre Besonderheiten kennen, so lassen sie sich immer auch als anregende Modelle für die Diskussion um die Vergabe von Lehrpreisen verstehen. Dabei interessieren hier vor allem Bereiche, die – anders als im Sport – Preise nicht anhand „offensichtlicher" (messbarer) Leistungsunterschiede vergeben können, sondern aufgrund von „willkürarmen Ermessensentscheidungen" getroffen werden müssen, Entscheidungen also, die plausibel und begründet sein sollen, die aber bisweilen auch anders ausfallen könnten. Drei Modelle sollen hier kurz vorgestellt werden.

Der Nobelpreis für Medizin[15] wird von einer Jury vergeben, die sich selber einen Überblick über mögliche Preisträgerinnen und Preisträger verschafft. Grundlage dafür sind die publizierten Arbeiten, die in ihrem Innovationsgehalt und in ihrer Nachhaltigkeit auf die Fachdiskussion geprüft werden. Entsprechend sind die Preisträgerinnen und Preisträger meist höheren Alters, der Nobelpreis damit oft die Krönung nach mehreren anderen Preisen. Ein Lehrpreis im Sinne eines Medizin-Nobelpreises würde für innovative Lehrtätigkeit vergeben, welche die didaktische Diskussion (mindestens im betreffenden Fach) wesentlich geprägt hat und als Qualitätsreferenz gelten kann.

Filmpreise an den großen Filmfestivals (Venedig, Cannes, Berlin, Locarno) werden von einer Jury vergeben, die jedes Jahr neu zusammengesetzt wird. Entsprechend können jedes Jahr andere Kriterien die Preisvergabe entscheiden. Preisberechtigt sind die im Wettbewerbsprogramm gezeigten Filme, die von der Festivalleitung, welche auch die Jury bestimmt, vorgängig ausgewählt wurden. Ein Lehrpreis im Sinne eines Filmpreises würde von einer renommierten, jährlich wechselnden Jury vergeben, welche dokumentierte Lernumgebungen

---

einer Professorin oder eines Professors oder innerhalb eines Instituts). Diese vier Typen unterscheiden sich nicht nur in der Honorierung und auch in den institutionellen Erwartungen an die Preisträgerinnen und Preisträger, sie setzen auch unterschiedliche Vergabeverfahren voraus und machen so gleichzeitig auf mögliche Realisierungsformen von Lehrpreisen aufmerksam.

15 Nobelpreise im naturwissenschaftlichen Bereich funktionieren sehr ähnlich. Anders beispielsweise der Nobelpreis für Literatur: Dieser wird hauptsächlich für ein Lebenswerk vergeben, das selbstverständlich – hier wieder ähnlich zum Medizin-Nobelpreis – maßstabbildend ist. Ein Lehrpreis im Sinne eines Literatur-Nobelpreises würde für langjährige gute Lehrtätigkeit vergeben und als Höhepunkt einer Berufslaufbahn betrachtet.

diskursiv erörtert und eine begründete Entscheidung trifft, die aber subjektiv bleiben darf.[16]

Auch Architekturwettbewerbe lassen sich als Auszeichnungen verstehen, die sich beispielsweise dadurch charakterisieren lassen, dass eigens dafür ausgearbeitete Projekte eingereicht werden, die bestimmten Anforderungen genügen müssen. Damit sind allerdings lediglich Ausschlusskriterien gegeben. Die Jury setzt sich meistens in der Mehrheit aus Fachpersonen zusammen, zudem sind die Bauherren beteiligt. Die Auszeichnung eines Architekturprojekts zeigt gerade auch die Bedeutung von allgemeinen Qualitätsstandards bei gleichzeitiger Berücksichtigung lokaler Besonderheiten. Ein Lehrpreis im Sinne eines Architekturwettbewerbs würde bedeuten: Der Lehrpreis wird einem Projekt vergeben, das eine optimale (und innovative) Lösung auf eine vorgegebene Situation gemäß Ausschreibung darstellt und nun, für alle sichtbar und mit zusätzlichem Geld, realisiert werden kann.

Für die Wahl des Verfahrens der Lehrpreisvergabe, dies machen die hier aufgeführten Referenzmodelle deutlich, ist also die genaue Funktion des Preises zu klären, denn bereits das Verfahren bedeutet eine Vorstrukturierung der Erfolgswahrscheinlichkeiten und schließt eine mehr oder weniger nachhaltige Wirkung ein. Die Förderung von innovativen Lehrprojekten wird entsprechend anders organisiert werden müssen als die Ehrung für langjährige erfolgreiche Lehrtätigkeit.

Über die Wirksamkeit von Lehrpreisen zur Qualitätsentwicklung und als Anreizsystem gibt es keine einheitlichen Studienresultate (Carusetta 2001, S. 31-32). Die Wirksamkeit hängt sicherlich eng mit dem gewählten Modell zusammen. Gerade was die „traditionelle" Lehrpreisvergabe betrifft – bei Warren und Plumb „Traditional Award Schemes" genannt – scheint die Wirksamkeit als Instrument der Qualitätsentwicklung bescheiden: „There appears to be little evidence of their effectiveness in improving teaching quality or increasing motivation" (Warren/Plumb 1999, S. 247). Ebenso erweist es sich als schwieriges Unterfangen, Lehrpreisträgerinnen und Lehrpreisträger ihre Form der Lehre anderen als exzellente Anregung weitergeben zu lassen.

Eine besondere Herausforderung besteht darin, eine Honorierung zu finden, die gerade die Nachhaltigkeit der ausgezeichneten Lehrleistung unterstützt. In der

---

16 Gleichzeitig müssen wichtige Differenzen zwischen Kunst- und Lehrpreisen beachtet werden: Kunst beinhaltet bereits schon die Absicht, das gesellschaftliche Gespräch anzuregen und zu führen. Im Verfahren um die Verleihung von Kunstpreisen wird dieses Gespräch lediglich in besonderer Form geführt. Kunstpreise wären also – sind diese Beobachtungen zutreffend – für die Kunst näher liegend als Lehrpreise für die Lehre.

Studie von Ramsden und Martin bestätigt sich, dass der „promotion/bonus"-Typ – also die Unterstützung spezifischer Lehraktivitäten im Umkreis von ausgezeichneten Dozentinnen und Dozenten – das wirksamste Lehrpreismodell für nachhaltige Qualitätssteigerung ist (Ramsden/Martin 1996). Dies deutet darauf hin, dass Lehrpreise dann nachhaltiger sind, wenn sie stärker prospektiv ausgerichtet sind, und mit dem Lehrpreis nicht nur eine ehrenvolle Auszeichnung verbunden ist, sondern insbesondere eine Möglichkeit und Verpflichtung, die Lehre mit dem Preisgeld weiterzuentwickeln. Damit verwischen sich zwar die Grenzen zwischen traditionellen Lehrpreisen und Projektförderung, gleichzeitig aber zeichnet sich eine Praxis ab, die sich auch bei Forschungsprojekten findet.

Literatur

Carusetta, Ellen (2001). Evaluating Teaching through Teaching Awards. In: New directions for teaching and learning 88, 31-40.
Fend, Helmut (2001). Qualität im Bildungswesen. Schulforschung zu Systembedingungen, Schulprofilen und Lehrerleistung. Weinheim, München: Juventa (2. Auflage).
Ramsden, Paul / Martin, Elaine (1996). Recognition of Good University Teaching: Policies from an Australian Study. In: Studies in Higher Education 21 (3), 299-315.
Skelton, Alan (2005). Understanding Teaching Excellence in Higher Education: Towards a Critical Approach. London: Routledge.
Treml, Alfred K. (2000). Allgemeine Pädagogik: Grundlagen, Handlungsfelder und Perspektiven. Stuttgart, Berlin, Köln: Kohlhammer.
Tremp, Peter (2009). Didaktische Qualifizierung von Hochschullehrerinnen und Hochschullehrern. In: Beiträge zur Lehrerbildung 27 (1), 5-11.
Van Note Chism, Nancy (2006). Teaching Awards: What do they award? In: The Journal of Higher Education 77 (4), 589-617.
Warren, Roger / Plumb, Elisabeth (1999). Survey of Distinguished Teacher Award Schemes in Higher Education. In: Journal of Further and Higher Education 23 (2), 245-55.

ZUSAMMENHÄNGE

Lehrpreise thematisieren Lehrleistungen und Lehrqualität und berühren damit zentrale Überlegungen zu Lehren und Lernen. Entsprechend ist diese Diskussion verknüpft mit einer Reihe von Fragen, die dieselben Themen aufgreifen.

Damit sind zwar enge Berührungspunkte zur bildungswissenschaftlichen Diskussion gegeben, gleichwohl lassen sich Lehrpreise aus unterschiedlichen Disziplinen thematisieren: zum Beispiel aus der Soziologie, der Betriebswirtschaft und der Psychologie. Mit den Disziplinen ändern auch die Referenzüberlegungen und Argumentationsweisen, Lehrpreise werden aus unterschiedlichen Blickwinkeln beleuchtet. Und sie zeigen je ein anderes Gesicht.

Und auch umgekehrt gilt: Mit Lehrpreisen lässt sich in unterschiedlichen Diskussionsfeldern argumentieren, Lehrpreise sind illustrierende Beispiele für unterschiedliche Überlegungen.

Auch wenn es sich bei Lehrpreisen – dem Begriff entsprechend – um Preise für Lehrleistungen handelt, so scheint die hochschulinterne Diskussion darüber stets in dieselbe Falle zu tappen: in die pointierte Gegenüberstellung von Lehre und Forschung. Diese Falle ist insofern problematisch, als damit der Lehrpreis oft aus der prekären Lage der Lehre argumentiert. Gleichzeitig bestätigt diese Diskussionsfalle aber auch, dass Lehrpreise tatsächlich grundsätzliche Fragen an das Selbstverständnis der Bildungseinrichtung Universität stellen.

Peer Pasternack

Hochschulqualität und Lehrpreise

Zusammenfassung: *Die folgende Erörterung geht in fünf Schritten vor. Sie bewegt sich zunächst vom Konkreten (1. Instrumente der akademischen Qualitätssicherung) zum Allgemeinen (2. Qualitätsverständnisse und 3. Qualitätsbegriff), um derart informiert wieder in die Niederungen des Konkreten zu steigen (4. Qualität in der akademischen Lehre) und schließlich mögliche Schlussfolgerungen zu diskutieren (5. Lehrpreise und Lehrqualität).*

Academic quality and teaching awards

Abstract: *The following contribution is presented in five stages. Firstly it moves from the concrete (1. instruments for academic quality assurance) to the general (2. an understanding of quality and 3. concepts of quality), then, armed with this knowledge, it once again descends into the realms of the concrete (4. quality in academic teaching) before finally discussing possible conclusions (5. teaching awards and teaching quality).*

1 Instrumente der Qualitätssicherung und -entwicklung

Die Sicherung und Entwicklung von Qualität an Hochschulen ist keine Erfindung der jüngsten Zeit. Vielmehr kennen Hochschulen entsprechende Techniken seit Jahrhunderten. Um diesbezüglich den Überblick zu gewinnen und zu wahren, können systematisch drei Gruppen von Qualitätsentwicklungsinstrumenten unterschieden werden:

1. traditionelle: Darunter fällt all das, was an Hochschulen schon immer unternommen wurde, um Qualität zu sichern, ohne dass es jemand explizit Qualitätssicherung oder gar Qualitätsmanagement genannt hätte: Methodenbindung, fachkulturelle Standards, Forschungskommunikation, wissenschaftliche Kritik, Reputationsverteilung, Hodegetik bzw. Hochschuldidaktik sowie Prüfungs- und Qualifikationsverfahren als frühe Formen der Zertifizierung und der akademischen Symbolverwaltung.

2. kulturell integrierte: Das sind diejenigen Maßnahmen zur Qualitätsbewertung, die zwar nicht traditionell hochschulisch sind, aber seit dem 20. Jahrhundert – zuerst im angloamerikanischen Raum, dann auch im deutschsprachigen – an den Hochschulen weitgehend akzeptiert werden, also in die akademische Kultur integriert sind. Deren wichtigste sind dreierlei: die Evaluation, welche die Frage stellt, wie gut etwas ist; die Akkreditierung, die danach fragt, ob etwas ‚gut genug' ist, also bestimmte Standards einhält; das Ranking, das nicht fragt, ob etwas ‚gut' oder ‚schlecht', sondern ob es ‚besser' oder ‚schlechter' ist als die jeweiligen Vergleichsobjekte (was heißt, dass es auch in der Spitzengruppe eines Rankings schlecht aussehen kann bzw. im mittleren oder unteren Segment immer noch ganz gut).

3. bisher kulturfremde: Dabei handelt es sich um Instrumente und Systeme, die aus anderen, meist ökonomischen Kontexten in den Hochschulbereich transferiert werden. Die wichtigsten Gruppen sind Zertifizierungen nach DIN ISO 9000ff. und Total Quality Management. Darunter findet sich eine Vielzahl von Instrumenten, angesiedelt auf sehr unterschiedlichen Handlungsebenen: Leitbildformulierung, Zielsystem, Null-Fehler-Programme, QM-Handbuch, Qualitätszirkel und Qualitätsgespräche, Benchmarking, Zielvereinbarungen, Leistungsanreizmodelle, Kontinuierliche Verbesserungsprozesse (KVP), Qualitätscontrolling, Schwachstellenanalyse, Stärken-Schwächen-Analyse, Wissensmanagement und Lernende Organisation, Benchmarking, Balanced Scorecard.

2 Qualitätsverständnis

Die in den letzten Jahren erfolgten Neuaufnahmen in den Werkzeugkasten der hochschulischen Qualitätsorientierung spiegeln Wandlungen des Qualitätsverständnisses wider. Die traditionellen akademischen Qualitätssicherungstechniken werden von zahlreichen hochschulpolitischen Akteuren inzwischen als unzulänglich eingeschätzt, um damit aktuellen Leistungsanforderungen vollständig gerecht werden zu können. Die Maßnahmen der Qualitätssicherung und -entwicklung reichen – um vier Beispiele zu nennen – von den USA, in deren Higher-Education-Sektor die Akkreditierung das Standardverfahren darstellt, das mit verträglichem Aufwand umgesetzt und durch ausgeprägte Ranking-Aktivitäten ergänzt wird, über ebenso schnell wachsende wie wechselnde Anforderungen an die Hochschulen in England, wo Qualitätsmanagementsysteme zunächst im Modus eines spürbar leistungsdämpfenden bürokratischen Furors eingeführt und dann wieder einem hochschulverträglichen Maß angenähert wurde, und Österreich, das eine überschaubare Anzahl von Verfahren (Akkreditierung, Evaluation, Berichterstattung) mit der Verpflichtung zur Einrichtung hochschulinterner QM-Systeme koppelt, bis hin zur deutschen Variante, die zentral auf Akkreditierung, daneben vor allem auf Evaluation und Zielvereinbarung setzt (vgl. Hölscher/Pasternack 2007, S. 34-81).

Mit Ulrich Teichler (2005, S. 132) lässt sich dies als Übergang von einem gleichsam vorevaluativen zu einem evaluativen Qualitätsverständnis kennzeichnen. Vorevaluativ galt als Qualität das Gute und Exzellente, was man nicht definieren könne, worüber aber alle übereinstimmten. Im evaluativen Sinne gilt als Qualität, was sich messen, vergleichen und klassifizieren lässt und dabei überdurchschnittlich abschneidet. Blieb also das traditionelle Qualitätsverständnis implizit, so will das evaluative explizit sein.

Dabei hat der Bologna-Prozess die Anforderungen an die Qualitätsentwicklung in mancher Hinsicht verändert. Voraussetzung eines gemeinsamen europäischen Hochschulraumes ist die Vergleichbarkeit der Studienangebote, -leistungen und -abschlüsse. Diese Vergleichbarkeit muss wesentlich eine der Qualitäten sein. Folgerichtig wurde die Verständigung über Qualitätsfragen, neben einer vergleichbaren Architektur der Studiengänge und -abschlüsse, zu einer zentralen Säule des Bologna-Prozesses.

Gleichwohl steht der Ruf nach Qualitätsentwicklung an Hochschulen im Verdacht, folgenlose Proklamation zu sein, die kaschieren soll, dass es allgemein am Geld mangelt. Der Ruf nach Qualitätsentwicklung werde, so heißt es seitens der Kritiker, immer dann besonders laut, wenn mit weniger Mitteln als zuvor gleiches oder mit gleichen Mitteln mehr geleistet werden soll, das heißt, wenn Leistungsverdichtung erwartet wird. „Qualität statt Kosten!", laute dementsprechend der Slogan. Allerdings lässt sich gegen Qualitätssicherung und -entwicklung an sich nur wenig einwenden. Dass etwas so gut bleiben soll, wie es ist, oder besser werden soll, als es bisher war, kann kaum Widerspruch herausfordern.

3 Qualitätsbegriff

Grundsätzlich lässt sich Qualität definieren als eine Kategorie zur Bezeichnung kombinatorischer Effekte, welche zusammen eine bestimmte Güte ergeben (qualitas = Beschaffenheit). Die Güte finalisierbarer Prozesse lässt sich an Hand der Funktionalität darin erzeugter Produkte feststellen: Stahl muss zugleich einen bestimmten Härtegrad und eine bestimmte Elastizität aufweisen; Lebensmittel müssen eine definierte Haltbarkeitsdauer besitzen, ohne bis zum Verfallsdatum einen gleichfalls definierten Geschmacksstandard zu unterschreiten usw.

Anders verhält es sich bei Bildung: Sie weist – in der neuhumanistischen Tradition, die in der Demokratie gesellschaftlich generalisiert wurde – einerseits einen unhintergehbaren Eigenwert der individuellen Persönlichkeitsentfaltung auf. Andererseits lässt sich ihre Qualität nur über die mittel- und langfristigen Wirkungen erfassen, etwa hinsichtlich ihres Beitrags dazu, welche gesellschaftlichen Teilhabechancen die Einzelnen gewinnen und nutzen. In erster Näherung werden die Bildungseffekte über pragmatisch gewählte Kriterien wie z.b. den Erfolg beim Berufseinstieg erfasst. Diese dienen vorrangig der Herstellung von Vergleichbarkeit. Dagegen muss eine Betrachtung, die auf die Qualität der Bildungsprozesse selbst fokussiert, avancierter ausfallen.

Hilfreich ist es hierfür, zweierlei Unterscheidungen zu treffen.[1] Zum einen ist eine Elementardifferenzierung zwischen Quantitäten und Qualitäten vorzunehmen: Erstere sind messbar, letztere nicht bzw. nur indirekt, etwa über Zufriedenheitserhebung, Reputationsbewertung oder die Ermittlung von normativ bestimmten Präferenzen. Quantitäten stellen notwendige Aspekte von Qualitäten dar, aber sie sind nicht hinreichend. Es handelt sich hierbei um das, was John Locke „primäre Qualitäten" nennt.[2]

Zum anderen sind zwei Arten von Qualität voneinander abzusetzen. Wenn von Hochschulqualität gesprochen wird, sind regelmäßig zwei völlig verschiedene Phänomene gemeint:
- Erstens wird von „Qualitäten" – im Plural – gesprochen. Damit werden einzelne Merkmale oder Eigenschaften bezeichnet, etwa die Fremdsprachenkompetenz von Lehrenden oder die Betreuungsintensität an einem Fachbereich. Es werden damit Aspekte des Betrachtungsgegenstandes benannt, die sich im übrigen mit ganz unterschiedlichen weiteren Qualitätsmerkmalen verbinden können.

---

1   Detaillierter entwickelt in Pasternack (2000, 2001).
2   Zum Beispiel Festigkeit, Ausdehnung, Gestalt, Beweglichkeit (vgl. Locke 1979, S. 137).

- Zweitens wird mit „Qualität" – im Singular – etwas bezeichnet, das einen Prozess, eine Leistung, eine Organisationseinheit oder ein Gut ganzheitlich durchformt. Darunter sind komplexe Eigenschaftsbündel zu verstehen, die den Betrachtungsgegenstand in seiner Gesamtheit prägen.

Ein Beispiel zur Illustration dieser Unterscheidungen: Das quantitative Lehrkräfte-Studierenden-Verhältnis an einem Fachbereich ist ein zu messender Sachverhalt. Er ist freilich für sich genommen noch von sehr eingeschränkter Aussagekraft über die Qualität von Lehre und Betreuung. Die Lehrkräfte-Studierenden-Interaktion ist ein verbal standardisierbarer Sachverhalt. Dieser erlaubt schon deutlichere Qualitätsaussagen. Die Gesamtgüte eines Fachbereichs hingegen kommt erst in den Blick, wenn man sich bemüht, die Lehrkräfte-Studierenden-Interaktionswirkungen zu ermitteln. Hierbei sind Standardisierungen nur eingeschränkt hilfreich, weil sie Fachbereichsspezifika nicht zu erfassen vermögen; daher müssen Interpretationen empirisch vorfindlicher Sachverhalte und ihres Zusammenspiels vorgenommen werden.

4 Qualität in der akademischen Lehre

In der Hochschullehre heißt Qualität zu erzeugen zweierlei: bestehende Standards zu sichern, d.h. deren Unterschreitung zu verhindern, und die Normüberschreitung bzw. Normabweichung zu ermöglichen:

Hochschulen sollen in ihrer der Lehre zugrundeliegenden Forschung das bisher noch nicht Entdeckte entdecken und das bisher noch nicht Gedachte denken. In der Lehre sind sie aufgefordert, keine bzw. nicht allein geschlossene und kanonisierte Wissensbestände zu vermitteln.

Stattdessen sollen sie dem Stand der Forschung entsprechendes Wissen lehren, d.h. ein Wissen, das in seiner Gewissheit zumindest zum Teil noch fragil, also nicht kanonisiert ist. Hinzu tritt der Auftrag, die Fähigkeit zu vermitteln, dieses Wissen selbstständig zu bewerten, zu hinterfragen und die Folgen seiner Anwendung zu beurteilen.

Ebenso wenig sollen die Hochschulen ihre Studierenden auf irgendein normiertes Persönlichkeitsbild hin zurichten. Es sollen Bildungsprozesse ausgelöst und unterstützt werden, die nicht zu finalisieren sind, sondern für Anforderungen offen sein müssen, die heute noch nicht bekannt sein können.

Hochschulen sind also ausdrücklich gehalten, Normen zu überschreiten, statt sich von ihnen fesseln zu lassen. Zugleich gilt auch an Hochschulen die Paradoxie von Stabilität und Entwicklung: Die Einhaltung methodischer Standards – also Normen – ist Voraussetzung für die Erzielung inhaltlicher Normabweichungen – etwa von Erkenntnissen, die paradigmatische Umbrüche einleiten.

Für all dies bedarf es zum einen der angemessenen Aufmerksamkeit für die inhaltliche und didaktische Gestaltung von Lehr-Lern-Prozessen, zum anderen dafür förderlicher Kontexte. Wo letztere nicht gegeben sind, wird die Motivation für erstere systematisch und vorhersehbar untergraben. Einer Orientierung auf qualitätsförderliche Kontexte entspricht, dass Qualität der Hochschullehre nicht derart hergestellt wird, dass lediglich ein übersichtliches Handlungsprogramm in Gang zu setzen wäre, welches die Ursachen erzeugt, als deren Wirkungen dann zwangsläufig Qualität entstünde. Dies unterscheidet hochschulische Prozesse von industriellen Produktionsprozessen: An Hochschulen soll keine (bzw. nicht allein) mustergetreue Fertigung realisiert werden. Vielmehr kann Qualität an Hochschulen dadurch entstehen, dass die Bedingungen so gestaltet werden, dass Qualitätserzeugung nicht verhindert wird. Qualitätsförderlich gestaltete Organisationskontexte führen zumindest tendenziell mit größerer Wahrscheinlichkeit zu höheren Qualitäten als solche Kontexte, die gegenüber Qualitätsfragen unsensibel sind.

In der Qualitätsdebatte werden üblicherweise drei Qualitätsdimensionen unterschieden: Struktur-, Prozess- und Ergebnisqualität.[3] Geht es um Bildung, ist es sinnvoll, mit der Orientierungsqualität eine zusätzliche Dimension einzuführen:

1. Die Strukturqualität bezieht sich auf die Schaffung förderlicher institutioneller und organisatorischer Kontexte, innerhalb derer Bildungsprozesse entfaltet werden können; d.h. sie bezieht sich auf die zeitlich stabilen strukturellen Rahmenbedingungen.

2. Die Prozessqualität bezieht sich auf Handlungen, Interaktionen und Erfahrungen, die einerseits von der Qualität der Struktur abhängig sind, in der die Prozesse stattfinden, andererseits von Faktoren wie Persönlichkeit und Wissen geprägt werden.

3. Die Ergebnisqualität von Bildung ist wegen deren Nichtfinalisierbarkeit nur im Rahmen pragmatischer Vereinfachungen festzustellen, die auf formaldefinierte Bildungsstufen und jeweils zu erreichende Kompetenzen fokussieren.

---

3 Vgl. statt vieler Vroeijenstijn (1993, S. 53) oder Künzel (1999, S. 467-469).

4. Da die Ergebnisqualität von Bildungsprozessen nur hilfsweise erfassbar ist und daher die Prozessqualität nicht unmittelbar in ihren Resultaten (Out-put/Outcome) sichtbar wird, benötigt die Operationalisierung von Bildungsqualität eine weitere Dimension, die die Prozessqualität auch von der Inputseite her transparent macht: dies ist die Qualität der Orientierungen, d.h. der pädagogischen Vorstellungen, gesellschaftlichen Werte und sozialen Normen, an denen die Bildungsprozesse ausgerichtet werden. Die Orientierungsqualität stellt ebenso wie die Strukturqualität zeitlich relativ stabile Rahmenbedingungen für die Bildungsprozesse dar (vgl. Brunner 1999).

Hochschulstudien werden (statt anderer Qualifizierungswege) absolviert, weil sich Hochschulabsolventen und -absolventinnen in ihren beruflichen Handlungskontexten typischerweise nicht in Routinesituationen, sondern in Situationen der Ungewissheit, konkurrierender Deutungen und Normenkonflikte, zugleich aber auch des Zeitdrucks und Handlungszwanges zu bewegen haben. Um in solchen Situationen sicher und folgelastig handeln zu können, wird wissenschaftlich basierte Urteilsfähigkeit – d.h. die Befähigung, komplexe Sachverhalte methodisch geleitet und kritisch zu analysieren und zu bewerten – sowie eine explizit darauf gründende Handlungsfähigkeit benötigt. Diese sollen zum Lösen von Problemen befähigen, die während des Studiums entweder aus Stoffmengengründen nicht gelehrt werden oder aber noch gar nicht bekannt sein konnten. Die Distanz zur Welt der Arbeit ist ein zentrales Merkmal solcher Bildung – und zwar um Befähigungen zu erwerben, eben diese Welt der Arbeit und andere Lebenssphären erfolgreich zu bewältigen (Teichler 2003, S. 15). Lebenskluge Beschäftiger verlangen auch genau das, denn: „Praktiker wissen, daß Praxis blind macht. Sie suchen nicht nach Leuten, die ihre Blindheit teilen" (Baecker 1999, S. 64).

Dabei geht es nicht um verengte Employability-Orientierungen, sondern um eine produktive Verbindung von Theorie- und Praxisperspektive: Studierende als künftige Absolventinnen und Absolventen müssen in die Lage versetzt werden, sowohl theoretisch angeleitet auf die Praxis schauen als auch die Praxisrelevanzen ihrer Theorieschulung erkennen und fruchtbar machen zu können. Man kann dies auch in die herkömmliche Kontrastierung von Bildung und Ausbildung übersetzen: „Ausbildung sagt uns, wie wir überleben, und Bildung sagt uns, wozu" (Hartmut v. Hentig).

Um Wissenschaftler/-innen zu motivieren, solche Orientierungen ihrem Lehrhandeln zugrunde zu legen, bedarf es einiger Neuerungen: Erstens ist es normativ wünschenswert, dass die akademische Lehre im Reputationssystem der Wissenschaft als System und der Wissenschaftler/-innen als Akteure einen ähnlichen Stellenwert einnimmt wie die Forschung.

Dazu muss zweitens die heutige Asymmetrie zwischen Forschung und Lehre überwunden werden: Erstere vermag bisher überregionale, ggf. internationale Reputation zu stiften, während letztere einstweilen lokale Reputationsgewinne verspricht.

Drittens ist die Aufhebung dieser Asymmetrie ein Projekt, das grundsätzliche Veränderungen der akademischen Kultur zur Voraussetzung hat: Durch eine Gleichgewichtung von Forschungs- und Lehrerfahrungen und -erfolgen insbesondere in Berufungsverfahren ließe sich eine Situation erzeugen, in der Lehrreputation auch überlokal bedeutsam ist. Kulturelle Veränderungen werden allerdings nur langfristig wirksam.

5 Lehrpreise und Lehrqualität

Kulturelle Veränderungen können durch Katalysatoren beschleunigt werden. Lehrpreise vermögen wohl, zu solchen Katalysatoren zu werden – zumindest unter bestimmten Bedingungen und im Zusammenwirken mit anderen Faktoren und Instrumenten. Aktuell wirken Lehrpreise „eher wie Belobigungen, die in der Regel eine unterstützende Wirkung auf die intrinsische Motivation ausüben" (Wilkesmann/Würmseer 2009, S. 42). Ein handlungswirksamer Effekt „kann bei allen Instrumenten der Zweckprogrammierung ... nur bei Wissenschaftlern vermutet werden, die bereits über intrinsische Motivation im Bereich der Lehre verfügen. Professoren, deren intrinsische Motivation vornehmlich auf den Bereich der Forschung gerichtet ist, werden mittels dieser Instrumente kaum zu mehr Engagement in der Lehre bewegt werden können" (ebd., S. 43).

Als Bedingungen, unter denen Lehrpreise katalytisch wirksam werden könnten, scheinen zweierlei vonnöten: zum einen bestimmte Preismodalitäten und zum anderen ihre Integration in korrespondierende systematische Anstrengungen, die auf die Hebung des Stellenwerts der Lehre zielen.

5.1 Preismodalitäten

Preise im hier gemeinten Sinne sollen nicht auspreisen, sondern lobpreisen. Doch es gibt einen Zusammenhang zwischen dem ehrenden und dem monetären Aspekt:

Im akademischen Reputationssystem wirken Preisungen um so ansehenssteigernder, je eher sie den Zugriff auf Ressourcen ermöglichen oder fördern. Denn Ressourcenzugriff bedeutet erhöhte Chancen, die Reputation erneut zu maximieren. Dieser Zugriff kann direkt (Preisgeld) oder indirekt (bevorzugter Zugang zu allgemeinen Ressourcen) organisiert sein. Bis jetzt ist es so, dass symbolisch hoch bewertete oder/und finanziell attraktive Preise vorrangig für Forschungsleistungen vergeben werden. Preise für Lehre sind bisweilen häufig gering dotiert. Das betrifft insbesondere solche, die von den Hochschulen selbst verliehen werden, wenngleich inzwischen auch Änderungen sichtbar werden:

„Hessen etwa hat 2007 erstmalig einen Preis für ‚Exzellenz in der Lehre' ausgelobt, für den insgesamt € 375.000 zur Verfügung stehen. Der Stifterverband für die Deutsche Wissenschaft und die Hochschulrektorenkonferenz haben bereits zum zweiten Mal den mit € 50.000 dotierten ‚Ars legendi-Preis für exzellente Hochschullehre' verliehen. Einzelne Hochschulen vergeben jährliche Lehrpreise, die jedoch unterschiedlich hoch dotiert sind. Sie liegen zwischen € 1.000 (Technische Universität Dortmund) und € 30.000 (Universität Münster)." (Wilkesmann/Würmseer 2009, S. 40)

Jenseits der Preissummen mag es aber für Wissenschaftler/-innen motivierender sein, wenn sich die lobpreisende Wahrnehmung ihrer Lehranstrengungen in erleichtertem Ressourcenzugriff niederschlägt: auf Mittel für studentische Mitarbeiter/-innen, technische und Bücherausstattung, Promotionsstipendien und Stellenausstattung. So könnte das eigene Engagement umgemünzt werden z.B. in Erleichterungen durch Entlastung von Routinearbeiten oder in das Verfügen über Ressourcen, mit denen man einzelner der – qua Preis anerkanntermaßen – besonders gut betreuten Studierenden wissenschaftliche Perspektiven über den Studienabschluss hinaus eröffnen kann. Zugleich ließe sich durch solchen erweiterten Ressourcenzugriff das Risiko ausgleichen, dass die besonders engagierten Lehrenden durch Zeitbudgetprobleme, die aus ihrem besonderen Lehrengagement resultieren, Nachteile in der Entfaltung ihrer individuellen Forschungsaktivitäten erleiden – und damit nicht zuletzt die Basis ihrer guten Lehre untergraben. Eine andere Modalität der bisherigen Lehrpreise bewirkt eine hierarchie- und erfahrungsspezifische Schieflage: Die Konkurrenz findet unterschiedslos statt. Der seit Jahrzehnten in der Lehre tätige Professor konkurriert mit der auf halber Stelle promovierenden Assistentin. Wenn aber davon ausgegangen wird, dass es vor allem ein Problem des Generationenübergangs ist, das Lehrengagement deutlicher im akademischen Reputationssystem zu verankern, dann müssen die Anreize auch generationsspezifisch gesetzt werden. In diesem Sinne erscheint es wünschenswert, für diejenigen, welche die Juniorpositionen besetzen, eigene Lehrpreise auszuloben.

Schließlich werden Lehrpreise bisher typischerweise ex post verliehen. Denkbar ist dagegen auch, Preise zur (künftigen) Realisierung innovativer Lehrkonzepte auszuschreiben – und deren Realisierung damit zugleich zu beschleunigen.

In einem Fall ist dies mittlerweile schon erprobt: Der Stifterverband für die Deutsche Wissenschaft und die deutsche Kultusministerkonferenz haben 2009 einen Wettbewerb „Exzellente Lehre" veranstaltet, in dem hochschulische Konzepte zur Verbesserung der Lehre prämiert wurden, je Hochschule mit bis zu einer Million Euro. Während dieser Wettbewerb sich an Institutionen richtete, erscheint es aber auch denkbar, z.B. innerhalb der Hochschulen individuell adressierte Wettbewerbe auszuschreiben.

5.2 Lehrpreise als Elemente systembezogener Aktivitäten

Lehrpreise zielen darauf, besondere Lehrleistungen auszuzeichnen und herauszuheben. Die Lehre findet im profanen Alltag, fortwährend und an allen Instituten statt. Lehrpreise sind üblicherweise ein Element, das für sich genommen keine Systemänderung bewirkt. Auf dass dieses Element dennoch katalysierend wirken kann, muss es durch weitergreifende Initiativen flankiert werden. Hier könnte die Konzentration auf drei Punkte handlungsleitend wirken:

Auch dort, wo nicht die beste Lehre stattfindet, haben die Studierenden einen Anspruch darauf, jedenfalls hinreichend gute Lehre angeboten zu bekommen. Daher sollte alle Anstrengungen zur Lehrqualitätsverbesserung dabei ansetzen, zunächst und vorrangig die größten bestehenden Missstände zu bearbeiten: Das sind die Brennpunkte starker Behinderung der Lehrqualität (Winkler 1993, S. 29). Sie zu beseitigen, wäre ein zunächst pragmatischer Ansatz, der dafür sorgte, dass das Qualitätsgefälle nicht dysfunktional für das Gesamtsystem wird oder bleibt. Immerhin bauen ja Lehrveranstaltungen auch aufeinander auf und leiden ggf. unter der mangelnden Qualität einer im Curriculum vorgeschalteten Veranstaltung.

Da Organisationskulturen nur mit langem Atem zu ändern sind, dürfte es vorrangig sein, sich auf die Nachwuchswissenschaftler/-innen als den künftigen Trägern der Hauptlast der akademischen Lehre zu konzentrieren. Diesen müssten folglich Anreize geboten werden, um ihre Lehrqualifikation und Lehrqualität zu entwickeln. Dazu darf die Lehre im akademischen Reputationssystem nicht anhaltend der Forschung nachgeordnet bleiben. Der Ort, an dem die Struktur des

Reputationssystems entscheidend perpetuiert – oder geändert – wird, ist das Berufungsverfahren. Daher wird es voraussichtlich nur dann gelingen, die Lehre der Forschung gleichzustellen, wenn Lehrerfahrungen, -qualifikationen und -konzeptionen zum nicht suspendierbaren Kriterium in Berufungsverfahren werden.
Die größte Motivationswirkung für gute Lehre dürfte bei Lehrenden dadurch entstehen, dass sie von lehrgebundener Administration entlastet und die diesbezüglichen Leistungen havariefrei erbracht werden (angefangen bei Raumplanung und Technikbereitstellung über Verwaltung von Daten bis hin zu Berichterstattung usw.). Das heißt: Der lehrgebundene Support der Hochschulverwaltung muss funktionieren. Wenn es auch allgemeiner Trend ist, die Hochschuladministrationen für generell überbesetzt (weil ineffezient) zu halten: Hochschulen werden häufig auch gut beraten sein, hierfür zusätzliches Personal einzustellen (und die dafür erforderlichen Umschichtungen im Haushalt vorzunehmen). Damit könnte vergleichsweise ‚preiswert' organisiert werden, dass sich die Wissenschaftler/-innen plötzlich zu 100 Prozent ihrer Zeit damit beschäftigen, wofür sie vergleichsweise teuer bezahlt werden: mit der Wissenschaft.

Literatur

Baecker, Dirk (1999). Die Universität als Algorithmus. Formen des Umgangs mit der Paradoxie der Erziehung. In: Berliner Debatte Initial 3/1999, S. 63-75.
Brunner, Ewald Johannes (1999). Orientierungsqualität als Maßstab bei der Evaluierung sozialer Einrichtungen. In: System Familie 1/1999, S. 3-8.
Hölscher, Michael / Peer Pasternack (2007). Internes Qualitätsmanagement im österreichischen Fachhochschulsektor, Institut für Hochschulforschung (HoF), Wittenberg.
Künzel, Wolfgang (1999). Die Qualität ärztlichen Handelns in Gynäkologie und Geburtshilfe. Neue Antworten zu einem alten Thema. In: Jahrbuch 1998 der Deutschen Akademie der Naturforscher Leopoldina (Halle/Saale), S. 465-488.
Locke, John (1979). An Essay concerning Human Understanding. Oxford: Clerendon Press.
Pasternack, Peer (2000). Besoldete Qualität? Qualitätsbewertung und leistungsgerechte Besoldung. In: Wissenschaftsmanagement 4/2000, S. 8-13.
Pasternack, Peer (2001). Qualitätsorientierung. Begriff und Modell, dargestellt am Beispiel von Hochschulen. In: Sozialwissenschaften und Berufspraxis 1/2001, S. 5-20.

Teichler, Ulrich (2003). Hochschule und Arbeitswelt. Konzeptionen, Diskussionen, Trends. Frankfurt a. M., New York: Campus.
Teichler, Ulrich (2005). Was ist Qualität?. In: Das Hochschulwesen 4/2005, S. 130-136.
Vroeijenstijn, A. I. (1993). Some Questions and Answers with Regard to External Quality Assessment. In: Higher Education in Europe 3/1993, S. 49-66.
Wilkesmann, Uwe / Grit Würmseer (2009). Lässt sich Lehre an Hochschulen steuern? Auswirkungen von Governance-Strukturen auf die Hochschullehre. In: die hochschule 2/2009, S. 33-46.
Winkler, Helmut (1993). Qualität der Hochschulausbildung – was ist das? In: ders. (Hrsg.): Qualität der Hochschulausbildung. Verlauf und Ergebnisse eines Kolloquiums an der Gesamthochschule Kassel. Kassel: Jenior & Preßler, S. 27-30.

Uwe Wilkesmann / Christian J. Schmid

Ist der Lehrpreis ein Leistungsanreiz für die Lehre? Theorie und empirische Evidenz

Zusammenfassung: Mit betriebswirtschaftlichen Instrumenten sollen die Universitäten zu einem Wandel bewegt werden. Das gilt sowohl für Forschung als auch zunehmend für die Lehrtätigkeit (oder vielleicht besser: Lehrtüchtigkeit). Im folgenden Artikel wird der Lehrpreis als eine mittlerweile weit verbreitete Option zur anreizbasierten Handlungssteuerung bzw. -belohnung thematisiert, indem er zunächst als eine Sonderform von (selektiven) extrinsischen Anreizen sowohl wirtschaftswissenschaftlich als auch soziologisch diskutiert und spezifiziert wird. Daraus ergeben sich Annahmen, welche abschließend mit der Empirie einer deutschlandweiten quantitativen Befragung zu den Auswirkungen neuer managerialer Steuerungsmechanismen auf die akademische Lehre abgeglichen werden. Wie steht es um die tatsächliche Praxis der Lehrpreisvergabe, deren Rezeption durch die Professorenschaft und den statistisch identifizierbaren Effekten auf die Ausübung universitärer Lehre?

Do teaching awards offer an incentive for good teaching? Theory and empirical evidence.

Abstract: Management tools are being increasingly used to encourage universities to embrace change. This applies to research as well as, increasingly, to teaching (or perhaps better: teaching efficiency). The following article will initially consider the presentation and specification of the teaching award, now a widely established option for incentive-based action control and reward, as a special form of (selective) extrinsic incentives in relation to both its economic and sociological aspects. The assumptions that result from this will then be subsequently evaluated in the light of the empirical results of a quantitative survey, covering all Germany, on the effects of new managerial control mechanisms on academic teaching. How are teaching awards actually awarded in practice, how are they perceived by teaching staff and what are the statistically identifiable effects they have on university teaching?

„Normalerweise gilt weit mehr als die Hälfte aller menschlichen Anstrengung der Anerkennung" (Jung 2004, S. 86). Glaubt man diesem Aphorismus eines deutschen Hochschullehrers, so kann die Einführung von Lehrpreisen eine adäquate Geste der Belohnung der alltäglichen Arbeit eines Hochschullehrers bzw. einer Hochschullehrerin sein. Bisher jedoch scheint die Lehre nicht genügend Attraktivität zu besitzen, weil entsprechende materielle Voraussetzungen (v.a. Personal- und Sachmittelvergabe) bzw. organisationskulturelle Rahmenbedingungen (z.b. institutionelle Anerkennung der Lehre) fehlen. Wissenschaftliches Renommee und damit die Karriere eines Professors basiert bekannterweise auf dessen Forschungstätigkeit und deren Wahrnehmung in der jeweiligen wissenschaftlichen Gemeinde. Es gilt exklusiv das Motto „publish or perish!" und nicht „teach excellent or perish!".

Seit den 1990er Jahren wird versucht, diese Situation zu ändern und so sollte „(…) konstruktiv über Maßnahmen beraten werden, wie die Lehre mehr Anziehungskraft für Lehrende und Lernende gewinnen kann (…)" (Webler/Otto 1991, S. 16). Die zunehmend populär werdende Einführung von Lehrpreisen im deutschsprachigen Raum ist ein Versuch der symbolischen Aufwertung; ein Bestreben, der Lehrtätigkeit ein neues, attraktives Image zu verpassen. Lehrpreise können bei einer ersten, oberflächlichen Betrachtung eine Art Leistungsanreiz für die Lehrtätigkeit darstellen. In diesem Artikel wird zuerst das Themengebiet der Anreize in der Organisationsform Universität und deren Spezifikation als Lehrpreise diskutiert. Das erkenntnisleitende Interesse dabei ist, ob ein Lehrpreis ein selektiver Leistungsanreiz im klassischen Sinne sein kann. Danach findet eine differenziertere Charakterisierung von Lehrpreisen statt, wobei einige dabei auftretende Fragen mit Hilfe von Ergebnissen einer Studie der Autoren beantwortet werden.

1 Leistungsanreize im Wissenschaftssystem

Die Einführung von Lehrpreisen ist nicht konstitutiv Teil der allgemeinen politisch induzierten Hochschulreform, wie sie sich in Landeshochschulgesetzen bzw. in Besoldungsverordnungen (z.B. Zielvereinbarungen, W-Besoldung) manifestiert hat (siehe Lanzendorf/Pasternack 2009, S. 17 ff.). Dennoch passt der Lehrpreis in den Verbund von Maßnahmen, welche Leistungs- und Exzellenzprinzipien an Hochschulen zu forcieren versuchen. Gemeint sind hier New Public Management und Ausbau der Managerial Governance, welche zunehmend auf dem Weg hin zur unternehmerischen Universität implementiert und ausgebaut werden (Schimank 2009, S. 123). Dieser Veränderungsdruck ist im Wesentlichen eine Antwort auf Probleme, die man sich mit der „massification of higher education" (Gibbons et al. 1994) eingehandelt hat. Die Massenuniversität als Konsequenz dieser numerischen Bildungsinklusion hat ganz konkrete Auswirkungen auf die Aufgabenausführung und -erfüllung der Universitätsprofessoren und -professorinnen. Da diese Folgeerscheinungen nicht strukturell organisational gelöst werden konnten, versuchen Steuerungsakteure die Schwierigkeiten zu individualisieren. Anreize sollen die Leistungsbereitschaft der Organisationsmitglieder erhöhen und deren individuelle, egoistische Präferenzen Organisationszielen angepasst werden. Ein Beitrag im Gleichklang mit dem organisational Erwünschten (z.b. strategische Vorgaben) wird positiv, ein Abweichen davon negativ sanktioniert. Allerdings setzen solche Anreize eine Kontrolle und Bewertung von Arbeitsleistungen voraus, die in Universitäten nur schwer möglich ist. Trotzdem soll es sich individuell lohnen, im Sinne der Organisationsvorgaben zu handeln. Es soll sich für die Lehrenden auszahlen, möglichst gute Lehre – wie auch immer definiert – abzuhalten.

Die Gestaltung von Anreizen für den Organisationstypus Universität ist aber mit mindestens vier Problemen behaftet: (1) Aufgrund seines beamtenrechtlichen Status kann sich ein deutscher Professor bzw. eine deutsche Professorin ein hohes Maß an Selbstbestimmtheit in der Tätigkeitsausübung leisten. (2) Die Aufgabenerfüllung von Hochschullehrern ist nur schwer in Form quantifizierbarer Kennzahlen zu messen. (3) Qualitative Bewertungen finden im wissenschaftlichen System traditionell durch Peers statt, die an anderen Universitäten sitzen. Die Beurteilung wird somit üblicherweise nicht von der Organisation vorgenommen, die die Kosten der Anreize trägt. (4) Externe Anreize setzen des Weiteren einen Akteur voraus, dessen Handlungsaktivität primär dadurch motiviert ist, dass er handelt (in diesem Fall: lehrt), um vom eigentlichen Handlungsvollzug (Lehrtätigkeit) separierbare Folgen (z.B. mehr Einkommen) zu erzielen. Handlungen sind aber nicht monokausal motiviert, so kann eine Handlung gleichzeitig u.a. auch intrinsisch induziert ausgelöst werden. Es muss hier angenommen werden, dass immer ein Gemenge von unterschiedlichen Motivationstypen (Frey/Osterloh 2002) sowohl im Hinblick auf die Art als auch deren jeweilige Stärke vorliegt.

Dies gilt natürlich auch für die Lehre: Lehrtätigkeit in indikatorenbasierten Anreizsystemen zu berücksichtigen bedeutet, eine Bestimmung dessen vorzunehmen, was Leistung in der Lehre sein soll. Die bisherigen Erfahrungen auf dem Gebiet der Lehrevaluation lassen erahnen, welche Probleme man sich damit einhandelt (Rindermann 2003). Lehrpreise sind aber keine selektiven Leistungsanreize – wie gleich noch zu zeigen ist –, dennoch müssen auch für die Vergabe von Lehrpreisen folgende Fragenkomplexe behandelt werden: Wie wird qualitativ gute Lehre definiert? Nach welchen Maßstäben werden Lehrpreise vergeben? Wie transparent ist das Vergabeverfahren zur Erlangung eines Lehrpreises? Sind die Kriterien zur Erlangung des Lehrpreises trennscharf und allgemein bekannt? Die drei letzten Problemstellungen können im empirischen Teil dieses Beitrags beantwortet werden.

2 Lehrpreise als eine Sonderform von Anreizen

Obwohl sie in vielen Gesellschaftsbereichen Anwendung finden, sind Auszeichnungen – als eine spezielle Form der Motivierung – in der ökonomischen als auch der organisationspsychologischen Literatur bis dato stark vernachlässigt worden. Es fehlt darum systematisierte Kenntnis darüber, wie Auszeichnungen als eine Sonderform von Handlungskoordination funktionieren. Frey und Mitarbeiter haben hier Pionierarbeit geleistet, indem sie die ökonomische Theorie der Anreize um die Kategorie der Awards erweiterten (Frey/Neckermann 2006, 2008) und auch eine erste Studie für den unternehmerischen Bereich (Frey/Neckermann 2008) durchgeführt haben.

In den USA gibt es schon seit den 1960er Jahren Lehrpreise. Mittlerweile verfügen dort über 96 Prozent aller Research Universities über Lehrpreise (Carusetta 2001). Die Forschung zu den Effekten der US-amerikanischen Programme ist widersprüchlich: einige Autoren sprechen von positiven Auswirkungen auf die Lehr-Performance, andere wiederum können diese nicht feststellen (Carusetta 2001, S. 32). Diese Studien haben aber keine verallgemeinerungsfähige Aussagekraft und sind schwer aufeinander zu beziehen, da sie meistens kontextabhängig qualitativ durchgeführt wurden und demnach immer nur kontextspezifisch interpretiert werden sollten. Des Weiteren interessieren sich diese Forscher und Forscherinnen fast ausschließlich für die Verbesserung von konkreten bereits bestehenden Gestaltungskriterien (Transparenz der Bewertungskriterien, Art der Belohnung, Öffentlichkeitsarbeit).

Soll ein Professor oder eine Professorin für ein bestimmtes Handlungsziel extern motiviert werden, so gibt es grundsätzlich folgende Möglichkeiten der Handlungsstimulierung (vgl. Ziegele/Handel 2004): monetäre (z.B. zusätzliche Leistungsbezüge für besondere Leistungen in Lehre) und nicht-monetäre (z.B. Zeitallokation,

Reputation, Infrastruktur für optimale Lehr-Lern-Umgebungen). Lehrpreise können damit nur monetäre und/oder reputative Anreize sein. Allerdings unterscheiden sich Lehrpreise von den üblichen selektiven Leistungsanreizen in folgenden Punkten:

Lehrpreise wirken nur als Belohnung
Lehrauszeichnungen unterscheiden sich systematisch von Anreizsystemen wie der leistungsorientierten Mittelvergabe, da sie nur belohnend, nicht aber sanktionierend wirken. Wer keinen Lehrpreis bekommt, muss nicht befürchten, dass zukünftig die Sachmittel gestrichen werden oder sonstige negative Auswirkungen eintreten.

Kontingentierungsproblem: Lehrleistung als notwendige, nicht aber hinreichende Bedingung für Lehrpreise
Der Lehrpreis ist kein Bonus, der eine klare Relation von Leistungshöhe und Bonushöhe vorweist. Es existiert keine direkte Verknüpfung von Leistung und Anreizen (Frey/Neckermann 2006). Wer hervorragende Lehr-Arbeit leistet, hat die prinzipielle Chance, gewürdigt zu werden. Wer sein Engagement in der Lehre vernachlässigt, wird eben nur nicht nominiert. Wer aber keinen Lehrpreis bekommt, muss deswegen keine schlechte Lehre gemacht haben; er oder sie ist nur nicht ausgewählt worden (vgl. Abschnitt 4.5). Es existiert also keine positiv lineare Korrelation zwischen Lehrleistung und Belohnung durch Lehrauszeichnungen, u.a. da die Vergabe kontingentiert ist. Lehrpreise werden meistens nur einmal jährlich vergeben und üblicherweise auch nur an eine Person pro Universität oder Fachbereich/Fakultät. Der Ars legendi-Preis wird sogar nur einer Person deutschlandweit zuteil. Analog zum Prinzip der Prioritätsregel in der Forschung gilt daher auch bei Lehrpreisen, „the winner takes it all" und der Rest geht leer aus. Im Sinne der motivationspsychologischen Erwartung-mal-Wert-Theorie (Heckhausen 1989) kann ein Anreiz als selektiver Handlungsanreiz aber nur dann wirksam werden, wenn der jeweilige Handelnde eine mittlere Eintrittswahrscheinlichkeit der gewünschten Handlungsfolge (Lehrpreis) erwarten kann. Diese ist beim Lehrpreis nicht gegeben.

Lehrpreise als adäquates Instrument zur multiplen Handlungsmotivierung
Lehrpreise unterstützen nicht nur einen bestimmten Typ motivierten Verhaltens. Sie stehen damit im Einklang zu der Annahme, dass das allgemeine Engagement in der Lehre nicht monokausal motiviert ist. Neben extrinsischen Anreizen (externaler Regulation) existieren immer noch andere Veranlassungen, welche üblicher-

weise synchron auftreten: man hat auch Freude an der Lehre (intrinsische Regulation), will vor den Studierenden gut dastehen (introjizierte Regulation) oder man betrachtet akademische Lehre als eine persönlich befriedigende, gesellschaftliche Berufung (identifizierte Regulation) (vgl. Ryan/Deci 2000). Die Frage, wie Professorinnen und Professoren in Deutschland für die Lehre motiviert sind und ob Lehrpreise als *Leistungs*anreize wahrgenommen werden, wird in Abschnitt 4.1 behandelt.

Lehrpreise als eine symbolische Form der Anerkennung in der Wissenschaft
Auszeichnungen und Preise gibt es in der Wissenschaft sehr viele. Frey und Neckermann (2008) sprechen sogar davon, dass Wissenschaftler und Wissenschaftlerinnen Auszeichnungen generell einen hohen Wert beimessen. Vom Nobelpreis über den Leibniz-Preis bis hin zu einem Best-Paper-Award sind Auszeichnungen fester Bestandteil des Wissenschaftssystems. Sie sind Ausdruck und Grundlage symbolischen Kapitals – als eine Art sozialer Energie – mit dementsprechenden Chancen, soziale Anerkennung und soziales Prestige zu gewinnen (vgl. Bourdieu 1999, S. 194). Letzteres ist eine notwendige Voraussetzung, um eine privilegierte Position im Kräftefeld der Wissenschaft einzunehmen. Wissenschaftler sind es (immer noch) eher weniger gewohnt, dass ihre Arbeit regelmäßig mit monetärer Belohnung (ökonomischem Kapital) gewürdigt wird. Sie erwarten daher auch nicht – im Unterschied zu Managern in Profit-Organisationen –, dass ihre Arbeitsqualität oder ihr Arbeitsaufwand in Geldbeträgen absolute Entsprechung finden. Diese Erwartungsstruktur wird oft mit den Selektionseffekten erklärt, welche auf dem Weg zur Professorenschaft jene aussortieren, welche eine höhere Präferenz für Autonomie und Anerkennung haben und dafür Lohneinbußen billigend in Kauf nehmen. Über die Annahme, dass für Professoren und Professorinnen bei der Arbeitsplatzwahl die Autonomie(garantien) in der Wissenschaft einen höheren Wert haben als die Verlockungen monetärer Anreize in der Privatwirtschaft, wird im Abschnitt 4.2 mit empirischen Befunden Auskunft gegeben.

Da Auszeichnungen meistens öffentlich-zeremoniell übergeben werden, sind sie je nach Inszenierung und Trägerschaft sowie medialer Verbreitung von nicht zu unterschätzender Signalwirkung. Lehrpreise sind überhaupt der einzige Anlass, welcher Leistung in der Lehre für eine breitere (Fach-)Öffentlichkeit wahrnehmbar macht. Lehrpreise kommunizieren Anerkennung; ein selten vergebenes Gut in der sozialen Welt: Anerkennung und Ansehen bedeutet nicht weniger als Daseinsberechtigung (vgl. Bourdieu 2001, S. 309 f.). Aber auch der Geldbetrag, mit dem ein Preis dotiert ist, hat symbolische Bedeutung. Insofern signalisiert ein zu geringer Betrag bei geneigter Interpretation fehlende Wertschätzung für die lehrende Person oder zumindest trägt es nicht dazu bei, die Wertigkeit eines Preises zu untermauern. Zu fragen ist jedoch, ob deutsche Professoren und Professorinnen den Lehrpreis auch als eine symbolische Anerkennung wahrnehmen. Diese Frage kann zumindest im Vergleich zur monetären Anerkennung bei Lehrpreisen wiederum empirisch beantwortet werden (siehe Abschnitt 4.3).

Die Höhe des reputativen Kapitals von Lehrpreisen bestimmt sich durch Peer-Anerkennung
Die Höhe des reputativen resp. symbolischen Kapitals – verglichen in Form von Lehrpreisen – ist abhängig von der Institution, die den Preis vergibt. Wissenschaftliches Kapital ist eine Form des symbolischen Kapitals, das auf der Anerkennung basiert, welche die Gesamtheit gleich gesinnter Wettbewerber innerhalb des wissenschaftlichen Feldes gewährt (vgl. Bourdieu 1998, S. 23). Die Art der Inszenierung der Vergabe-Zeremonie (vgl. Jäggi 2009, S. 83 ff.) als eine Geste der Wertschätzung ist die rituelle Verdichtung dessen, was der jeweilige Preis in einer sozialen Gruppe darstellt oder darstellen soll; sie ist von indexikalem Wert. Es macht einen Unterschied, ob im Hinterzimmer des Rektorats in aller Intimität eine Urkunde verliehen wird oder ob sich das Geschehen auf der Vorderbühne der nationalen oder internationalen Fachöffentlichkeit in entsprechend würdevoller Umgebung abspielt. Da Wissenschaftler und Wissenschaftlerinnen ihr Selbstbild vor allem über Anerkennung innerhalb der eigenen Profession generieren, müsste auch der Lehrpreis eine Anerkennung aus der Profession sein. Dies setzt allerdings voraus, dass die Lehre durch Peers evaluiert wird. Dafür wäre es aber förderlich, wenn Lehre zunächst zumindest ein Thema informellen kollegialen Erfahrungsaustausches wäre, bevor sie in aller Fachöffentlichkeit diskutiert und erst recht bewertet wird (siehe Abschnitt 4.4).

Der Lehrpreis ehrt mit dem Einzelnen die Gemeinschaft aller Lehrenden
Die Verleihung eines Lehrpreises ist ein Akt der Ehrerbietung, definiert als eine Handlung durch die „(…) symbolisch die Wertschätzung des Empfängers bzw. dem Empfänger übermittelt wird oder die Wertschätzung dessen, wofür dieser Empfänger als Symbol oder Repräsentant gilt." (Goffman 1996, S. 64) Es wird also nicht nur ein Einzelner geehrt, sondern die Gemeinschaft aller Lehrenden in einem Ritual der Selbstvergewisserung über die Sinnhaftigkeit ihres Tuns angesprochen: „Awards create and establish role models, they distribute information about successful and desirable behavior (…)." (Frey/Neckermann 2008, S. 6)

Conclusio: Der Lehrpreis stellt demnach keinen selektiven Leistungsanreiz im eigentlichen Sinne dar, dennoch kann er als belohnende Vergabe von reputativem Kapital wahrgenommen werden und Wirkung entfalten. Zu den gerade formulierten Annahmen können wir folgenden Fragekomplexen zuordnen, die wir in unserer Studie abgebildet haben. (1) Wie sind deutsche Professorinnen und Professoren generell für die Lehre motiviert? (2) Ist Autonomie in der Wissenschaft für Professorinnen und Professoren wichtiger als das oft ungleich größere Gehalt und andere Vorzüge der materialen Ausstattung in der Privatwirtschaft? (3) Wird der Lehrpreis als adäquate symbolische und/oder monetäre Belohnung für Engagement in der Lehre wahrgenommen? (4) Wie steht es um den kollegialen Austausch über Lehrpraxis? (5) Inwieweit und nach welcher Art diskriminiert die aktuelle Vergabepraxis zwischen unterschiedlicher Lehrausübung?

3 Forschungsdesign und Untersuchungsgegenstand der Studie

Die Autoren führten zwischen Mai und Juli 2009 eine Umfrage unter deutschen Professorinnen und Professoren durch.[1] Es wurde eine disproportional geschichtete Stichprobe von 8.000 Professorinnen und Professoren gezogen. Diese Samplekonstruktion war deshalb notwendig, weil alle W-Professoren erfasst werden sollten. Die kontingentierte Stichprobenziehung erfolgte aus dem Email-Verteiler des Deutschen Hochschulverbandes, der alle Professorinnen und Professoren in Deutschland umfasst. Angeschrieben wurden alle 3.244 W2- und W3-Professorinnen und Professoren an deutschen Universitäten (nicht Fachhochschulen), die restlichen 4.756 Befragten wurden per Randomisierung aus der Gruppe aller C3- und C4-Professorinnen und Professoren an deutschen Universitäten gezogen. Die so Ausgewählten bekamen eine Email durch den Hochschulverband zugesendet, die einen Link zu einem standardisierten Online-Fragebogen enthielt. Von den 8.000 Angeschriebenen haben – nach einer einmaligen Nachfassaktion – 1.119 Personen den Fragenkatalog vollständig ausgefüllt. Dies entspricht einer Rücklaufquote von 13,98 Prozent. Die Befragung gliedert sich inhaltlich in drei große Blöcke: Handlungsdimensionen akademischer Lehre, Umsetzungsstand und Ausgestaltung von

---

1 Die Befragung ist im Rahmen des von der DFG geförderten Projektes „Unter welchen Bedingungen sind managerial governance und academic self-governance von Hochschulen auf der individuellen Ebene der Lehrenden handlungswirksam?" (Förderungsnummer: WI 2052/2-1) durchgeführt worden.

leistungsorientierten Anreizsystemen (Lehrpreise, Zielvereinbarungen, leistungsorientierte Mittelvergabe, Zulagen in der W-Besoldung) in Bezug auf die Lehre und verschiedene latente Variablen, denen ein alternativ erklärender, moderierender, spezifizierender oder verzerrender Einfluss auf den prinzipiellen Zusammenhang von Anreizsystemen und Lehrtätigkeit zugesprochen wird (allgemeine Motivation, Einstellung zu den neuen Steuerungsformen, sonstige Rahmenbedingungen der Lehrtätigkeit etc.).

4 Empirische Ergebnisse

4.1 Lehrmotivation

Die Lehrmotivation wurde mittels eines – aufgabenspezifisch modifizierten – Inventars nach der Self-Determination-Theory von Ryan und Deci (2000) erhoben, welche fünf qualitativ verschiedene Typen der Verhaltensregulation unterscheidet. Je nach Grad der subjektiv erlebten Autonomie und Selbstbestimmtheit des Handelns können diese Motivationstypen konzeptionell in einem Kontinuum zwischen intrinsisch motiviert und amotiviert verortet werden. Zur Operationalisierung wurde der Fragebogen von Fernet et al. (2008) übersetzt, etwas gekürzt und den Spezifikationen der Lehrtätigkeit an deutschen Universitäten angepasst. Die Zustimmung zu den jeweiligen Items wurde auf einer 5er Likert-Skala (1 = trifft nicht zu; 5 = trifft voll zu) abgebildet. Eine Hauptkomponentenanalyse (KMO-Wert ,844; erklärte Varianz 58,0 %) ergibt, dass nur vier der fünf Typen der Verhaltensregulation gemäß der Self-Determination-Theory empirisch in dieser Studie dimensional reproduziert werden können. Die so entwickelten Faktoren können als folgende Komponenten des Motivations-Modells interpretiert werden: die intrinsische Lehr-Motivation, die auch die Items der identifizierenden Regulation umfasst (Cronbachs Alpha ,828), die Items der introjizierten Regulation (Cronbachs Alpha ,660), die externale Regulation der Lehrtätigkeit (Cronbachs Alpha ,708) sowie die Amotivation in der Lehre (Cronbachs Alpha ,597).

Ein Vergleich der Mittelwerte über alle Motivationstypen zeigt, dass die intrinsische Motivation im Durchschnitt die höchste Ausprägung hat und die Amotivation den geringsten Mittelwert aufweist. Das heißt, dass das stärkste Motiv für ein Engagement in der Lehre tatsächlich die persönliche Freude an der Tätigkeitsausübung selbst ist (intrinsisch) und man trotz der oft angeprangerten Arbeitsbedingungen vom Sinn der Lehrtätigkeit nach wie vor überzeugt ist (also nicht amotiviert). Externe Anreize wirken theoretisch auf die Motivationskomponente der externalen Regulation ein; also jenes Kalkül, welches zu Lehrhandlung motiviert, um dafür mit Geldwerten oder Anerkennung sowie Selbstbestätigung belohnt zu werden. Ein Vergleich der befragten Lehrpreisempfänger mit den Nicht-Empfängern im Hinblick auf diesen Motivationsmodus für Hochschullehrer und -lehrerinnen zeigt Folgendes: Der Mittelwert der externalen Regulation der Lehrpreisempfänger unterscheidet sich nicht signifikant von dem der Nicht-Empfänger; beide Gruppen verfügen hier im Mittel über nahezu identische Ausprägungen externaler Handlungsmotivation. Lediglich die Differenz der Mittelwerte der intrinsischen Motivation (auf dem 1 Prozent-Niveau) und der Amotivation (auf dem 5%-Niveau) unterscheiden sich signifikant voneinander. Die Lehrpreisempfänger haben eine im Vergleich geringfügig höhere Ausprägung bei der durchschnittlichen intrinsischen Motivation und eine etwas geringere Ausprägung bei der Amotivation.

Mittelwerte (in Klammern: Standardabweichungen)	Intrinsische Motivation	Introjizierte Regulation	Externale Regulation	Amotivation
Lehrpreisempfänger n = 92	4,45 (0,63)	3,10 (0,89)	2,67 (1,27)	1,42 (0,61)
Keine Lehrpreisempfänger n = 1024	4,25 (0,67)	2,98 (0,84)	2,84 (1,27)	1,58 (0,70)

Tab. 1: Mittelwertvergleich der Motivation bei Lehrpreisempfängern und Nicht-Lehrpreisempfängern

4.2 Autonomie

Die Wahrnehmung der Autonomiegrade an der Universität wurde in unserer Studie mit folgendem Item adressiert: „Meine Tätigkeit in relativer Autonomie ist ein Wert, der durch Vorteile privatwirtschaftlicher Einrichtungen (Arbeitsbedingungen, Gehalt etc.) nicht kompensierbar ist". Dieser Aussage ist sehr hoch zugestimmt worden. In dichotomisierter Form (1-3 = keine Zustimmung; 4-5 = Zustimmung) haben 85,0 Prozent aller Befragten zugestimmt und 15,0 Prozent das Item abgelehnt. Eine signifikante Differenz beim Vergleich der Mittelwerte zwischen Lehrpreisempfängern bzw. Lehrpreisempfängerinnen und Personen, die keinen Lehrpreis bekommen haben, existiert nicht.

4.3 Lehrpreis: symbolische und monetäre Anerkennung

Von den Befragten gaben 55,2 Prozent an, dass es an ihrer Universität einen Lehrpreis gibt, den sie prinzipiell erlangen können. Allerdings konnten auch ganze 24,0 Prozent keine gesicherte Angabe darüber machen, ob es überhaupt einen gibt. 8,4 Prozent der Befragten sind selbst Lehrpreisempfänger (n = 92). Sowohl Letztere als auch die Befragten, die keinen Lehrpreis bekommen hatten, sollten auf einer 5er Likert-Skala (1 = trifft nicht zu; 5 = trifft voll zu) angeben, ob ein Lehrpreis prinzipiell wichtig sei, um Engagement in der Lehre zu belohnen und zwar auf der monetären und der symbolischen Ebene. Die Lehrpreisempfänger und -empfängerinnen bewerteten die prinzipielle Wichtigkeit einer Belohnung auf der symbolischen Ebene signifikant (auf dem 5%-Niveau) höher ein als die Nicht-Empfänger (Abb. 1).

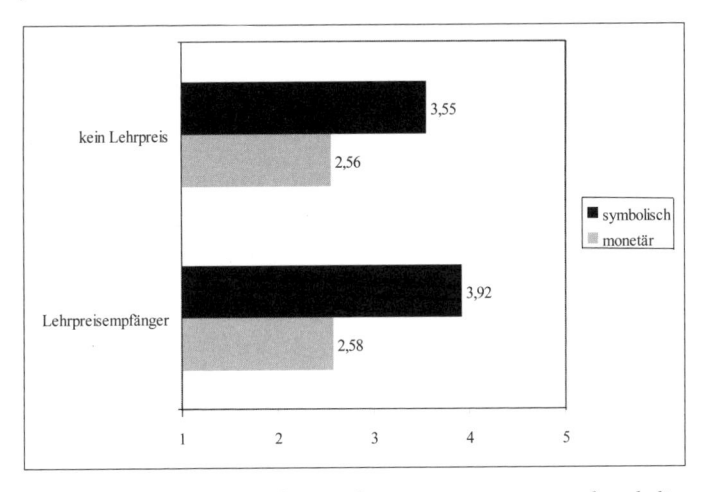

Abb. 1: Mittelwertvergleich der Einschätzung von monetärer und symbolischer Belohnung eines Lehrpreises

Die Gruppe der Lehrpreisempfänger und -empfängerinnen wurde zusätzlich befragt, inwiefern der Lehrpreis, den sie bekommen haben, für sie eine adäquate Belohnung auf der symbolischen und monetären Ebene darstellt. Der symbolische

Wert des erhaltenen Lehrpreises wird dabei höher eingeschätzt (4,14), die Belohnung auf der monetären Ebene niedriger (1,88). Es muss hier angemerkt werden, dass keine Informationen darüber vorliegen, was die Dotierung der erhaltenen Preise anbelangt.

Zusätzlich sind folgende zwei Items zum Vergabeverfahren abgefragt worden: „Die Kriterien zur Erlangung des Lehrpreises sind klar definiert" und „Das Vergabeverfahren zur Erlangung des Lehrpreises ist transparent". Wiederum in dichotomisierter Form (1-3 = keine Zustimmung; 4-5 = Zustimmung) lehnen 59,0 Prozent der Befragten das erste Item „klar definierte Kriterien" ab und 19,2 Prozent antworten mit „ich weiß nicht". Das zweite Item zur Transparenz der Vergabeverfahren wird ebenso hoch abgelehnt (50,1 %) und 18,5 Prozent können hierzu keine Angabe machen, weil sie nicht darüber informiert sind. Die Zustimmung zu den Fragen nach klaren Regeln und Transparenz ist demnach gering.

Ein Mittelwertvergleich zwischen den Gruppen der Lehrpreisempfänger und der Personen, die keinen Lehrpreis bekommen haben, ergibt eine signifikante Differenz (auf dem 1%-Niveau) bei beiden Fragen. In beiden Fällen stimmen die Lehrpreisempfänger und -empfängerinnen den Items etwas höher zu als diejenigen, die keinen Lehrpreis bekommen haben. Diese Tatsache ist auch wenig überraschend, weil Personen, die durch ein Verfahren ausgewählt wurden, diesem Verfahren mehr Legitimation zusprechen, als jene, die nicht ausgewählt wurden.

4.4 Austausch mit Kollegen und Kolleginnen

Der Austausch mit Kollegen und Kolleginnen über die Lehre wurde anhand des folgenden Items operationalisiert: „Es herrscht ein reger Austausch mit Kollegen und Kolleginnen über die Lehrpraxis". Dichotomisiert liegt die Zustimmung zu diesem Item bei 16,4 Prozent, die Ablehnung bei 83,6 Prozent. Ein Austausch findet also nach der Selbstwahrnehmung deutscher Professorinnen und Professoren kaum statt. Dabei existiert auch kein Unterschied in der Wahrnehmung zwischen Lehrpreisempfängern bzw. Lehrpreisempfängerinnen und solchen Personen, die keinen Lehrpreis bekommen haben.

4.5 Was bewertet die aktuelle Praxis der Lehrpreisvergabe eigentlich?

Interessant ist es aber, die Gruppe der Lehrpreisempfänger und -empfängerinnen mit dem Rest dahingehend zu vergleichen, ob sie speziell im Hinblick auf ihre Lehrpraxis Unterschiede aufweisen. Ein Mittelwertvergleich zwischen diesen Gruppen liefert sowohl im Hinblick auf deren Lehr-Orientierung (vgl. Braun/ Hannover 2008) als auch auf Dimensionen der akademischen Lehrhandlung wie Lehrmethodik keine signifikanten Differenzen. Lehrpreisempfänger und -empfängerinnen sind im Durchschnitt also nicht mehr und nicht weniger studierenden- oder lehrendenzentriert. Statistisch betrachtet unterscheidet sich der durchschnittliche Lehrpreisempfänger nicht in seinem methodischen Engagement (z.B. Einsatz zusätzlicher Lernhilfen, Formulierung von Lernzielen) vom Durchschnitt aller Professoren bzw. Professorinnen. Da stellt sich die Frage, aufgrund welcher Maßgaben an deutschen Universitäten eigentlich belohnt wird bzw. warum jemand als Lehrpreisempfänger oder -empfängerin herausgegriffen wird und andere nicht. Wir können hierzu keine präziseren Angaben machen; überdies ist es auch eher Aufgabe der Hochschuldidaktik, hier Bewertungen der eingesetzten Verfahren und Maßgaben zu evaluieren.

5 Lehrpreis als Leistungsanreiz oder symbolische Anerkennung?

Unsere empirischen Ergebnisse stützen unisono die Annahme, dass der Lehrpreis nicht als selektiver Leistungsanreiz im herkömmlichen Sinne funktioniert. Die in Abschnitt 3 aufgeworfenen Fragestellungen lassen sich demnach wie folgt abschließend beantworten:

Generelle Lehrmotivation deutscher Professorinnen und Professoren
Die deutschen Professorinnen und Professoren zeichnen sich durch eine „Mischmotivation" in der Lehre aus, bei der die intrinsische Motivation mit Abstand am höchsten ausgeprägt ist. Die externale Regulation, die durch einen Leistungsanreiz aktiviert werden soll, ist hingegen eher gering ausgeprägt, so dass hier eher weniger Motivierungspotenziale vermutet werden können. Obwohl die Daten nichts über eine kausale Richtung aussagen können, ist dennoch anzunehmen, dass Lehre immer schon hauptsächlich intrinsisch motiviert praktiziert wird. Ein

erhaltener Lehrpreis ist nur eine Zugabe. Der Lehrpreis ist aber kein Anreiz, der das Engagement für Lehre zu prognostizieren vermag.

Ist Autonomie in der Wissenschaft für Professorinnen und Professoren wichtiger als die oft ungleich größeren materiellen Vorteile in der Privatwirtschaft?
Die prinzipielle Handlungs-Autonomie an Universitäten ist ein nicht zu unterschätzender Faktor der Arbeitsplatzwahl bei deutschen Professorinnen und Professoren. Dieses Ergebnis stützt die Theorie der Selbstselektion. Die deutsche Professorenschaft positioniert sich klar pro Autonomie im Wissenschaftssystem und gegen Einkommensvorteile in der Privatwirtschaft. Dieser Befund verdeutlicht, warum sie dem System der Leistungsanreize – welches immer auch mit Leistungsevaluation und -kontrolle einhergeht – so skeptisch gegenüber steht. Sie befürchten ein Szenario, dass genau diese Autonomiegrade schmälert.

Wahrnehmung und Wichtigkeit von Lehrpreisen als adäquate symbolische und/ oder monetäre Belohnung für Lehr-Engagement
Lehrpreise werden stärker als symbolische Belohnung wahrgenommen und geschätzt als monetäre. Dies wird vermutlich auch an dem (in den meisten Fällen) sehr geringem Preisgeld liegen. Dabei bewerten Lehrpreisempfänger die symbolische Belohnung höher als die Nicht-Empfänger. Der Lehrpreis erfüllt also seine Funktion der symbolischen Anerkennung in den Augen der Preisträger und Preisträgerinnen. Darüber hinaus gibt es in der Wahrnehmung der Professorinnen und Professoren keine klar definierten Kriterien zur Erlangung des Lehrpreises. Auch die Vergabeverfahren erscheinen wenig transparent. Dies ist ein weiteres Argument dafür, dass Lehrpreise nicht als Leistungsanreize gesehen werden können. Wenn ein Akteur nicht weiß, nach welchen Kriterien ein Lehrpreis vergeben wird und das Verfahren nicht transparent ist, kann so ein Preis nicht Grundlage einer Handlungskalkulation sein. Da die Wahrscheinlichkeit des Eintritts überhaupt nicht abgeschätzt werden kann, wird ein rational handelnder Akteur untätig bleiben und seine Energie in andere Arbeitsbereiche einbringen. Damit kann ein Lehrpreis kein Anreiz sein, der bei der Handlungswahl schon die Handlung ausrichtet, sondern nur im Nachhinein eine bereits vollzogene Handlung zusätzlich bestärkt.

Peer-Kommunikation über Lehrpraxis und Lehrpreisvergabe
Da bisher der Austausch über Lehrpraxis mit Kolleginnen und Kollegen immer noch nicht üblich ist, bleibt ein Peer-Review der Lehrtätigkeit in weiter Ferne. Kolleginnen und Kollegen, die in der eigenen Veranstaltung sitzen, werden sicherlich immer noch als Irritation oder gar Provokation angesehen. Die Vergabe des Lehrpreises durch Peers bräuchte notwendigerweise die Grundlage einer Kultur der Kommunikation über Lehrpraxis, um akzeptiert zu werden.

Praxis der Lehrpreisvergabe
Da die Modalitäten der Vergabe der Lehrpreise an deutschen Universitäten eine Gruppe selektieren, welche zumindest gemäß unserem Inventar der Dimensionen akademischer Lehrtätigkeit keine Unterschiede aufweisen, kann man ebenfalls nicht von einem selektiven Anreiz sprechen. Es wird im Mittel nicht zwischen jenen diskriminiert, welche besonders viel Energie in ihre Lehre stecken oder eben weniger. Wir behaupten aber auch nicht, dass Lehre eine Fleißaufgabe sein muss, sondern dass sie auch ohne größeren Mehraufwand bewerkstelligt werden kann. Man muss sich aber im Klaren darüber sein, was man mit der jeweiligen Vergabepraxis eigentlich honoriert oder exemplarisch belohnen will: Arbeiter oder Charismatiker? Einsatzwille oder Persönlichkeit und Naturbegabung? Unsere Ergebnisse weisen in Richtung der Bevorzugung des letzteren Typus.
Zusammenfassend deutet also alles darauf hin, dass der Lehrpreis, wie er bis dato flächendeckend eingesetzt wird, „nur" wie eine symbolische Anerkennung wirkt. Er hilft darum eher, Prozesse eines übergreifenden kulturellen Wandels zu katalysieren, die Lehrpraxis zu einer legitimen Quelle wissenschaftlicher Kapitalakkumulation machen können: Lehr-Reputation. Genau das ist es, was langfristig im Wissenschaftssystem „zählt". Um dies zu bewerkstelligen ist es wichtig, dass an den Kriterien der Vergabe, der Transparenz des Vergabeverfahrens sowie an der Kommunikation und Vermarktung dieser noch jungen Institution weiterhin gearbeitet wird. Der vorliegende Band kann hierzu Orientierung geben und Inspiration stiften.

Literatur

Bourdieu, Pierre (1998). Vom Gebrauch der Wissenschaft. Für eine klinische Soziologie des wissenschaftlichen Feldes. Konstanz: UVK.
Bourdieu, Pierre (1999). Die feinen Unterschiede. Kritik der gesellschaftlichen Urteilskraft. Frankfurt a. M.: Suhrkamp Verlag.
Bourdieu, Pierre (2001). Meditationen. Zur Kritik der scholastischen Vernunft. Frankfurt a. M.: Suhrkamp Verlag.
Braun, Edith / Hannover, Bettina (2008). Zum Zusammenhang zwischen Lehr-Orientierung und Lehr-Gestaltung von Hochschuldozierenden und subjektivem Kompetenzzuwachs bei Studierenden. In: Meyer, Meinert A. / Prenzel, Manfred / Hellekamps, Stephanie (Hrsg.): Perspektiven der Didaktik. Wiesbaden: VS Verlag für Sozialwissenschaften, S. 277-291.
Carusetta, Ellen (2001). Evaluating Teaching Through Teaching Awards. New Directions For Teaching and Learning, 88, S. 31-40.
Fernet, Claude / Senécal, Caroline / Guay, Frédéric / Marsh, Herbert / Dowson, Martin (2008). The Work Tasks Motivation Scale for Teachers (WTMST). Journal of Career Assessment, 16, S. 256-279.
Frey, Bruno S. / Osterloh, Margit (2002). Successful management by motivation. New York, Berlin: Springer.
Frey, Bruno S. / Neckermann, Susanne (2006). Auszeichnungen: Ein vernachlässigter Anreiz. Perspektiven der Wirtschaftspolitik, 7/2, S. 271-284.
Frey, Bruno S. / Neckermann, Susanne (2008). Academics Appreciate Awards. A New Aspect of Incentives in Research. Working Paper No. 2008-32. Center for Research in Economics, Management and the Arts. University of Zurich.
Gibbons, Michael / Limoges, Camille / Nowotny, Helga (1994). The New Production of Knowledge. Beverly Hills: Sage.
Goffman, Erving (1996). Interaktionsrituale. Über Verhalten in direkter Kommunikation. Frankfurt a. M.: Suhrkamp Verlag.
Heckhausen, Heinz (1989). Motivation und Handeln, Berlin: Springer.
Jäggi, Christian J. (2009). Soziokultureller Code, Ritual und Management: Neue Perspektiven in interkulturellen Feldern. Wiesbaden: VS Verlag für Sozialwissenschaften.
Jung, Michael Marie (2004). Charakterkopf: Neue Aphorismen und Sprüche. Norderstedt: Books on Demand.
Lanzendorf, Ute / Pasternack, Peer (2009). Hochschulpolitik im Ländervergleich. In: Bogumil, Jörg / Heinze, Rolf G. (Hrsg.): Neue Steuerung von Hochschulen. Eine Zwischenbilanz. Berlin: edition sigma, S. 13-28.

Rindermann, Heiner (2003). Lehrevaluation an Hochschulen: Schlussfolgerungen aus Forschung und Anwendung für Hochschulunterricht und seine Evaluation. Zeitschrift für Evaluation, 2, S. 233-256.

Ryan, Richard M. / Deci, Edward L. (2000b). Self-Determination theory and the facilitation of intrinsic motivation, social development and well-being. American Psychologist, 55/1, S. 68-78.

Schimank, Uwe (2009). Governance-Reformen nationaler Hochschulsysteme. Deutschland in internationaler Perspektive. In: Bogumil, Jörg / Heinze, Rolf G. (Hrsg.): Neue Steuerung von Hochschulen. Eine Zwischenbilanz. Berlin: edition sigma, S. 123-137.

Webler, Wolff-Dietrich / Otto, Hans-Uwe (1991). Der Ort der Lehre in der Hochschule. Lehrleistungen, Prestige und Hochschulwettbewerb. Weinheim: Deutscher Studienverlag.

Ziegele, Frank / Handel, Kai (2004). Anreizsysteme im Hochschuleinsatz. Grundlagen – Chancen und Grenzen – Empfehlungen zu Auswahl und Konzeption. In Benz, Winfried / Kohler, Jürgen / Landfried, Klaus (Hrsg.): Handbuch Qualität in Studium und Lehre. Berlin: Raabe, S. 1-22.

Carmel McNaught

Using Teaching Awards to Develop University Policy: A Chinese Perspective on University Teaching Awards

Abstract: *This paper explores how the very best teachers (those awarded the Vice-Chancellor's Exemplary Teaching Award) at The Chinese University of Hong Kong (CUHK) operate – what their beliefs about teaching and learning are and how these beliefs are translated into action. The paper briefly describes the principles of excellent teaching that emanated from that research and how these principles were used to frame teaching and learning policy at CUHK.*

Lehrpreise als Instrument der Universitätsentwicklung: Ein Beitrag aus China

Zusammenfassung: *Der Beitrag untersucht das lehrspezifische Handeln der mit dem „Vice-Chancellor's Exemplary Teaching Award" der Universität Hong Kong (CUHK) ausgezeichneten Dozierenden, ihre Ansichten zu Lehren und Lernen und deren Umsetzung. Der Beitrag beschreibt die Grundlagen exzellenter Lehre und ihren Einbezug in eine Strategie des Lehrens und Lernens an der CUHK.*

When I came to the Chinese University of Hong Kong (CUHK) in 2002, I was given the interesting task of ‚proving' that ‚Western' active learning was relevant in the context of a Chinese university. I decided that a very appropriate approach would be to investigate how the very best teachers at CUHK operated – what their beliefs about teaching and learning are and how these beliefs are translated into action. Funding was found to establish a research team to conduct interviews with 18 teachers awarded the Vice-Chancellor's Exemplary Teaching Award at CUHK. This paper briefly describes the principles of excellent teaching that emanated from that research and how these principles were used to frame teaching and leaning policy at CUHK.[1]

---

1   Funding support from the University Grants Committee in Hong Kong is gratefully acknowledged. The dedication of CUHK colleagues and students is also acknowledged.

1 Teaching Awards at CUHK

The awards were instituted in the 1999–2000 academic year as a component of the University's way of recognizing the importance of and rewarding good teaching. Each year no more than one teacher from each of the eight faculties (Arts, Business Administration, Education, Engineering, Law, Medicine, Science and Social Science) is given the award. As is common with decision-making and quality assurance procedures at CUHK, the selection process has been devolved. Each faculty takes responsibility for selecting exemplary teachers from its ranks and forwarding nominations to the Vice-Chancellor. The processes for selecting nominees are left to the faculties and so there is a degree of variation between them.

2 Discursive Interviewing as an Appropriate Research Method

The interviews were conducted after the third round of awards. At this point in time 20 teachers had received this award and 18 of them were interviewed in our project. This is a typical sample size for qualitative research, which rarely goes beyond a handful of informants, because of the time-consuming nature of data gathering and analysis. Richness and depth of insight are achieved at the expense of extensive sampling.

Semi-structured interviews (Cohen/Manion 1994) were used to explore what constitutes excellent teaching and how the award-winning teachers developed themselves to their high standards. Interviewing the excellent teachers was an enjoyable task. One could feel the enthusiasm and dedication they had in teaching expressed in many different styles and personalities. It would be quite wrong to treat them as one self-selected homogenous group with some special predisposition to good teaching. Each of them had different emphases in their approach, while sharing some commonalities in practice. All of them were very busy scholars with other equally pressing commitments in research and service to the community. A common scenario was the interview being interrupted by telephone calls, students requesting assistance or colleagues requiring collaboration.

Twelve of the interviews were conducted in Cantonese and six in English. All interviews were recorded.

The analysis was principally based upon grounded theory (Glaser/Strauss 1967; Lincoln/Guber 1985). The essence of grounded theory is that the researchers do not impose preconceived frameworks or theories on the data; rather, theory emerges from the data, and so is grounded in it. In doing this initial search for grounded themes, use was made of the constant comparative method (Strauss/Corbin 1990) to ensure that emerging themes were consistent with the whole sense of the experience. Following the constant comparative method implies that the analyst makes continuing reference to the whole context rather than looking at isolated quotes. The result is that quotes selected as indicative of themes have their meaning referenced against the sense of the whole interview. The constant comparative method is, therefore, a guard against taking isolated comments out of context and a strategy for ensuring that the true underlying meaning of parts of an interview is identified.

There was sufficient data for saturation to be reached where no new categories or themes emerged on reading further sets of detailed notes or listening to further tapes.

The project was published as a book (Kember, Ma, McNaught et al. 2006) that was freely distributed to all departments at the University. Further details of the research process can be found in the book. Here I will report only the final categories of description with a few illustrative quotes from our award-winning teachers.

3 Principles of Excellent Teaching

3.1 Planning Teaching and Courses

1. Planning for teaching includes articulating expected learning outcomes, selecting learning activities and seeking feedback for evaluation from students, as well as determining content.
„In the process, you have to decide what academic purpose and what activities are desirable. We will design some basic elements for them together with some textbooks, exercises or case studies. Built-in learning activities are essential, such as inviting CEOs to give talks, visiting China, helping them to establish their networks, arranging summer internships, offering free consultations to companies so students can gain solid work experience through their voluntary work, and so forth. We don't stop at the ‚here' and

‚now'. We have to proactively think of the future trend of this subject five years down the line." (Andrew Chan – Marketing)

2. *When planning courses it is necessary to anticipate the needs of the students.*
„We have students in our minds when designing courses: What will students want to learn? Why are these skills and ideas useful for them in the future? The courses are primarily designed for students. We want to educate them so that they can go out to the real world and work with the tools and techniques they have learnt." (Fan Jianqing – Statistics)

3. *Teachers should make a detailed plan of each lesson, including learning activities, but then be prepared to flexibly adapt the plan in the light of students' responses.*
„My perception is teachers generally talk too much. You can tell somebody's puzzled by the way they look. And you can tell if somebody is not paying attention, often because I'm talking too much. You can tell that somebody is subtly drifting off; that's the time to ask questions, to get them moving and to keep them in. It's monitoring what's going on really. I try and make it so that I don't talk more than 50–60% of the time at most. The rest of the time is for students." (Gordon Mathews – Anthropology)

3.2 What is Taught

4. *Teachers should concentrate on teaching key concepts, rather than detail, and make the fundamental points explicit.*
„Simple messages are easier to understand and remember. Conveying messages in a simple and clear manner does require skills. At the start of each class, I will state very clearly the learning objectives, ‚I want you to learn four things in the following half hour, they are …' 'At the end of each class, I will ask, ‚What is the ‚take-home' message from this lesson?'"(Francis Chan – Medicine and Therapeutics)

5. *Teachers should select content which students can perceive as relevant and show how it is relevant.*
„Keep asking them questions. Those are not technical questions that appear in textbooks. They are questions that emphasize everyday application. This is particularly important in business. I myself have to watch the news twice a day and read a couple of newspapers to keep up to date with events which

can be applied in management and then share them with students." (Gordon Cheung – Management)

6. *What is taught should take into account students' need to develop the ability to learn for themselves. Self-managed learning ability can be nurtured through student-centred approaches to teaching.*
„I've become more open to my students, let them develop their independent thinking through my teaching and guidance. I would tell them, ‚These are the authors and their backgrounds. Can you put your feet into their shoes and enter into their lives through their writings, how they lived in their times?'" (Lo Wai Luen – Chinese Literature)

7. *Exposing students to conflicting theories helps develop more sophisticated beliefs about knowledge, and this facilitates the development of important graduate capabilities.*
„Moreover, science students tend to overlook the importance of acquiring communication skills which include the ability to read books and journal papers, and the ability to discuss and question." (Chu Ming Chung – Physics)

3.3 How it is Taught

8. *Good teachers develop a relationship with their students by getting to know them as individuals.*
„I like to interact with students during lunch. We can chat about all sorts of things and brainstorm. I recalled that my professors brainstormed with students during my college years. I learned lots of things while chatting with professors." (Patrick Lau – Educational Psychology)

9. *A vital constituent of excellent teaching is interaction in class between the teachers and their students, and the promotion of discussion among students.*
„A Chinese saying goes: Studying alone without company restricts learning to narrowness (獨學而無友則孤陋而寡聞). Many discoveries are made through debate and discussion among peers, challenging and stimulating each other." (Chan Hung Kan – Chinese Language)

10. *Excellent teachers use a variety of teaching methods appropriate to the desired learning outcomes.*
   Our teachers discussed many strategies such as full seminars, short discussion breaks, web-assisted teaching and learning (e.g. resources, quizzes, forums), computer games and simulations, case studies, group projects, student-led presentations, learning outside the classroom, etc. In each situation there was a clear rationale for why the particular strategy had been selected.

11. *Exemplary teachers use a variety of methods of assessment which are valid tests of the planned learning outcomes. These assessment strategies are also consistent with encouraging the development of these outcomes.*
   „For ‚Anthropological Theories', the final paper asked the students to: ‚Pick any event which is going on in the world today; use five of these theories to explain it.' That gets students to think for themselves with any event or any personal interaction." (Gordon Mathews – Anthropology)

3.4 Motivating Students

12. *Excellent teachers accept that they have a responsibility to motivate their students.*
   „Effective teaching refers to arousing students' interests, inspiring them to deep learning, getting them interested in what is being taught with the result that students have a sense of accomplishment in the knowledge that learning has taken place within them. One common comment from my student course evaluations is: ‚I am inspired.'" (Kenneth Leung – Journalism)

13. *Good teachers have high expectations of students*
   „Generation after generation of students know that I'm tricky, fierce, fastidious and I make them work a lot. Right from the very first lesson, I will tell them very clearly my expectations and requirements." (Lo Wai Luen – Chinese Literature)

14. *Strategies for motivating students include:*
   - *the teacher displaying enthusiasm;*
   - *employing a variety of active learning approaches;*
   - *making classes enjoyable;*

- *using relevant and interesting material; and*
- *praising students when high expectations are met.*

„The teacher has to be enthusiastic about his subject. If he treats it mechanically, the students can feel it. If you can't feel excited about your subject, why should they? So enthusiasm is the basic requirement; enthusiasm to do their best and not to give up. We hope to impart such attitudes to our students by setting up a good model within ourselves." (John Lui – Computer Science and Engineering)

3.5 Development as a Teacher

15. Good teaching can be developed through
   - *learning from past teachers;*
   - *exchanging ideas with colleagues;*
   - *attending workshops about teaching.*

„Participation in teaching workshops reinforces my ideas for improvement. For instance, I used to speak very fast but now I am consciously slow down for students. My presentation becomes more focused as I leave out more unnecessary details. I can see my shortcomings and find ways to overcome them." (Leung Sing Fai – Clinical Oncology)

16. To improve teaching it is necessary to gather feedback, reflect upon it and then act on the reflections.

„Learning is an internalization experience. I think action learning is important in the context of education. Reflection is also important. In psychological terms, it means meditation. You should have reflection on what you have learnt." (John Chi Kin Lee – Curriculum and Instruction)

17. The tension between teaching and research can be handled by recognizing the importance of teaching, and seeking synergies between teaching and research.

„I see research and teaching as a whole package and it's not something that is separable. Just like you can't take the job, the salary and the vacations, but not the responsibility." (John Lui – Computer Science and Engineering)

3.6 Are these Principles Culturally Specific?

There is a tendency to talk about Asian learners as if this were a homogeneous group. This is clearly no more sensible than talking about Western learners in the same way. Watkins and Biggs, in their seminal books on the Chinese learner (1996) and the Chinese teacher (2001), illustrate the complexity of cross-cultural observation. They describe the ‚paradox' of the Chinese learner: despite being educated in large classes, within a rigid curriculum with a predominance of norm-referenced assessment, Chinese learners often outperform Western students. They describe how the general culture outside the classroom impacts on academic learning. Briefly, these cultural impacts are:
- Memorisation and understanding. Chinese learners use memorisation as a strategy to explore meaning and not just as a reproductive process.
- Effort versus innate ability. The emphasis within Chinese culture is that effort is paramount and so all students have a reason to strive.
- Intrinsic versus extrinsic motivation. These are not mutually exclusive but are seen as intertwined for the Chinese.
- General patterns of socialization. Respect for elders, groups norms and the need to invest time in learning are emphasized from early days in Chinese culture and hence repetitive school tasks are not seen as boring.
- Achievement motivation: ego versus social. The centrality of family in Chinese culture provides a social framework which encourages all children to succeed and give face to the family.‚"

Chinese teachers are able to work with these cultural characteristics to design orchestrated environments within which students can achieve deep levels of understanding. The ‚paradox' only exists when Chinese classrooms are viewed with totally Western filters. This is not to say that Chinese pedagogy is superior to that used in the West. There are clearly problems with the rigidity and pressure that exists in schools in Hong Kong and the Chinese mainland. However, changes need to be made with an understanding of these cultural factors. It is my experience that the differences are ones of nuance in enactment and not differences in basic principles. A number of the interviews contained comments about the effects of the school system on students who enter university and how to help students adjust to new ways of working.

„Students who grow up in Hong Kong, however, are generally frightened as they are so used to having model answers given to them in their secondary school training. ‚You just give me the model answers, tell me all about the author and I will memorize, so that I can regurgitate during exams.' There were times when students were really frightened and dissatisfied with the fact that I had not given them the absolute model answers. So, it takes rather a long time to convince the students that the teacher is not there to tell them everything or hand down knowledge. It is I myself who need to think independently, analyse, discover and eventually understand." (Lo Wai Luen – Chinese Literature)

Nisbet (2003) examined five dimensions that he believes are useful distinguishing categories between Asians and Westerners. These dimensions are:

1. the collective and the individual;
2. differing emphases on history or the future;
3. distinguishing causal attribution from causal modeling;
4. working with categories and rules or with relationships and similarities;
5. using strict logic or dialectical exploration.

In general terms Nisbet places ‚Easterners' (his terminology) closer to the first mentioned end of each dimension and Westerners closer to the opposite pole. His vision for the globalised future is one of convergence: „East and West may contribute to a blended world where social and cognitive aspects of both regions are represented but transformed …" (p. 229). My own view is that our award-winning teachers had the wisdom to negotiate these dimensions – maybe not consciously, but intuitively and with finesse.

China is clearly changing in its attitude to the formation of educational relationships with a range of global partners. Mok and Wat (1998) examined how China's education is being changed to meet emerging market needs in China. The growth of private schools and colleges and the diversification of curricula are clear changes away from central government control. As Western universities seek partnerships with Chinese universities, they need to enter the negotiations with open minds and broad cultural understandings.

Other studies support the notion of commonality in principles of excellent teaching. Ballantyne, Bain and Packer (1997) constructed stories from interviews with 44 Australian academics nominated by their universities as being exemplary or noteworthy teachers. The selected academics came from a wide range of disciplines and universities. The stories showed similar threads across this diverse set of contexts.

Bain (2004) conducted a 15-year study of the thinking and practices of highly successful university educators in the US. In this detailed study he used interviews, observations, curriculum statements and materials. This rich data set results in an essay about the practices of 63 selected excellent teachers. Again the author managed to find a high degree of commonality in the practice of the successful teachers.

Overall, the study reported in this paper showed no valid evidence of cultural distinctions in the way academics envisage good teaching. Instead a compelling argument can be made for viewing academics in reputable universities as an international community with respect to quality in teaching. There are also no grounds for believing that quality teaching is envisioned in differing ways according to discipline.

4 Developing a Quality Assurance Framework for Teaching and Learning at CUHK Based on these Principles

In 2003, the University adopted a Ten-Year Vision Statement and, in 2006, a Strategic Plan which set the agenda for a concerted effort for excellence, as a leading university in China and the region. CUHK's philosophy and mission is to produce well-rounded graduates well trained in their major studies and, in addition, possessing a range of skills and values appropriate to the 21st century, including a capacity for lifelong learning. Bilingual proficiency, an understanding of Chinese culture and an appreciation of other cultures are core components of the curriculum and designed to prepare our students globally as citizens and leaders.

Articulate rhetoric is one thing; however, a key question is whether the University has appropriate and effective policies, processes and support structures to ensure that its mission is enacted.

When quality assurance measures are introduced as mandated measures there is a tendency for passive compliance or avoidance on the part of those who have not taken the need to heart. Bryman, Haslam, and Webb (1994) examined the imposed introduction of staff appraisal into UK universities. They concluded that appraisal was widely disliked by both appraisers and appraisees and felt that the operation of the schemes could best be characterized as „procedural compliance". They also found scant evidence of the expected benefits of appraisal. As this effect is well known, it was important that CUHK avoid the same trap.

Literature on educational quality highlights the centrality of beliefs in the organization of effective quality assurance schemes. Harvey and Knight (1996) argued for quality assurance as a power for transformative change. Freed, Klugman and Fife (2000) discussed quality as being an element of the culture of universities and described how a culture for academic excellence can be engendered by a holistic implementation of a set of quality principles. In formalizing CUHK's Teaching and Learning policy, members of the Senate Committee on Teaching and Learning (SCTL) took the view that policy should have a quality enhancement perspective and not a quality control one.

The Teaching and Learning Policy was launched in March 2004 after wide consultation. The document, titled ‚The Integrated Framework for Curriculum Development and Review' (Integrated Framework), has as its main objective „to ensure that teachers and programmes engage in reflection about teaching and learning, that such reflection is rooted in evidence and leads to action for improvement, and that incentives be provided for such efforts" (The Chinese University of Hong Kong, Integrated Framework, 2004 / 2006, Section 3.1.1, http://www.cuhk.edu.hk/english/documents/teaching/undergraduate-programmes.pdf).

The principles underlying the Integrated Framework have an outcomes-based approach focus: curriculum elements should align with desired learning outcomes to ensure fitness for purpose. To ensure local adoption and relevance, accepted principles and practices were those derived from the interviews described above. These teaching principles relate to a curriculum development model (Figure 1) in which student learning needs lead to five key interlocking elements: desired learning outcomes, content, learning activities, assessment and evaluative feedback, which are incorporated into procedures for course development, course review, programme development and programme review. Evaluation or feedback is central as it informs reflection upon practice. Review outcomes impact budget allocation, albeit indirectly.

The Integrated Framework requires courses and programmes to be planned and documented, broadly following a standard template. The ongoing cycles of reflection are captured in action plans which are refined through a series of review and reporting activities, including a brief annual progress report on teaching and learning, a three-year cycle of internal course reviews; and a major review every six years involving a self-evaluation document and review by a panel (appointed by SCTL) that includes the external examiner. Assessment of quality assurance and improvement is made by the panel on the basis of firm evidence. The panel's report leads to an action plan to deal with challenges and improve the quality of teaching and learning within the programme. The Integrated Framework also stipulates the requirement for professional development for teaching assistants and for junior teachers who are relatively new to CUHK. These professional development courses are designed around the 17 principles outlined above.

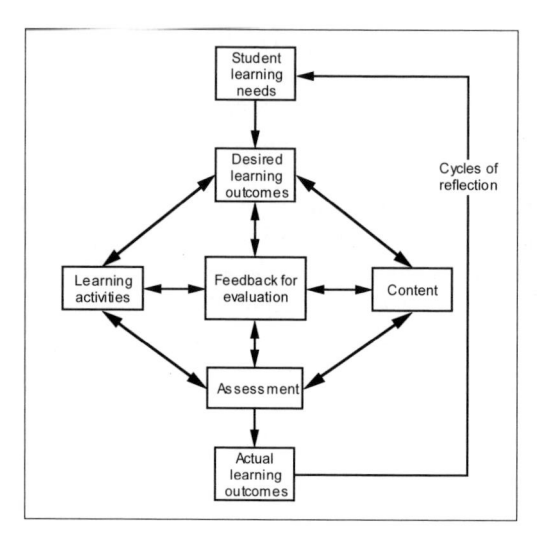

Fig. 1: A model of an aligned curriculum (after Biggs, 2003)

The experience of our University's exemplary teachers thus not only influence curriculum design and teaching practice in their own departments; the principles underlying their practice are also firmly embedded in the University's teaching and learning policy and quality assurance processes.

References

Bain, K. (2004). What the best college teachers do. Cambridge, MA: Harvard University Press.
Ballantyne, R. / Bain, J. / Packer, J. (1997). Reflecting on university teaching: Academics' stories. Canberra: Australian Government Publishing Service.
Biggs, J. B. (2003). Teaching for quality learning at university: What the student does (2nd ed.). Buckingham, U.K.: Society for Research into Higher Education / Open University Press.
Bryman, A. / Haslam, C. / Webb, A. (1994). Performance appraisal in U.K. universities: A case of procedural compliance? In: Assessment and Evaluation in Higher Education, 19(3), pp. 175-187.
Cohen, L. / Manion, L. (1994). Research methods in education (4th ed.). London: Routledge.

Freed, J. E. / Klugman, M. R. / Fife, J. D. (2000). A culture for academic excellence: Implementing the quality principles in higher education. San Francisco: Jossey-Bass.

Glaser, B. G. / Strauss, A. L. (1967). The discovery of grounded theory. Chicago: Aldine.

Harvey, L. / Knight, P. T. (1996). Transforming higher education. Buckingham, U.K.: SRHE and Open University Press.

Kember, D. / Ma, R. / McNaught, C. / 18 exemplary teachers. (2006). Excellent university teaching. Hong Kong: Chinese University Press.

Lincoln, Y. / Guber, E. (1985). Naturalistic inquiry. Newbury Park, CA: Sage Publication.

McNaught, C. (2004). Bridging two worlds: Viewing Australian universities from an Asian location. In: Malaysian Journal of Distance Education, 6(1), 111-127.

Mok, K. H. / Wat, K. Y. (1998). Merging of the public and private boundary: Education and the market place in China. In: Journal of Educational Development, 18(3), 255-267.

Nisbet, R. E. (2003). The geography of thought. New York: The Free Press.

Strauss, A. / Corbin, J. (1990). Basics of qualitative research: Grounded theory procedures and techniques. Newbury Park, CA: Sage.

Watkins, D. / Biggs, J. B. (Eds.). (1996). The Chinese learner: Cultural, psychological and contextual influences. Melbourne and Hong Kong: Australian Council for Educational Research and the Comparative Education Research Centre, University of Hong Kong.

Watkins, D. / Biggs, J. B. (Eds.). (2001). Teaching the Chinese learner: Psychological and pedagogical perspectives. Hong Kong: Comparative Education Research Centre, University of Hong Kong.

Mandy Schiefner / Balthasar Eugster

Sichtbarkeit von Lehre – Gedanken am Beispiel des Lehrpreises

Zusammenfassung: *Mit der Auslobung von Lehrpreisen wird oft auch eine erhöhte Sichtbarkeit der Hochschullehre angestrebt. Offenbar ist Sichtbarkeit ein zentrales Qualitätsmerkmal guter Lehre. Gleichzeitig ist sie aber auch eine Metapher, die nicht weniger verhüllt als offenlegt. Sichtbarmachung soll zum Dialog über Lehre beitragen, deren Qualität verbessern und zugleich Lehrkompetenzen belegen. So zielen Lehrpeise auf den Dialog nach außen, legitimieren Lehranstrengungen und sind, zumindest für die Preisträger, ein Kompetenznachweis. Doch es bleibt kritisch zu fragen, was Lehrpreise über diese Funktionalität hinaus sichtbar machen. Dieser Frage wollen wir im Vergleich zu anderen Instrumenten der Sichtbarmachung von Lehre nachgehen. Das Metaphorische der „Sichtbarkeit" lässt vermuten, dass Lehrpreise nicht herausragende Qualität abbilden, sondern Sinnhorizonte für Qualitätserwägungen erzeugen.*

Visibility of Teaching – The Example of the Teaching Award

Abstract: *The intention behind the offer and award of teaching awards is often to raise the visibility of university teaching. Visibility clearly represents a central feature of good teaching. At the same time it is also a metaphor that conceals as much at it reveals. Increased visibility should contribute to the dialogue about teaching, improve its quality whilst also providing evidence of teaching skills. In this way teaching awards aim to promote external dialogue, legitimate efforts devoted to improving teaching and, at least for the price winners, testify to professional teaching skills. Still, the critical question remains as to what teaching awards make visible over and beyond this functionality. We seek to answer this question by means of a comparison with other instruments designed to promote visibility. The metaphorical quality of ‚visibility' suggests that teaching awards do not depict outstanding qualities, but rather extend the conceptual horizons for considerations about quality.*

1 Sichtbarkeit als Schlagwort

Politische Parolen bringen auf den Punkt und simplifizieren die Komplexität der Wirklichkeit bis zur Schmerzhaftigkeit von Schlagworten. Wie auch immer Wahrheit sich dabei noch zu behaupten weiß, Slogans und Kampfworte bergen ein Körnchen ebendieser Wahrheit und verweisen auf das, was Mehrheiten binden soll oder kann.

Die Sichtbarkeit der Lehre ist scheinbar von solcher eingängigen Einfachheit. So hat im Februar 2008 die Fraktion der CDU dem Abgeordnetenhaus Berlin unter dem Titel „Bedeutung exzellenter Lehre sichtbar machen – Lehrpreis jetzt einführen" einen Antrag gestellt (CDU Berlin 2008). Wer oder was spräche da dagegen?

Die politische Fraktion befindet sich mit ihrer Wortwahl in bester Gesellschaft. Sie kann sich eines Pathos bedienen, das auf erhabene Feierlichkeit verpflichtet. Lehrpreise werden ausgelobt – immer wieder mit der Beschwörungsformel, dass die Auszeichnung um der sichtbaren, exzellenten Lehre willen geschehe. Oder wie es bei der Ausschreibung des Lehrpreises 2009 der Westfälischen Wilhelms-Universität Münster etwa heißt:

> „Der Preis soll die besondere Bedeutung der Hochschullehre sichtbar machen und zeichnet überdurchschnittliches Engagement und beispielhafte Leistungen in der Hochschullehre an der Universität Münster aus." (Westfälische Wilhelms-Universität Münster 2009).

Nur um Nuancen anders klingt es in der Ausschreibung des Lehrpreises des Landes Rheinland-Pfalz:

> „Im Rahmen des Hochschulprogramms 'Wissen schafft Zukunft' ist mit der Vergabe von individuellen Lehrpreisen das Ziel verbunden, herausragende Leistungen in der Lehre zu würdigen und hierdurch eine qualitativ hochwertige Lehre zu fördern sowie die Lehrleistungen der rheinland-pfälzischen Hochschulen sichtbar zu machen und einen Anreiz zu einem weiteren Engagement im Bereich der Lehre zu bieten." (Hochschulevaluierungsverbund 2009)

„Sichtbarkeit" scheint ein starkes Argument, ein Qualitätsmerkmal für sich zu sein, das kaum einer weiteren Erklärung oder Begründung bedarf. Mehr noch: Lehrpreise postulieren jeweils, dass vor allem gute oder exzellente Lehre sichtbar wird. Diesseits von Sonntagsreden und Preisglamour aber bleibt kritisch zu fragen, was denn mit dem Konzept „Sichtbarkeit" wirklich in den Blick genommen wird, welche Aspekte von Lehr- und Lernprozessen für Sichtbarkeit relevant sind.

Dieser Artikel möchte erste Gedanken in dieser Richtung formulieren und zur Diskussion stellen.

2 Sichtbarmachung als Konzept

Wenn man ein Konzept wie „Sichtbarmachung" näher beleuchten will, hilft manchmal ein Blick in andere Welten. Ein schönes Beispiel, das den Denkraum öffnet, schildert William Butler Yeats, wenn er in der viel zitierten Schlusszeile seines Gedichts „Among School Children" vieldeutig fragt „How can we know the dancer from the dance?" (Yeats 1949, S. 108). Seine figurative Rede verweist auch auf die unerwartete Unsichtbarkeit des selbstverständlich Sichtbaren. Was soll der Tanz anderes sein, als was die Tanzenden offensichtlich tun? Und doch schleicht sich womöglich der Zweifel ein, wie und als was der Tanz denn überhaupt erkennbar sei, wenn man ihn losgelöst von den konkreten Bewegungen der konkret Tanzenden zu denken versucht. Auch wenn man fasziniert die Tanzenden in ihrer choreographierten Beweglichkeit beobachtet – dass man dabei den Tanz an sich wahrnimmt, ist so offensichtlich nicht. Um den Tanz zu erkennen, braucht es eine Abstraktionsleistung, die über die Beobachtung der Tanzhandlung hinausgeht und sich zugleich in einem Widerspruch verheddert. So ist der Tanz das, was wir nicht sehen, wenn wir das Tun der Tanzenden als Tanz sehen. Es ist die alte hartnäckige Zirkularität des Wechselspiels von Form und Inhalt (Materie), die das verbindende Gemeinsame (die Form) von konkreten Handlungen (als der materiellen Grundlage eines Handlungsmusters) doch wieder nur im Rückbezug auf das einzelne Handeln eines einzelnen Handlungssubjekts begründen kann. Insofern ist die Sichtbarkeit des Tanzes eine Metapher, die uns im Umgang mit diesem Widerspruch hilft, dass wir nicht anders können, als die Tanzenden als Tanzende zu sehen, obgleich wir eigentlich wissen, dass wir die Tanzenden als Tanzende nicht sehen können.

Wie mit dem Tanz verhält es sich auch mit der (Hochschul-)Lehre. Unübersehbar wird an Hochschulen gelehrt und gelernt, werden ungezählte Powerpoint-Präsentationen erstellt, Tausende von Leistungsnachweisen erbracht und bewertet, allabendlich Hörsäle und Seminarräume geputzt. Und doch wird vielerorts – wie oben beispielhaft gezeigt – mit Nachdruck gefordert, Hochschullehre, und vor allem *gute* Hochschullehre, (deutlicher) sichtbar zu machen. Auch hier gilt offenbar die oben angedeutete Einsicht, dass wir das, was wir sehen, nicht sehen. Irgendwie ist das Lehren und Lernen an Hochschulen überpräsent und doch nicht so richtig einsehbar, sind Lehrende Akteure in einem Geschehen, das stets auf ein anderes, eigentliches Ereignis verweist.

Die Sichtbarkeit der Hochschullehre ist eine Metapher, die auch an die Tradition der reichen Bebilderung der Diskurse über Bildung anknüpft. All diesen ist gemeinsam, dass sie das Innenleben von Bildungsprozessen zu veranschaulichen suchen, obgleich das Konzept „Bildung" sich solchen bildgebenden Verfahren systematisch entzieht (siehe auch bei Koselleck 2006, S. 105 ff.). So ist zu vermuten, es erhebe zumindest ein impliziter Bildungsanspruch, wer die fehlende Sichtbarkeit der Hochschullehre moniert. Wahrgenommene Lehre ist dabei zugleich Gegenstand und Referenzpunkt der (Selbst-)Reflexion auf Lehren und Lernen und wird so zum konstitutiven Element von Bildung als einem Deutungsmuster für übergeordnete kulturelle Entwicklungsprozesse.[1] Hochschulen als Orte, an denen dem Lehren Gewicht beigemessen wird, binden das gesellschaftliche Wissen an den Vermittlungszusammenhang von gebildeter Expertise und bildungsneugieriger Lernbereitschaft zurück und überlassen es nicht den Mechanismen einer kulturell unbedachten Erkenntnisgewinnungsmaschinerie. Bildungstheoretisch angerufen wird mit der Metapher der sichtbaren Hochschullehre also auch das ebenso viel bemühte wie vieldeutige Verhältnis von Forschung und Lehre. Forschung ist das eine, aber nicht das Ganze der (universitären) Hochschule. Sie generiert wissenschaftliches Wissen in der Verpflichtung auf Wahrheit und muss diese Wahrheit diskursiv, also durch fachdisziplinäre Forschungskommunikation und durch die intergenerationelle Weitergabe von gefestigten Wahrheitsgehalten allererst bestimmen. Weil die Kanonisierung von Wissen gegenüber der eigentlichen und sich immer in Bewegung befindenden Wissenskonstruktion sekundär und abgleitet ist, scheint die Lehre als die Inszenierung des gefestigten Wissenskanons nicht auf gleicher Augenhöhe mit der Forschung zu stehen. Lehre ist dem Wissen näher als der wissenschaftlichen Methode, vermittelt vorwiegend das Schon-Bekannte und ermittelt nur selten neue Erkenntnis. Sichtbar wird dabei ein Lehrverständnis, das Lehren und Forschen als zwei verschiedene und zeitlich wie räumlich meist deutlich abgegrenzte akademische Tätigkeitsfelder nebeneinander stellt. Historisch wie systematisch bleibt in solcher Perspektivierung aber manches verborgen. Gerade die Reflexion des Zusammenhalts von Lehre und Forschung im 19. Jahrhundert deutete an, wie mit dem Neuarrangement von Lehren und Forschen das gemeinsame *Lernen* von Lehrenden und Forschenden Bedeutung und Sichtbarkeit gewinnt (siehe dazu auch bei Stichweh 1994).

---

1 Siehe zur historischen Herausbildung dieses Verweisungszusammenhangs auch bei Bollenbeck (1996, S. 143 ff.).

Das Konzept des Lernens allerdings folgt der Eigentümlichkeit, dass Lernen nicht herstellbar ist, zum anderen somit auch nicht sichtbar ist. Die definitorischen Annäherungen der Psychologie über eine Verhaltensveränderung über Zeit (vgl. z.b. Zimbardo 1995, S. 263) betonen dabei einen sehr engen Lernbegriff. Konzepte wie Reflexion und Hinterfragen werden meist nicht in konkretem Verhalten sichtbar. Wenn man schon die Verhaltensänderung als zentrales Moment in den Vordergrund stellt, dann sollte man von einem Lernen als Verhaltensänderungsdisposition ausgehen, das auch z.b. den Wandel von Einsichten oder Motivationswechsel erklärt.

Auch Lehren als Konzept verfügt über Tendenzen dieser „Unsichtbarkeit", denn Lehren, verstanden als Lernunterstützung durch pädagogische Kommunikation, ist per se eigentlich immer unsichtbar (Kade/Seitter 2007). Das einzige, was sichtbar ist und wird, sind Strukturen der Zusammenarbeit von Dozierenden und Studierenden im Kontext einer Lehrveranstaltung. Nun kann man einwenden, dass dies doch schon ein Schritt zur Sichtbarmachung ist; nun muss man einfach nur noch auf Video aufzeichnen, schon hat man Lehre sichtbar gemacht. Doch viele Fragen bleiben offen.

Zum einen: **Was heißt sichtbar?** Heißt es, Lehre wird einfach „nur aufgezeichnet" und dadurch sichtbar im ganz engen Sinne, vielleicht in Hinblick auf eine Öffnung des Lehrgeschehens nach außen, z.B. durch Vorlesungsaufzeichnungen, die ins Internet gestellt werden oder Open Educational Resources, die in einem Repository der Öffentlichkeit zugänglich gemacht werden?

Oder ist ein breiteres Konzept von Sichtbarkeit gemeint, indem Lehre im universitären Alltag sichtbar wird – im Sinne von „präsent" und im Diskurs stehend? Konkret könnte dies bedeuten: Man spricht über Lehre und Lehrfragen, diskutiert Ergebnisse von Lehrevaluationen oder macht hochschuldidaktische Aus- und Weiterbildung zu einem strategischen Thema im universitären Alltag. Damit wird auch berücksichtigt, dass Lehre weit über Präsenzveranstaltungen hinausreicht und alle Formen der Lernunterstützung mit einschließt.

Sicherlich ist im allgemeinen Ruf nach Sichtbarkeit ein Stück weit beides gemeint. Und wahrscheinlich liegt ein Wesenszug der Sichtbarkeit von Lehre gerade in der Gleichzeitigkeit beider Aspekte. Lehre muss einsehbar sein, man muss ihr gleichsam über die Schultern schauen können, und Lehre muss zugleich an einem diskursiv einholbaren Sinnhorizont gespiegelt, also reflektiert werden. Weil es in der Lehre – im Unterschied zur Forschung – nicht einfach um die Produktion von Erkenntnis geht, deren Originalität man tunlichst schützen muss, kann gutes Lehren nicht einfach kopiert werden. Es reicht nicht hin, eine anerkannte Lehrperson nachzuahmen, es braucht verschiedenste Bedeutungskontexte, bis Lehrhandeln für Lernen überhaupt relevant und danach lernwirksam wird. Über Lehren kann und muss also anders gesprochen werden als über Forschung. Das Risiko, im Konkurrenzkampf der Hochschulen durch Offenheit über Lehre den Qualitätsvorsprung einer Institution preiszugeben, scheint relativ gering zu sein. Offensichtlich liegen die „Betriebsgeheimnisse" guter Lehre nicht allein in den Hörsälen und auf den Lernplattformen verborgen. Es ist also zu vermuten, dass das Sichtbarmachen von Lehre gerade das im Schutze des Wohlgehüteten belässt, was eigentlich deren Qualität ausmacht. Und umgekehrt stellt sich die Frage, ob die eigentlichen Qualitätsmerkmale überhaupt sichtbar gemacht werden können. Dennoch haben die Fragen, vor allem zu Anfang des Kapitels, für die Instrumente der Sichtbarkeit erhebliche Implikationen, wie in Kapitel 3 zu zeigen sein wird.

Eine zweite offene Frage lautet: **Was wird sichtbar?** Was ist eigentlich die „Lehre", die dann sichtbar gemacht werden soll? Zeigt sich Lehrhandeln nur im konkreten Unterrichtshandeln oder in einer Lehrsequenz als Austausch zwischen Dozierenden und Studierenden? Gilt Vor- und Nachbearbeitung auch als Lehre – und wenn ja, wann und wo wird diese sichtbar? Und was ist von Lehre sichtbar, wenn die Studierenden in Gruppen selbstständig eine Fragestellung bearbeiten und die Dozentin gar nicht präsent ist? Sichtbarkeit im oben gezeigten Sinne ist immer ein Ausschnitt aus etwas Größerem. Ebenso wie in der Kunst das Bild oder die Plastik immer nur eine Sichtbarmachung einer Idee ist, ist der Ausschnitt, den man mittels einer Lehrevaluation, eines Lehrportfolios oder einer Lehrveranstaltungsaufzeichnung sieht, immer nur ein Moment der Lehre. Dabei werden mittels unterschiedlicher Formate unterschiedliche Fokusse betont. Was aber allen Instrumenten zur Sichtbarmachung gemeinsam ist, ist die Interpretationsleistung auf „das Ganze", das hinter dem Bild steht. Ein Evaluationsbogen zeigt immer nur einen Ausschnitt, und er ist zur Einordnung immer an der gesamten Lehrleistung der oder des Dozierenden zu spiegeln. Vor allem beim Lehrpreis stellt sich die Frage, welcher Ausschnitt von Lehre sichtbar gemacht wird (vgl. Kapitel 4).

Sichtbarmachen der Lehre wird aus unterschiedlichen Beweggründen heraus gefordert (vgl. Einführung, aber auch die Diskussionen um Lehrevaluationen). War Lehren in früheren Zeiten meist das „einsame" Geschäft eines einzelnen, das hinter verschlossenen Türen stattgefunden hat, mehren sich – nicht nur unter dem Blickwinkel von Qualitätssicherungsprozessen – die Rufe nach einer Öffnung der Lehre nach außen. Diese Öffnung kann dabei unterschiedliche Funktionen übernehmen, einmal bezogen auf die Universität, zum anderen aber auch bezogen auf das Individuum der Lehrperson.

3 Funktionen von Sichtbarmachung

Wenn Sichtbarmachung als Konzept in die Diskussion um Hochschullehre eingeführt wird, ist zu fragen, welche Funktion diese Sichtbarkeit hat, bevor in einem zweiten Schritt zu klären ist, welche Besonderheiten entstehen, will man zudem nicht nur Lehre, sondern explizit exzellente Lehre sichtbar machen, wie dies vielen Konzepten der Lehrpreisvergabe inhärent ist.

Im Folgenden ist also zu fragen: **Wozu soll Lehre sichtbar gemacht werden?** Im Rahmen des „Wozu" sollen vor allem drei Funktionen dargestellt werden: Sichtbarmachung als Moment des Diskurses, als Qualitätsverbesserung und als Kompetenznachweis auf Seiten der Dozierenden.

Wird Lehre im oben schon erwähnten Sinne neben der Forschung als zweite Aufgabe der Universität nicht nur proklamiert, sondern auch sichtbar, stellt sie sich dem *Diskurs* innerhalb der Organisation Universität und lädt zum Dialog über Lehre ein. Eine Initiative für „Gute Lehre" wurde erst nach der Exzellenzinitiative für Forschung, und dann auch aus anderen Mitteln realisiert. Wird Lehre aber sichtbar, so wird es möglich, gelungene Beispiele zu zeigen, über Lehre zu reden oder auch Verbesserungspotenzial zu nennen. Im Rahmen von Agenda-Setting-Prozessen wird durch die Sichtbarmachung der Lehre diese auch dialog- und diskursfähig. Und was zum Gegenstand eines Diskurses wird, setzt sich der Normierung aus. Nicht umsonst betont vor allem der Lehrpreis das Sichtbarmachen von guter oder exzellenter Lehre. Sobald über Lehre öffentlich gesprochen wird, kommt auch die Frage nach den Maßstäben guter Lehre auf die Agenda. „Diskurs" bedeutet immer auch Bewertung nach mehr oder weniger standardisierten Kriterien. Im Für und Wider von Argumenten und Gegenpositionen schleichen sich Machtansprüche und Revieransprüche ein. Es ist nicht zufällig, wer den Diskurs wie führt, wer die Themensetzung für sich reklamiert und wem die Begründungspflicht zugewiesen wird. Gerade vor dem Hintergrund verschiedener Modelle zur Vergabe von Lehrpreisen zeigt sich die Relevanz von impliziten Diskursregeln eindrücklich.

Über den Diskurs der Lehre ist es ein kleiner Schritt zum Thema *Qualitätssicherung und -verbesserung*. Lehre sichtbar machen hat somit meistens den impliziten Zweck, die Qualität der Lehre zu verbessern. Ist (gute) Lehre in einem ersten Schritt der Sichtbarmachung an Universitäten ein Thema des Diskurses, besteht die Möglichkeit, dass über den Diskurs Qualitätsverbesserungsprozesse eingeleitet werden. Zum einen auf universitärer Ebene im Rahmen von Lehrveranstaltungsevaluationen, zum anderen auf Ebene der Dozierenden. Spiegeln Dozierende ihre Lehrveranstaltung an diesem Diskurs, besteht die Möglichkeit, die eigene Lehrleistung zu reflektieren und sie mit anderen Augen zu sehen. Somit findet man in der Thematisierung und der Sichtbarmachung von Lehre Effekte dahingehend, die eigene Lehrpraxis nicht nur darzustellen, sondern darüber hinaus auch zu reflektieren und Veränderungsprozesse zu initiieren. Sichtbarmachung kann vor diesem Hintergrund auch eine Art Operationalisierung der Lehre meinen. Qualität kann nur zugeschrieben werden, wenn sie in irgendeiner Form beobachtbar ist. Es braucht dazu Messgrößen und Umrechnungstabellen für die Vergleichbarkeit der stark individualisierten Handlungsmuster der an der Lehre Beteiligten. Insofern unterläuft die Sichtbarmachung der Lehre in gewisser Hinsicht auch das Bildungsmoment von Lehr-Lern-Prozessen an Hochschulen. Qualitätssicherung und -verbesserung zielen gerade auch auf Bildung ab. Aber Operationalisierung bringt sozusagen den individuellen, also subjektivierten Bildungsgehalt an die auf Standardisierung und Qualifizierung bedachte Öffentlichkeit. Dadurch wird Bildung zumindest ein Stück weit in Frage gestellt und relativiert. Die Sichtbarmachung der Lehre ist also immer auch ein Balanceakt zwischen der Verhandelbarkeit von Bildungsqualität und der Aushöhlung genau dieser Qualität. Vielleicht, dass mit der Fokussierung auf *exzellente* Lehre gerade auch ein Rettungsversuch des Bildungsgehaltes mitgemeint ist, weil herausragende Lehrleistungen von Einzelpersonen das subjektive Qualitätsmoment gegenüber standardisierter Messbarkeit betonen.

Die Sichtbarkeit von Lehre steht – so lässt sich daran anschließen – aber auch in engem Zusammenhang mit *Kompetenznachweisen* auf Seiten der einzelnen Dozierenden. Mit „sichtbar gemachter Lehre", sei es in Form von Lehrportfolios oder Evaluationsnachweisen, ist es für Dozierende möglich, Kompetenz in einem Themenbereich darzustellen, der bisher in der wissenschaftlichen Laufbahn eher untergeordnet ist. Während Kompetenzen im Rahmen der Forschung in Publikationslisten, Vorträgen oder eingeworbenen Drittmitteln zu fassen versucht wird, fehlen standardisierte und anerkannte Instrumente für die Lehrtätigkeit. Immer mehr Universitäten gehen aber dazu über, neben den Forschungs- auch die Lehrleistungen zu bewerten. Hier können Dozierende in unterschiedlichen Formen ihre Lehre sichtbar machen und so die eigene Kompetenz nachweisen.

Die Sichtbarmachung der Lehre kann somit zusammenfassend folgende Funktionen übernehmen:

```
                    Diskurs / Dialog
                          /\
                         /  \
                        / Funktionen von \
                       / Sichtbarmachung \
      Kompetenznachweis ────────────── Qualitätssicherung
```

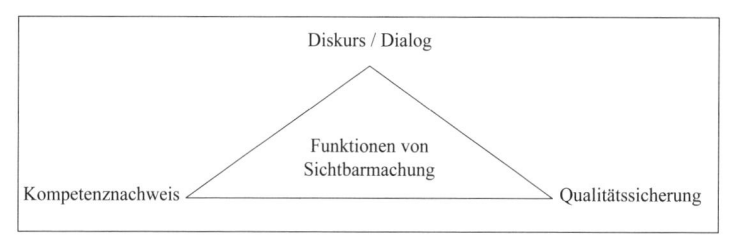

Abb. 1: Funktionen von Sichtbarmachung

Eng in Zusammenhang mit der Funktion von Sichtbarkeit ist auch die Frage nach dem Zielpublikum verknüpft: **Für wen wird Lehre sichtbar gemacht?** Ist eine Darstellung von Lehre oder ein Dialog über Lehre auf universitärer Ebene gesucht, oder geht es darum, die Lehrtätigkeit der Universität auch in der Gesellschaft darzustellen und ggf. zu legitimieren?

4 Instrumente zur Sichtbarmachung

Wie im Kapitel 2 angedeutet, gibt es zur Sichtbarmachung der Lehre unterschiedliche Instrumente, die jeweils eine der drei Funktionen besonders betonen, unterschiedliche Zielgruppen haben und unterschiedliche Inhalte von Lehre fokussieren. Dabei ist eine Unterscheidung in den einzelnen Bereichen nicht trennscharf und wir beschränken uns im Folgenden auf die Darstellung der Kernfunktion der einzelnen Formate.

Ziel des Kapitels soll es sein, unterschiedliche Instrumente zur Sichtbarmachung der Lehre kurz vorzustellen und einzuordnen. In einem zweiten Schritt wird der Lehrpreis an dieser Systematik gespiegelt werden.

4.1 Instrumente zur Sichtbarmachung von Lehre auf Ebene der Dozierenden

Auf individueller Ebene des/der Dozierenden bietet ein *Lehrportfolio* die Möglichkeit, die eigene Lehre in einem ersten Schritt für sich selbst, in einem zweiten auch für andere sichtbar zu machen. In einem Lehrportfolio können Dozierende ihre eigene Lehrtätigkeit reflektieren und dokumentieren. Sie sammeln wesentliche Belege ihres lehrenden Tuns und bringen sie in einen systematischen Zusammenhang, der ihr Verständnis von Lernen und Lehren zum Ausdruck bringt. Dadurch wird ein Lehrportfolio im Rahmen der Sichtbarmachung vor allem zur Qualifikation der Lehrleistung gebraucht – und in diesem Sinne auch zu einer Art Wertbestand professioneller Dozierendentätigkeit.

In ihrer inhaltlichen und formalen Offenheit können Lehrportfolios verschiedene Funktionen erfüllen:

- Laufbahnbegleitung: Das Portfolio begleitet die Dozierenden in ihrer Lehrtätigkeit und spiegelt ihren persönlichen Entwicklungsstand wider, aus dem Konsequenzen für die Zukunft abgeleitet werden können.
- Ausweis in Bewerbungsverfahren: Mit dem Portfolio kann ein beurteilbarer Nachweis der Lehrerfahrung und der Lehrleistung beigebracht werden.
- Kollegiale Zusammenarbeit: Lehrportfolios können die Grundlage bilden für die Zusammenarbeit von Lehrenden innerhalb eines Instituts oder einer Abteilung. Sie tragen so auch zur Qualitätssicherung der Lehre bei.
- Verknüpfung von Lehre und Forschung: Lehrportfolios sind Ausgangspunkt für lehrendes Forschen (und damit auch für forschendes Lernen).

Ein Lehrportfolio macht Lehre sichtbar, indem es den verschiedensten Lehrhandlungen und -aspekten eine gemeinsame Form gibt. Zunächst ermöglicht es den einzelnen Dozierenden, ihre Lehre überhaupt als etwas Ganzes zu erkennen und die persönlichen Nuancierungen des Lehrens zu benennen. In diesem Sinne macht ein Lehrportfolio nicht sichtbar, was unabhängig von der Beobachtung bereits existiert, es konstruiert vielmehr das, was Lehre für den einzelnen Dozierenden/ die einzelne Dozierende ausmacht.

Ein zweites Instrument zur Sichtbarmachung der eigenen Lehre sind *Hospitationen*. Sie stellen eine Möglichkeit dar, sich während der eigenen Lehrtätigkeit beurteilen zu lassen: zum einen durch andere Dozierende (Peer-Hospitation, kollegiale Hospitation), zum anderen durch externe Expertinnen und Experten. Dabei besteht zusätzlich die Möglichkeit, die eigene Lehrtätigkeit videographieren zu lassen (Dinkelaker/Herrle 2009). Somit wird die Lehrveranstaltung auf zwei Ebenen sichtbar im engeren Sinne: zum einen auf der Ebene des gegenseitigen Besuchs, zum anderen durch die Aufnahme, die bei einer videographierten Hospitation angefertigt wird.

Beide Sichtbarmachungen dienen nun vor allem dazu, die Qualität des eigenen Unterrichts zu verbessern. Während die erste Form, die kollegiale Hospitation, vor allem den Dialog zwischen den Lehrpersonen unterstützt und das „Autonomie-Partitätsmuster" (Altrichter/Eder 2004) aufbricht, ermöglicht die videographierte Hospitation durch das Expertenfeedback vor allem eine Qualitätsverbesserung der eigenen Lehre. So werden individuelle Unterrichtsmuster sichtbar und Dozierende erhalten ein Feedback zu ihrer Lehrveranstaltung. Aber auch hier gilt: sichtbar wird vor allem die Zeit im Seminarraum, Vor- und Nachbereitung werden es nicht. Es ist also die Performanz unmittelbarer Lehrausgestaltung, die darauf schließen lässt, dass zur Lehre die prinzipiell nur begrenzt darstellbare Lehrkompetenz gehört.

		Lehrportfolio	Hospitation
Dialog	Nach innen		
	Nach aussen		
Qualität	Verbessern		x
	Legitimieren		
Kompetenznachweis		x	
Was wird sichtbar?		Lehrkonzeption	konkretes Handeln in Lehrveranstaltungen

Tab. 1: Funktionen von Lehrportfolio und Hospitation für die Sichtbarmachung von Lehre

4.2 Instrumente zur Sichtbarmachung von Lehre auf universitärer Ebene

Während bisher individuelle Verfahren der Sichtbarmachung dargestellt wurden, geht es in diesem Kapitel um Formate auf universitärer Ebene, die für eine Sichtbarmachung der Lehre eingesetzt werden können. Im Unterschied zu den ebengenannten Verfahren geht die Sichtbarmachung hier nicht von den Dozierenden aus, es steht nicht eine konkrete Lehrveranstaltung im Vordergrund, thematisiert wird eher die Lehre als Ganzes.

Ein Mittel, das in den letzten Jahren an Universitäten vor allem auch mit dem Argument der Sichtbarkeit i.S. von Thematisierung und Agenda-Setting eingeführt wurde, ist die *Lehrevaluation*. Mittels standardisierter Evaluationsbögen stellt man Dozierenden mehr oder weniger verpflichtend die Möglichkeit zur

Verfügung, ihre eigene Lehre durch die Studierenden beurteilen zu lassen. Die Ergebnisse dieser Evaluationen werden meist öffentlich gemacht – zum einen, indem sie weitergeleitet werden, zum anderen, indem Dozierende sich auf (gute) Evaluationsergebnisse beziehen.

Dennoch ist das Argument der Sichtbarkeit durch Lehrevaluation kritisch zu betrachten, wie Kromrey schon 1994 in die Diskussion einbrachte:

> „Unter den vorherrschenden Lehr- und Lernverhältnissen an den Universitäten ist gute Lehre per Befragung kaum erkennbar. Überwiegend negativ gestimmte Lernumwelten – und dies ist für viele Fakultäten die Normalsituation – machen gute Lehre unsichtbar, machen sie sogar in ihrer Wirkung zunichte. Überwiegend positiv gestimmte Lernumwelten wiederum machen schlechte Lehre unsichtbar, kompensieren sogar ihre Wirkung. Erst eine in dieser Hinsicht ‚neutrale' Lernumwelt – die also durch eine Mischung unterschiedlicher Motivkonstellationen der Teilnehmer geprägt ist – lässt sowohl die Sichtbarkeit als auch die Wirkung der Qualität der Lehre zur Geltung kommen." (Kromrey 1994, S. 9).

Der Blick auf Lehre kann also getrübt und verzerrt sein, kann falsche Eindrücke entstehen lassen und lässt manches übersehen. In den teilweise heftig geführten Disputen über das Für und Wider von Lehrevaluationen tritt die zweifelhafte Objektivität der Beurteilung von Lehre zutage. Einschätzungen von Studierenden widerspiegeln Zufriedenheiten und sind nicht Maßzahlen strenger Gültigkeit. Gleichwohl machen sie einen wesentlichen Teil der Sichtbarkeit von Lehre aus, nur bleibt dabei offen, wie eine Systematik möglicher Qualitätswerte gebaut sein könnte.

Neu hinzugekommen ist in den letzten Jahren an vielen Universitäten ein *Tag der Lehre*. Eine solche Veranstaltung ist für die meisten Universitäten Anlass, an einem Tag auf die Lehre statt auf die Forschung zu fokussieren. Studierende und Dozierende sollen miteinander ins Gespräch kommen, ein Austausch über Lehre stattfinden. Somit finden an diesen Tagen meist Vorträge oder Gesprächsrunden rund um die Lehre statt. Lehre wird hier zumeist innerhalb der Universität diskutiert und mithin auch sichtbar. Ein wesentliches Merkmal eines Tages der Lehre ist dann gerade, dass man nach einem solchen Anlass Aspekte der Lehre sieht, die man zuvor noch nicht wahrgenommen hat. Ein Tag der Lehre setzt also die Sichtbarkeit von Lehre als prinzipiell unvollständig voraus: Es gibt immer noch etwas, das an Lehre noch weiter sichtbar gemacht werden kann.

		Tag der Lehre	Lehrevaluation
Dialog	Nach aussen		
	Nach innen	x	
Qualität	Verbessern		x
	Legitimieren		
Kompetenznachweis			
Was wird sichtbar?		Lehrpersonen im Dialog	Einschätzung der Lehrveranstaltung und deren Durchführung

Tab. 2: Funktionen eines Tages der Lehre und der Lehrevaluation für die Sichtbarmachung von Lehre

5 Lehrpreis in der Systematik

Der Lehrpreis ist nun eine weitere Form, Lehre an Universitäten sichtbar zu machen. Die Frage ist, wie sich der Lehrpreis in die Funktionen der Sichtbarmachung von Lehre, die anfangs herausgestellt worden sind, einbettet bzw. welche Differenzen es zu den bisher vorgestellten Instrumenten gibt.

Es gibt in Deutschland, der Schweiz und im übrigen Europa unterschiedliche Modelle der Vergabe von Lehrpreisen (für eine Übersicht sei verwiesen auf Futter/Tremp 2008). Die Qualität der Lehre ist zuvor nach unterschiedlichen Methoden bestimmt worden: mal werden Studierende befragt, mal werden Dozierende aufgefordert, eine Bewerbung einzureichen – auch hier gibt es unterschiedlichste Modelle. Allen Modellen gemeinsam ist jedoch, dass ein oder mehrere Dozierende im Rahmen einer öffentlichen Feier einen Preis für ihre oder seine Lehrtätigkeit überreicht bekommt.

In Kapitel 2 haben wir im Rahmen der Funktionen von Sichtbarkeit unterschieden, **für wen die Lehre sichtbar wird**. Lehrpreise sind öffentlich sichtbar, weil sie immer „medienwirksam" verliehen werden, sei es am Dies academicus, sei es an anderen akademischen „Feiertagen" bzw. öffentlichen Veranstaltungen. Somit geht mit der Verleihung des Lehrpreises auch ein gewisses öffentliches mediales Interesse einher. Dies ist ein Unterschied zwischen dem Lehrpreis und anderen

Formen der Sichtbarmachung: Er ist auch über die Universität hinaus sichtbar, unterschiedliche Medien berichten groß über Lehrpreisträger/-innen.

Fragt man, **was sichtbar wird**, wenn ein Lehrpreis verliehen wird, kommt man zu einer weiteren Eigentümlichkeit: Beim Lehrpreis ist nicht direkt ersichtlich, was sichtbar wird. Im weitesten Sinne kann man argumentieren, dass die Lehrqualität von herausragenden Dozierenden, also exzellente Lehre sichtbar wird. Am leichtesten ist die Beurteilung, wenn wie im Beispiel der Universität Zürich ein Fokuskriterium vorhanden ist. Dann wird sichtbar, dass der oder die Dozierende dieses Fokuskriterium in den Augen der Dozierenden am besten erfüllt. Die Frage ist jedoch, was eine Lehrpreisträgerin, einen Lehrpreisträger von anderen Dozierenden unterscheidet, außer dass er oder sie nominiert und gewählt wurde. Das Gewinnen eines Lehrpreises sagt nicht so sehr etwas über die tatsächliche Qualität der Lehre an der Universität aus – man kann auch der berühmte „Einäugige unter den Blinden" sein oder mit Fähigkeiten überzeugt haben, die wenig mit Lehrqualität im umfassenden Sinne zu tun haben (z.b. ein begnadeter Rhetoriker zu sein). So hat sich z.B. Rindermann (2002) recht früh mit dem Wert studentischen Feedbacks (allerdings im Rahmen der Lehrevaluation) auseinandergesetzt und kommt zum Ergebnis, dass die Qualität einer Lehrveranstaltung nicht allein durch studentisches Feedback einer Veranstaltung aussagekräftig ist, sondern entweder zusätzliche Ergebnisse aus anderen Veranstaltungen des Dozierenden hinzugenommen werden sollten oder auch noch ein Peer-Feedback angezeigt wäre, um den Dozierenden angemessen zu beurteilen. Und noch eines merkt Rindermann an: „Nicht sinnvoll sind Vergleiche zwischen Dozenten verschiedener Fächer" (S. 7). Genau dies wird allerdings meist im Rahmen der Lehrpreisvergabe, sofern er auf universitärer und nicht auf fakultärer Ebene bzw. in einem Fach vergeben wird, der Fall. Das heißt, eine valide Erhebung von (absoluter) Lehrqualität kann der Lehrpreis (zumal wenn es nur einen an einer Universität gibt) nicht erfüllen.

Weiterhin gilt zu fragen, **wozu die Sichtbarkeit eines Lehrpreises dient**. Was den Lehrpreis von anderen hier vorgestellten Instrumenten zur Sichtbarmachung von Lehre unterscheidet, ist die Erhöhung der Reputation von Dozierenden, eine Bestätigung auf individueller Ebene. Der Lehrpreis kann durch seine medienwirksame Verleihung Lehrpreisträger aus der Masse der Dozierenden hervorheben, und dies viel stärker als z.B. durch die Kommunikation guter Lehrevaluationsergebnisse. Somit ist der Lehrpreis immer auch eine ex post Bestätigung für Dozierende, dass ihr Lehrhandeln auf Seiten der Studierenden „ankommt".

Die Frage ist, welche Handlungswirksamkeit Lehrpreise dann entfalten, wenn sie als Gratifikationsinstrument für bisher gute Lehre eingesetzt werden. Strengen sich nun Dozierende vermehrt an, um auch einen Lehrpreis zu erhalten? Kommt es durch die Vergabe von Lehrpreisen zu einer Verbesserung von Lehrqualität an Hochschulen? Bisherige Einschätzungen zeichnen hier eher ein negatives Bild (vergleiche auch den Artikel von Wilkesmann/Schmid in diesem Band):

> „Vermutet wird, dass Lehrpreise, auch wenn sie mit monetären Anreizen verknüpft sind, eine vergleichsweise geringe Handlungswirksamkeit entfalten, da es sich einerseits nur um einmalige Prämienzahlungen handelt und andererseits die Chancen auf einen Preis aufgrund der geringen Anzahl zu gering sind." (Wilkesmann/Würmseer 2008, S. 18).

Lehrpreise sind – das umreisst das Zitat – in verschiedener Hinsicht sekundär. Ihr Anreizcharakter ist abgeleitet, weil Lehrpreise für die Preisträger/-innen selber eher ex post anregend wirken, als dass sie zur konkreten Zielgröße für Dozierende gereichen. Geldpreise sind – wenn sie in großzügigen Höhen ausgeschüttet werden – zweitrangige Zugaben, da sie nicht Budget-, also nicht Planungsgrößen der Lehre sein können. Wer sie erhält, verfügt über eine willkommene Draufgabe, eine längerfristige und nachhaltige Ausgestaltung von besser ausgestatteten Lehr-Lern-Prozessen wird dadurch aber kaum möglich. Preisausschüttungen beruhen eben nicht auf der Logik von Anträgen, die zunächst an Sachkriterien gemessen werden. Obgleich Preise für die Qualität der Sachleistung vergeben werden, sind sie in ihrer Prozeduralität Ausdruck einer Rangierung, bei der nur der erste Platz interessiert.

Zusammenfassend hat der Lehrpreis folgende Funktionen:

		Lehrpreis
Dialog	Nach aussen	x
	Nach innen	
Qualität	Verbessern	
	Legitimieren	(x)
Kompetenznachweis		(x)
Was wird sichtbar?		

Tab. 3: *Funktionen des Lehrpreises für die Sichtbarmachung von Lehre*

Bringt man die Überlegungen zum Lehrpreis mit sonstigen Instrumenten zur Sichtbarmachung von Lehre zusammen, ergibt sich folgendes Bild:

		Lehrportfolio	Hospitation	Tag der Lehre	Lehr-Evaluation	Lehrpreis
Dialog	Nach aussen					x
	Nach innen			x		
Qualität	Verbessern		x		x	(x)
	Legitimieren					(x)
Kompetenznachweis		x				
Was wird sichtbar?		Lehrkonzeption	Konkretes Handeln auf Lehrveranstaltungsebene	Lehrpersonen im Dialog	Einschätzung der Lehrveranstaltung und deren Durchführung	

Tab. 4: Funktionen der Instrumente für die Sichtbarmachung von Lehre

Wenn man sich die Tabelle betrachtet, sieht man, dass jedes der Instrumente zur Sichtbarkeit der Lehre seine Stärken in einem bestimmten Bereich hat. Der Lehrpreis leistet vor allem einen großen Beitrag zur Sichtbarkeit von guter Lehre ausserhalb der Universität: Für die Sichtbarkeit, verstanden als Dialog um Lehre, bringen Lehrpreise eher wenig. Allerdings ist beim Lehrpreis noch mehr als bei anderen Instrumenten die Frage nach dem, was er eigentlich sichtbar macht. Betrachten andere Instrumente Lehre auf ganz unterschiedlichen Ebenen, vom konkreten Handeln in der Lehrsituation über Curriculumsentwicklung oder Reflexion der gesamten Lehrtätigkeit, fällt diese Zuordnung beim Lehrpreis schwer. Sichtbar wird höchstens eine Lehrperson, die scheinbar „exzellente" Lehre macht – wobei bei jedem Preis zu unterscheiden ist, worin genau die Exzellenz liegt. Somit sagen Lehrpreise im Vergleich untereinander auch wenig aus, ist doch immer zu eruieren, unter welchen Bedingungen Lehrpreise vergeben werden.

6 Ausblick

An die Metapher der Sichtbarkeit schliesst die Physiologie des Sehens als Metapher an. Das Gehirn sieht, was das Auge nicht sieht, weil es Bilder aus Reizimpulsen konstruiert und zudem den blinden Fleck zu kompensieren hat. In Lehrpreisen wird Lehre sichtbar, aber was wir von ihr sehen, ist eine Konstruktion, die mitunter über- und ausblendet, ins rechte Licht rückt und selektiv hervorhebt. So haben es Preise und Titel an sich, Differenzen zu schaffen, wo kaum Differenzen vorhanden sind. Es kann ein Sportler Weltmeister werden, auch wenn er nur hauchdünn vor seinen nächsten Konkurrenten ins Ziel kommt. Eine Nobelpreisträgerin ist wissenschaftlich wahrscheinlich nur um Nuancen „besser" als viele ihrer Fachkollegen und -kolleginnen. Der Preis oder Titel, nicht der ihm zugrunde liegende Qualitätsvorsprung macht den Unterschied aus. So macht auch ein Lehrpreis kaum etwas sichtbar, das Wesentliches über die Lehre aussagt. Seine Vergabe ist eine Art Ersatzhandlung für die immer wieder scheiternde Bestimmung von Lehrqualität. Zuweilen wird mit Lehrpreisen die Hoffnung verknüpft, über die Preisträgerinnen und Preisträger ‚best practice'-Beispiele zu gewinnen, die den nicht ganz so erfolgreichen Lehrenden Hinweise für die Verbesserung der Lehre geben können. Dies funktioniert oft nicht so wie erhofft, weil die Rezepte der Preisträger/-innen meist das auslassen (müssen), was deren Erfolg wirklich ausmacht – und mit klassischen didaktischen Analyseinstrumenten kaum erfasst werden kann! In diesem Sinne sind Lehrpreise in ihrer praktischen Realisierung Rekonstruktionen von vielschichtig kontingenten Handlungsräumen in Lehr-Lern-Prozessen. Solche Handlungskontexte ermöglichen Lernleistungen gerade auch, weil sie in ihrer unbestimmten Offenheit das Agieren von Lehrenden und Lernenden anspruchsvoll, aber eben auch reich an Optionen machen. Exzellente, also preiswürdige Lehre zeichnet sich dann womöglich gerade durch den besonderen Umgang mit diesem labilen Gleichgewicht zwischen Komplexität und Handlungsbestimmung aus: Herausragend gelehrt und gelernt wird, wenn die kaum sichtbare Tiefengrammatik des prinzipiell unfassbaren Zusammenwirkens von Lehren und Lernen ausgehalten und nicht verschleiert wird. Diese Exposition könnte auch den Fluchtpunkt für die Entwicklung künftiger Lehrpreismodelle andeuten.

Literatur

Altrichter, Herbert / Eder, Ferdinand (2004). Das „Autonomie-Paritätsmuster" als Innovationsbarriere? Veröffentlichung des Instituts für Schulentwicklungsforschung der Universität Dortmund. Schulprogramme – Instrumente der Schulentwicklung. Weinheim: Juventa, S. 195-221.
Bollenbeck, Georg (1996). Bildung und Kultur. Glanz und Elend eines deutschen Deutungsmusters. Frankfurt a. M.: Suhrkamp.

CDU Berlin (2008). http://www.cdu-fraktion.berlin.de/Initiativen/Antraege/ Hochschule-Forschung/Bedeutung-exzellenter-Lehre-sichtbar-machen-Lehrpreis-jetzt-einfuehren (Stand: 17.12.2009).

Dinkelaker, Jörg / Herrle, Matthias (2009). Erziehungswissenschaftliche Videographie: eine Einführung. Wiesbaden: VS Verlag.

Futter, Kathrin / Tremp, Peter (2008). Wie wird gute Lehre „angereizt"? Über die Vergabe von Lehrpreisen an Universitäten. In: Das Hochschulwesen 56 (2), S. 40-46.

Hochschulevaluierungsverband (2009). http://www.hochschulevaluierungsverbund.de/123.php (Stand 17.12.2009).

Kade, Jochen / Seitter, Wolfgang (2007). Offensichtlich unsichtbar. Die Pädagogisierung des Umgangs mit Wissen im Kontext des lebenslangen Lernens. In: Zeitschrift für Erziehungswissenschaft, 10(2) 2, S. 181-198.

Koselleck, Reinhart (2006). Begriffsgeschichten. Studien zur Semantik und Pragmatik der politischen und sozialen Sprache. Frankfurt a. M.: Suhrkamp.

Kromrey, Helmut (1994). Wie erkennt man „gute Lehre"? Was studentische Vorlesungsbefragungen (nicht) aussagen. In: Empirische Pädagogik, 8(2), S. 153-168.

Rindermann, Heiner (2002). Beurteilung von Lehrveranstaltungen durch Studierende. http://www.hrk.de/de/projekte_und_initiativen/4093.php

Stichweh, Rudolf (1994). Die Einheit von Lehre und Forschung. In: ders.: Wissenschaft, Universität, Professionen. Soziologische Analysen, Frankfurt a. M.: Suhrkamp, S. 228-245.

Westfälische Wilhelms-Universität Münster (2009). http://www.uni-muenster.de/ Rektorat/Preise/lehrpreis.html (Stand: 17.12.2009).

Wilkesmann, Uwe / Würmseer, Grit (2008). Unter welchen Bedingungen sind managerial governance und academic self-governance von Hochschulen auf der individuellen Ebene der Lehrenden wirksam? Discussion papers des Zentrums für Weiterbildung Technische Universität Dortmund. http://www.zfw.uni-dortmund.de/wilkesmann/publikationen/paper01-2008.pdf

Yeats, William Butler (1949). The Poems. London: MacMillan.

Zimbardo, Philip (1995). Psychologie. Berlin et al.: Springer.

Fritz Gutbrodt

Fußnoten und Geistesblitze: Zur Motivation des Credit Suisse Award for Best Teaching

Zusammenfassung: Seit 2006 haben eine wachsende Zahl von Schweizer Hochschulen den „Credit Suisse Award for Best Teaching" einem/einer ihrer Hochschullehrenden verliehen. Die Auszeichnung ist ein Beitrag der Bank für die wachsende Bedeutung der Lehre. Die zweifache Aufgabenstellung der Universitäten von Forschung und Lehre ist für eine nachhaltige Entwicklung des wissenschaftlichen Nachwuchses unerlässlich. Lehren und Lernen unterstützen die Forschung. Unternehmen profitieren von einer anregenden Lernumgebung an den Hochschulen. Sie sind zwar weniger auf Forschung fokussiert, sind aber angewiesen auf das Interesse ihrer Mitarbeiter, neue Anwendungen zu erlernen und sich einem rasch verändernden Umfeld anzupassen. Gute Lehre an Schulen und Universitäten, so wird argumentiert, erleichtert den Übergang von einer kognitiven Orientierung zu einem kompetenzbasierten Modell des Wissens. Die letzten Abschnitte des Beitrags diskutieren potenzielle Veränderungen und Entwicklungen des Lehrpreises in einem nächsten Zeitabschnitt.

Footnotes and inspirations: The motives to offer the Credit Suisse Award for Best Teaching

Abstract: Since 2006, a growing number of universities in Switzerland have conferred the Credit Suisse Award for Best Teaching on one of their professors. The award is a contribution of the bank to the growing importance of teaching. The dual task of research and teaching practiced at universities is essential for a sustainable development of research talent. Teaching and learning foster research. Also, corporations clearly benefit from a stimulating learning environment at universities. They are much less focused on research, but depend on the interest of their employees in learning new tasks and adapting to a rapidly changing environment. Good teaching at school and universities, it is argued, facilitates the transition from a cognitive orientation to a competency based model of knowledge. The last sections of the essay contemplate potential changes and developments of the award in its next phase.

Seit 2006 wird der „Credit Suisse Award for Best Teaching" an einer wachsenden Zahl von Schweizer Hochschulen und Fachhochschulen vergeben. Während im ersten Jahr fünf Hochschulen den Preis ausschrieben, waren es im Jahr 2009 bereits vierzehn, darunter vier Fachhochschulen. Der Preis ist mit CHF 10.000 dotiert und wird grundsätzlich allen Schweizer Hochschulen gestiftet, die im Auftrag der Schulleitung ein Auswahlverfahren definieren und den Preis im Rahmen ihres Hochschultags verleihen. Die Schulen übernehmen sowohl für die Kriterien der Beurteilung als auch für die Involvierung der verschiedenen Bezugsgruppen die Verantwortung. Mit dem Award will die Credit Suisse Foundation einen Beitrag an die Qualitätsförderung von Lehre und Bildung auf der Tertiärstufe leisten.

Am ETH-Tag 2009 leitete der Präsident des Verbands der Studierenden VSETH die Verleihung der Lehrpreise mit einer Bemerkung zum Verhältnis von Forschung und Lehre aus der Sicht der Studierenden ein. Alle Studierenden – wie er sinngemäß ausführte – würden sich bestimmt noch Jahre später lebhaft an Dozenten und ganz spezielle Momente der Erleuchtung in deren Unterricht erinnern, die sich – manchmal erst im Nachhinein – für ihren Werdegang als prägend erwiesen. Die Forschung hingegen – wie er fortfuhr – fände oft nur einen Platz in den Fußnoten von Büchern und Fachzeitschriften. Im Geist dieser Bemerkung über Fußnoten und Geistesblitze sollen zunächst einige generelle Gedanken zur Beziehung von Lehre und Forschung entwickelt werden, um dann die Wichtigkeit des Wissenstransfers aus der Sicht von Unternehmen zu adressieren, die ja einen beträchtlichen Teil ihrer Talente unter den Absolventinnen bzw. Absolventen der Universitäten und Fachhochschulen finden. Die Motivation der Credit Suisse zur Ausrichtung des Preises wird dargestellt, und in einem letzten Abschnitt sollen auch potenzielle Weiterentwicklungen angedacht werden.

1 Lehre und Forschung als Dilemma?

In seinem postum herausgegebenen Buch zum Thema *Organisation und Entscheidung* kommt der Systemtheoretiker Niklas Luhmann auf die Rolle der Kontrollierbarkeit bei Entscheidungspräferenzen zu sprechen. Dort kommt auch der Wissenschaftsbetrieb in den Blick:

> „Für Universitäten (...) gilt offiziell die Doppelaufgabe der Lehre und der Forschung. Da aber nur die Lehre an Termine gebunden und insoweit kontrollierbar ist (und wieder: nicht in ihrer Qualität, sondern nur: dass sie überhaupt

stattfindet), verschiebt sich in der Praxis die Tätigkeit in Richtung Lehre. Wer nicht lehrt, fällt unweigerlich auf und muss mit Maßnahmen rechnen. Wer nicht forscht, kann sich unangefochten auf seinem Lehrstuhl ausruhen." (Luhmann 2006, S. 177)

Drastisch wirkt in dieser Passage nicht nur die Vorstellung, dass Nachlässigkeit in der Forschung für die Universität tolerierbar ist, solange der Stundenplan eingehalten wird, sondern auch das Bild vom „Lehrstuhl", auf dem unauffällige Forscher sich als pünktliche Lehrer gleichsam zur Ruhe setzen. Das würde Luhmann so vielleicht nicht behaupten wollen, und deshalb soll hier zuerst einmal weiter zitiert werden, um alle vorschnelle Polemik aus dem Raum zu schaffen. Dabei zeigt sich, dass Luhmann neben dem „Lehrstuhl" auch einen „Tisch" in den Blickpunkt rückt, auf dem Forschende ihre Publikationen aufstapeln. Genau diese Kombination von Stuhl und Tisch, von Lehre und Forschung soll hier interessieren:

„Was Forschung betrifft, hängt die Organisation daher von nichtdisponiblen, nur individuell wirkenden Anreizen (vor allem: Reputationsgewinn und Karriere) ab, die das Wissenschaftssystem als nichtorganisiertes Funktionssystem der Gesellschaft bereithält. Ein organisatorischer Ausgleich dieses Ungleichgewichts liegt zwar darin, dass bei Personalentscheidungen die Qualität der Lehre kaum eine Rolle spielt, weil sie kaum entscheidungserheblich geprüft werden kann, während umgekehrt die Resultate bisheriger Forschung der Kandidaten in der Form von Publikationen auf den Tisch gelegt und begutachtet werden können. Aber diese Konstellation kann leicht dazu führen, dass man als Resultat pünktliche, aber wenig qualifizierte Lehre kombiniert findet mit nachlassendem Forschungseifer – worauf Politiker, die dies bemerken, aber von der Sache nichts verstehen, mit operativ untauglichen Mitteln reagieren wie zum Beispiel Empfehlung von ‚Konkurrenz' oder Einführung regelmäßiger Evaluationsrituale." (S. 177-78; meine Hervorhebung)

Luhmann geht es um die Differenz zwischen dem Universitätsbetrieb als einer Organisation von Dienstleistungen, in der die Einhaltung von Versprechen und Fristen die Entscheidungspräferenzen kontrolliert (man muss die Termine der Lehrtätigkeit pünktlich einhalten, sonst hat man Probleme), und der Wissenschaft als einem über die einzelne Organisation hinausgehenden System, in dem individuelle, mit der Organisation nicht unbedingt deckungsgleiche Präferenzen regieren (man muss für den Ruf als Forscher und den Ruf an eine andere Hochschule primär eigene Forschungsergebnisse auf den Tisch legen können, egal welche Lehrverpflichtungen man daneben hat). Verschiedene Anreizsysteme können zu Zielkonflikten führen, und Luhmanns ironisierende Reflexion über die „Doppelaufgabe der Lehre und der Forschung" macht aus ihr ein Dilemma.

Nicht Luhmanns Ironisierung der Doppelaufgabe als Dilemma provoziert in unserem Zusammenhang, sondern in erster Linie sind es die Leerstellen, auf die er hinweist, wo er von der Qualität der Lehre spricht. Denn diese könne ja „kaum entscheidungserheblich geprüft werden", wie er behauptet, und deshalb spiele sie bei Berufungen eine weit geringere Rolle als die begutachteten Publikationen. Nicht ihre Qualität werde kontrolliert, heißt es, „sondern nur: dass sie überhaupt stattfindet." Und wo Luhmann dann die „pünktliche, wenig qualifizierte Lehre" mit dem Drohbild von „nachlassendem Forschungseifer" assoziiert, scheint er die theoretische Neugierde gänzlich höher zu bewerten als die Pünktlichkeit der Lehre. Letztere scheint eher vom Ablauf der Zeit strukturiert als vom Erlebnis eines Inhalts – ist mehr Gongschlag als Paukenschlag, sozusagen. Mit diesen Anspielungen auf die Lehre als zuweilen behindernde Pflicht der emsig Forschenden bewegt sich Luhmann in jener hochschulpolitischen Diskussion, in der neben der Verbesserung des Betreuungssystems vor allem der Ruf nach einer strategisch fokussierten Förderung der Spitzenforschung laut wird. Im Kontext des Wettbewerbs unter den Universitäten und insbesondere auch mit den aufstrebenden Wissensnationen und Forschungsstandorten in Asien, ist der Wunsch verständlich, die Doppelaufgabe der Universität in Forschung und Lehre bis zu einem gewissen Grad *auszudifferenzieren* – um es mit einem Luhmannschen Begriff zu sagen. Die Förderung nationaler Forschungsschwerpunkte oder Exzellenz-Universitäten sowie die Einrichtung von Forschungsprofessuren sind vor diesem Hintergrund sinnvolle Maßnahmen. Hochschulrankings wie jene des Handelsblatts für die Volkswirtschaftslehre oder der Jiaotong-Universität in Shanghai werden schwergewichtig aufgrund von Publikations- und Zitationsdatenbanken erstellt, weil vergleichbar standardisierte Daten für die Leistung der Lehre nicht vorliegen.

Seit der Publikation von Luhmanns Buch ist ein Jahrzehnt vergangen, und auch für die Entwicklung an den Hochschulen gilt, dass in diesen letzten zehn Jahren mehr Zeit vergangen ist als in den Dezennien zuvor. Im deutschsprachigen Raum sind in diesem Zeitraum eine Reihe neuer Lehrpreise entstanden, die der wachsenden Bedeutung der Wissensvermittlung Nachdruck verleihen. Die PISA-Studien der OECD auf der Sekundarstufe dürften dabei eine unterstützende Rolle gespielt haben. In diesem Kontext ist es wichtig festzuhalten, dass die Bedeutung der universitären Lehrpreise über die didaktische Dimension der Lehre hinausgeht. In der Tat spielen sie eine bildungspolitische Rolle und stellen einen nicht zu unterschätzenden Faktor in der Wertediskussion der Wissenschaft und Wissensproduktion dar. Und es steht außer Frage, dass die Lehre als Katalysator einer nachhaltigen Entwicklung von Forschung wirkt. Zu ihren zentralen Aufgaben gehört ja nicht nur die Vermittlung von Grundlagen- und Aufbauwissen an Studierende der Bachelor- und Masterstufe. Entscheidend ist für die Forschung auch die Nachwuchsförderung. Das wusste schon Friedrich Schleiermacher, der Vordenker der modernen Universität zu Beginn des 19. Jahrhundert, für den die Doppelaufgabe noch als eine Revolution galt, von der die Erneuerung des starren Bildungssystems ausgehen sollte. So heißt es in seinem Manifest *Gelegentliche Gedanken über Universitäten* aus dem Jahr 1808: „Die Wissenschaft (...) soll den Einzelnen zur Kenntnis hinanbilden, und der Einzelne soll auch wiederum an seinem Teil die Wissenschaft weiter bilden" (S. 121). Die Lehre stellt die Ressourcen für die Wissenschaft bereit, nur durch Bildung ist ihre Weiterbildung möglich.

In ihrem kürzlich vorgelegten Bericht über die *Programmatik und Entwicklung der Schweizer Fachhochschulen* präsentieren Karl Weber und Patricia Tremel interessantes Material für einen Strukturvergleich von Universitäten und Fachhochschulen (Weber/Tremel 2010, S. 116-17). Während die Professorenschaft an den Universitäten rund 10 Prozent der Beschäftigten ausmacht, sind es bei den Fachhochschulen rund 30 Prozent. Der Forschungsanteil ihrer Arbeit beträgt an den Fachhochschulen allerdings nur etwa 10 Prozent, während dieser Anteil an den Universitäten bei rund 40 Prozent liegt. Diese Zahlen sagen nicht nur etwas aus über die relative Gewichtung von Forschung und Lehre an den beiden Hochschultypen, sondern sie bedeuten auch, dass der Mittelbau an den Universitäten (rund 85% des Personals mit über 50% Forschungsarbeit) intensiver betreut wird als die Assistierenden an den Fachhochschulen (rund 60% der Beschäftigten mit weniger als 50% Forschungsarbeit). Anders formuliert: An den Universitäten ist Forschung enger verbunden mit dem Wissenstransfer auf der Postgraduiertenstufe als einem essenziellen Teil von „Lehre". Hier geht es nicht um die Frage, ob die angeführten Zahlen ein relevantes Qualitätskriterium für die Forschung seien oder ob man daraus etwas schließen könne über den Unterschied zwischen der Grundlagenforschung an der Universität und der angewandten Forschung an den Fachhochschulen. Viel simpler geht es hier um den Beleg, dass die 200-jährige Geschichte der Universitäten ein effizientes Modell geschaffen hat für eine Kombination von Lehre und Forschung, die aus systemischer Sicht nachhaltig ist, weil sich diese gegenseitig stärken.

Aus dieser Sicht wird man die Vision von Karl Weber kritisch betrachten, dass die heutigen Fachhochschulen Bachelor-Akademien bilden könnten, an denen zwar forschungsbasiert gelehrt, aber keine eigene Forschung betrieben würde, während die Universitäten die Master- und Postgraduiertenstufe mit einem noch stärkeren Fokus auf der Forschung gänzlich übernehmen (Weber/Tremel 2010,

S. 232-34). Ob man dadurch eine höhere Kosteneffizienz erreichen würde, wäre noch genauer zu untersuchen. Zukunftsträchtiger ist die Frage, wie sich die Begriffe und die Praxis von Forschung und Wissenstransfer wandeln in einer Gesellschaft und Wirtschaft, in denen die Bedeutung von Transdisziplinarität sowie die Geschwindigkeit der Umsetzung von Forschungsergebnissen in die Produktentwicklung rasant zunehmen und in denen dieser Wandel sich noch stärker als bisher abstützt auf eine größtmögliche Nähe von Forschung und Wissenstransfer. Im Rahmen einer solchen Vision wird „Lehre" als eine Wissenschaft und Praxis der innovativen Umsetzung zu einer kritischen Systemsoftware der Hochschulen. Das heißt, dass die Lehre bleibt, was sie eigentlich immer sein sollte: Motivation zur Weitergabe des Wissens – Geistesblitze aus Fußnoten.

2 Das Interesse der Unternehmen

Welche Rolle kann ein Lehrpreis für die Positionierung des Unterrichts als Kernelement nachhaltiger Forschungstätigkeit spielen? Welchen Anreiz für eine Arbeit an noch effizienteren und effektiveren Methoden kann ein solcher Lehrpreis geben? Und welches Interesse haben Unternehmen, die Hochschulabsolventen anstellen, an diesen Zielen? Für die Credit Suisse als Stifterin des Preises stand von Anfang an die kombinierte Förderung von Lehre und Forschung im Zentrum: „Mit der Lancierung des Credit Suisse Award for Best Teaching möchten wir in direkter Zusammenarbeit mit den Universitäten und Fachhochschulen die Qualität der Ausbildung auf der Tertiärstufe fördern und uns damit für den Wissens- und Forschungsplatz Schweiz stark machen", wie der Verwaltungsratspräsident und Universitätsrat der Universität Zürich Hans-Ulrich Doerig 2006 sagte. „Die heutige vielfach unbefriedigende Lehrsituation wird sich in der Folge der umfassenden Umsetzung der Bologna-Reform mit erhöhten Qualitätsansprüchen noch akzentuieren. Nur die Verstärkung der Lehre führt Studierende zur Weltspitze und hiesige Absolventen zu einem Niveau über dem internationalen Durchschnitt" (Pfoster 2006, S. 54). In der Tat kann man heute von der Bologna-Reform sagen, dass sie das Gewicht zugunsten der Lehre verändert hat. Die Studierenden sind – wenn man dies so pauschal sagen darf – stärker fokussiert auf die adäquate Vermittlung von Lerninhalten, die im Rahmen der Leistungsüberprüfung für sie noch stärker als bisher im Zentrum stehen. Jede Lehrveranstaltung hat durch die Vergabe von Credit Points den Charakter einer Prüfung erhalten. Das schärft den Blick auf die Vermittlungsleistung der Lehrveranstaltung. Die Dozierenden mögen diese Entwicklung zugunsten der Lehre auch als einen Trend zulasten ihrer Zeit für die Forschung sehen. Die Bologna-Reform hat die administrativen und organisatorischen Abläufe im Zusammenhang mit der Lehre weiter erhöht und so die Forderung einer entsprechend stärkeren Förderung der Forschung sicher nicht weniger dringlich gemacht.

Für die Unternehmen steht das Verhältnis von akademischer Lehre und Forschung in einem anderen Licht. Während die Bedeutung der Forschung für die Innovation in der Industrie und den Dienstleistungsunternehmen über die letzten Jahre und Jahrzehnte unverändert wichtig geblieben ist und sich Firmen aus den verschiedensten Branchen für die Grundlagenforschung an den Universitäten oder für Projekte der angewandten Forschung an den Fachhochschulen auch entsprechend finanziell engagieren, hat sich die Bedeutung der Lehre für sie ungleich stärker verändert. Sie ist noch wichtiger geworden. In den letzten fünfzehn Jahren haben Firmen substanzielle Ressourcen in Infrastrukturen für den Aufbau von „corporate knowledge" gesteckt und gleichzeitig in steigendem Maß in die Weiterbildung ihrer Mitarbeitenden investiert (Krogh/Ichijo/Nonaka 2000; vgl. auch Kielholz/Gutbrodt 2006). Die Gründe für die Intensivierung im Ausbildungsbereich sind vielfältig. Sie reichen vom beschleunigten Wandel in der Arbeitswelt über die Globalisierung und der damit verbundenen kulturellen Transformation bis hin zur Mitverantwortung der Unternehmen für die professionelle Talentförderung und persönliche Weiterentwicklung im Interesse einer Qualitätssicherung für die Kunden und einer Sicherung des eigenen Nachwuchses. Um diesen Herausforderungen und Anforderungen gerecht zu werden, haben größere Firmen in der jüngeren Vergangenheit „Corporate Universities" gegründet, einige in Zusammenarbeit mit Business Schools oder auch in Kooperation mit Universitäten und Fachhochschulen auf der Basis konkreter Projekte.

Die Credit Suisse betreibt seit 2004 eine Business School, an der weltweit rund 1.000 eigene Experten unterrichten und auch Diplome verliehen werden für Studiengänge, die in Kooperation mit Hochschulen wie der Hongkong University (Diploma in Global Finance) und der Zürcher Hochschule für Angewandte Wissenschaften (Bachelor of Banking) entwickelt wurden. 2009 wurden an der Business School insgesamt über 4.800 Kurse mit rund 70.000 Kurstagen durchgeführt (Credit Suisse 2009, S. 34). Diese Informationen und Zahlen sollen nicht nur das Interesse der Bank an Bildung und Weiterbildung belegen, sondern sie dienen hier vor allem dem Argument, dass eine Förderung der Lehre an den Hochschulen für Unternehmen wie die Credit Suisse einen hohen Transferwert hat. Und dies ist eine wichtige Motivation für die Ausrichtung des Lehrpreises. Wer an der Schule und Hochschule ein motivierendes und anregendes Lernumfeld antrifft, ist – davon wird man ausgehen dürfen – interessierter und besser fähig, Weiterbildungschancen im Beruf wahrzunehmen. Hinweise darauf kann man aus dem Bericht der OECD *Education at a Glance 2009* entnehmen. Basierend auf der PISA-Studie von 2006 wird dort unter anderem die Korrelation zwischen der Freude am Lernen und der erbrachten Leistung im Bereich der naturwissenschaftlichen Fächer untersucht. Der Indikator zeigt, nicht überraschend, dass generell eine starke Korrelation zwischen Motivation und Hochleistung besteht, dass Top Performers von der Wichtigkeit ihrer naturwissenschaftlichen Kenntnisse für die Zukunft überzeugt sind (hier sind die Ergebnisse aus der Schweiz negativ korreliert) und wie sich diese Motivation auf extrakurrikulare Beschäftigungen mit den Naturwissenschaften überträgt (vgl. OECD 2009, S. 98-117). Wenn man vermutet, dass das Interesse von Erwachsenen an beruflicher Weiterbildung sich ähnlich verhält wie die Lern- und Leistungsmotivation von 16-jährigen Schülerinnen und Schülern, dann wird man vielleicht – ohne Beleg – auch annehmen dürfen, dass sich eine positive Erfahrung im Unterricht an der Hochschule auch auf die Bereitschaft auswirkt, sein eigenes Wissen weiterzugeben. Die in der Bildungsforschung untersuchte Verschiebung von einer Kognitions- zu einer Kompetenzorientierung (Zimmerli 2009, S. 8) könnte in diesem Zusammenhang hilfreich sein. Gefragt sind zunehmend integrale, vernetzte Kompetenzen anstelle spezifischer Kenntnisse oder Fertigkeiten. Der Wissenstransfer, die Vermittlung des Lernens, ist in besonderem Maß eine solche Kompetenz. Dieser Transfer ist keine Fertigkeit, weil er nie fertig ist, sondern eben weitergibt – und man lernt dies aus der Lehre.

Wenn damit die Beweggründe der Credit Suisse für die Ausrichtung eines Lehrpreises beschrieben sind, soll jetzt noch etwas zur möglichen Weiterentwicklung des Preises gesagt werden. Sie dürfte nicht zuletzt darin bestehen, den Preis in seinem nächsten Stadium auf der Grundlage der gesammelten Erfahrungen konsequenter auf seinen eigentlichen Zweck hin auszurichten.

Bei der Verleihung des Award an der Pädagogischen Hochschule Zürich wurde im Kollegium diskutiert, ob das Konzept eines „Best Teaching" überhaupt dem Geist oder den Werten der Schule entspreche. In der Tat kann man sich fragen, was beste Lehre bedeuten soll und ob „gute Lehre" nicht besser wäre als „best". Dabei geht es keineswegs um die Relativierung einer Exzellenz. Wichtiger ist, und sehr interessant, dass an die Idee des „best" das Bild der einzelnen Lehrkraft gebunden ist und damit die Vorstellung des Unterrichtens als eines Modells „one to many", von einer Person zur großen Zahl der Studierenden. In der Praxis gibt es natürlich vermehrt Situationen des Team Teaching und der Kollaboration zwischen Studierenden als Teil eines didaktischen Konzepts und Lernprozesses, bei dem die Lehrperson allein nicht mehr unbedingt im Mittelpunkt steht. In diesem Sinne wäre nicht vorrangig der Name des Award zu ändern – er steht als Metapher für Höchstleistung –, sondern vor allem müsste man im Gespräch mit den Hochschulen ausdrücklich auch die Vergabe des Preises an Gruppen thematisieren.

Ein weiterer Punkt wurde an einer Tagung mit teilnehmenden Hochschulen im November 2008 diskutiert. Die Arbeitsstelle für Hochschuldidaktik der Universität Zürich hatte einen Architekten eingeladen, der von der Praxis der Architekturwettbewerbe berichtete. Dort wird nicht eine persönliche Leistung honoriert, sondern die beste Lösung für ein bestimmtes Problem. Ein Interview mit dem Architekten findet sich in diesem Buch. Übertragen auf den Credit Suisse Award wäre zu überlegen, ob Hochschulen Projekte ausschreiben könnten wie etwa die Entwicklung eines Blended Learning-Konzepts für einen bestimmten, seminarweit angebotenen Kurs, und die beste Lösung würde dann ausgezeichnet.

Obwohl inzwischen 14 Hochschulen den Preis vergeben, ist er unter den Dozierenden und Studierenden noch immer relativ unbekannt. Hier geht es nicht nur um die Frage eines effizienteren Marketings und einer höheren Sichtbarkeit, die im Interesse der Lehrförderung auf jeden Fall wünschenswert wäre, sondern auch um die Feststellung eines Symptoms. Generell sind in der Geschichte und auch noch in der Gegenwart der Hochschulen die Anreize für eine Auseinandersetzung mit innovativen Lehrkonzepten und die Propagierung der Lehre und des Lernens als *Thema* relativ schwach ausgeprägt – wie anfangs mit Hilfe von Luhmann dargestellt. Der Bekanntheitsgrad würde sich erhöhen, wenn das Thema selbst – und nicht der Preis allein – prominenter platziert wäre. Dazu kann man allerdings etwas Konkretes unternehmen. Die bisherigen Verleihungen zeigen, dass jede Preisträgerin, jeder Preisträger den Award verdient, dass aber keine einheitlichen oder in sich klar definierten Kriterien zur Anwendung kommen. Die Aufgabe, solche Kriterien zu definieren, ist spannend und herausfordernd zugleich. In der ersten Phase war es bereits sehr wertvoll, Prozesse der Evaluation zu bestimmen.

Zuletzt sei noch die Transfer der speziellen Kompetenz der ausgezeichneten Lehrpersonen genannt. Die Identifikation der Preisträger wirft die Frage auf, wie man ihr Talent im Kollegium und weiter auch für die Studierenden im Sinne eines „good practice sharing" zugänglich machen könnte. Die Pädagogische Hochschule Zürich hat dazu eine Website geplant, auf der man über Videos und andere

Medien einen Einblick in den Unterricht von Kolleginnen und Kollegen nehmen und sich dazu auch austauschen kann.

Der Stiftungsrat der Credit Suisse Foundation hat an seiner Sitzung Ende März 2010 beschlossen, den Preis für weitere drei Jahre auszurichten. Es bleibt also Zeit, die Entwicklungsideen weiter zu verfolgen und einige von ihnen dann auch umzusetzen. Die besten.

Literatur

Credit Suisse (2009). Unternehmerische Verantwortung. Bericht. https://www.credit-suisse.com/investors/doc/ar09/csg_ccr_2009_de.pdf

Kielholz, Walter / Gutbrodt, Fritz (2006). From Individual Skills to a Knowledge Economy: Corporate Knowledge as a Competitive Advantage in the 21st Century. In: Biner, Alex (Hrsg.): International Public Affairs: Im Spannungsfeld von Freiheit und Verantwortung. Bern: Stämpfli Verlag, S. 297-304.

Krogh, Georg von / Ichijo, Kazuo / Nonaka, Ikujiro (2000). Enabling Knowledge Creation: How to Unlock the Mystery of Tacit Knowledge and Release the Power of Innovation. Oxford: Oxford University Press.

Luhmann, Niklas (2006). Organisation und Entscheidung. Wiesbaden: VS Verlag für Sozialwissenschaften.

OECD (2009). Education at a Glance: OECD Indicators. Paris: OECD Publishing.

Pfoster, Dominik (2006). Hochschulförderung. Auszeichnung für die besten Lehrkräfte. Bulletin. Das Magazin der Credit Suisse, 5.

Schleiermacher, Friedrich D. E. (1808). Gelegentliche Gedanken über Universitäten im deutschen Sinn. In: Spranger, Eduard (Hrsg.): Fichte, Schleiermacher, Steffens über das Wesen der Universität. Leipzig: Dürr 1910.

Weber, Karl / Tremel, Patricia (2010). Programmatik und Entwicklung der Schweizer Fachhochschulen. Universität Bern: Zentrum für universitäre Weiterbildung.

Zimmerli, Walther Ch. / Malaguerra, Carlo / Künzli, Rudolf / Fischer Markus (2009). Zukunft Bildung Schweiz. Anforderungen an das schweizerische Bildungssystem 2030. Bern: Akademie der Wissenschaften.

LÄNDERÜBERBLICKE

Die Etablierung von Lehrpreisen lässt sich als Antwort auf spezifische strukturelle Gegebenheiten und Problemlagen verstehen. Insofern wird auch erklärbar, warum sich bestimmte Phasen zeigen, in denen eine Vielzahl neuer Lehrpreise eingeführt wird.

Hochschulen sind Einrichtungen mit internationaler Orientierung, gleichwohl kennen sie eine klare nationale Einbindung. Entsprechend sind die strukturellen Gegebenheiten zum einen vor dem jeweiligen nationalen Hintergrund zu sehen, zum anderen aber auch von internationalen Entwicklungen und Trends mitbeeinflusst: Von veränderten Qualitätsansprüchen und -vergleichen ebenso wie von veränderten universitären Steuerungsmodellen.

Die nationalen Überblicke über Lehrpreise, die hier vorgestellt werden, zeigen zwar je bestimmte Besonderheiten – gleichwohl ist allen deutschsprachigen Ländern gemeinsam, dass Lehrpreise sich erst spät etablieren konnten. Zudem besteht in allen diesen Ländern eine breite Palette an Realisierungsformen.

Von den deutschsprachigen Ländern kennt lediglich Deutschland – seit kurzem – einen nationalen Lehrpreis, nachdem sich in verschiedenen Bundesländern entsprechende Preise bereits früher etabliert haben. Diskussionen um nationale Lehrpreise sind weder in Österreich noch in der Schweiz wahrnehmbar.

In den deutschsprachigen Ländern hat sich bisher auch kaum eine Diskussion um Lehrpreise, ihre Bedeutung und Vergabeverfahren entwickelt. Bereits der Versuch, einen Überblick über die verschiedenen Lehrpreise eines Landes zu gewinnen, erweist sich als herausfordernde Aufgabe. Es ist auch deshalb kaum überraschend, dass theoretische Erörterungen und empirische Untersuchungen weitgehend fehlen.

Demgegenüber kann beispielsweise Australien bereits auf eine längere Tradition nationaler Preise zurückblicken. Dort zeigen sich gleichzeitig eine koordinierte Vielfalt und interessante Bezüge zwischen der lokalen und der nationalen Ebene. Zudem zeigen gerade die Beispiele aus dem englischsprachigen Raum eine Verbindung zwischen Lehrpreisen und der Bedeutung der Lehrtätigkeit und Lehrqualität für die akademische Laufbahn. Lehrpreise sind hier in eingebunden in ein Universitätssystem, das der Lehre mehr Beachtung schenkt und dieser Aufgabe der Hochschulen eine grosse Bedeutung beimisst.

Kathrin Futter / Peter Tremp

Lehrpreise an Schweizer Hochschulen

Zusammenfassung: *Lehrpreise haben sich in der Schweiz erst seit wenigen Jahren etablieren können und dies vor allem durch die Initiative des Jubiläumsfonds der Credit Suisse Foundation. Der Beitrag zeichnet diese Entwicklung nach und vergleicht einige Preise anhand ausgewählter Kriterien: Beteiligung der Studierenden bei Nomination und Wahl, unterstellte Kriterien guter Lehre sowie verwendete Datenbasis. Abschließend wird die Vergabe eines nationalen Lehrpreises diskutiert.*

Teaching Awards at Swiss Universities

Abstract: *It has taken many years for teaching prizes to establish themselves in Switzerland, and that they have been able to do so in recent years is above all due to the initiative of the Credit Suisse Foundation Jubilee Fund. This contribution traces this development and compares a number of prizes on the basis of selected criteria: student participation in the nomination and award process, implied criteria of good teaching as well as the documentary basis used. To conclude, the award of a national prize is discussed.*

Hochschulen sind Bildungs- und Forschungseinrichtungen mit internationalem Anspruch. Gleichzeitig zeigen sich nationale Besonderheiten und Regelungen, welche die konkreten Ausprägungen erst eigentlich verständlich machen.

Das Schweizerische Hochschulsystem war bis zum Ende des 20. Jahrhunderts wenig differenziert. Die Universitäten waren mehrheitlich kantonal gesteuert und finanziert; lediglich die beiden Eidgenössischen Technischen Hochschulen in Zürich und Lausanne (sie gelten auch als „Universitäten") waren und sind Bundesanstalten. Zugangsberechtigt waren (beinahe ausschließlich) Personen mit einer gymnasialen Maturität, ein beschränkter Zugang war auch Absolventinnen und Absolventen von kantonalen Lehrerinnen- und Lehrerseminarien eingeräumt.

Seit etwa einem Jahrzehnt haben sich – in Ergänzung zu diesen Universitäten – zwei neue Hochschultypen etablieren können: Fachhochschulen und Pädagogische Hochschulen. Diese beiden Typen kennen je ihre Besonderheiten, was Steuerung und Zulassungskriterien betrifft, beide betonen die Berufsorientierung von Studiengängen und die Anwendungsorientierung ihrer Forschung.

Diese Etablierung zweier neuer Hochschultypen einerseits und die Reformen im Zusammenhang mit der Bologna-Deklaration andererseits haben die Hochschuldiskussion angeregt und auch dazu geführt, dass unter anderem der Profilbildung der Einrichtungen insgesamt wie auch einzelner Studiengänge vermehrte Aufmerksamkeit geschenkt wird.

Dies kann als Anlass oder bereits als Ausdruck von verstärktem Wettbewerb verstanden werden. Allerdings haben Hochschulen schon immer in einem Wettbewerbsverhältnis zueinander gestanden, wobei auch die öffentliche Einschätzung der Qualität und der Besonderheiten einer Hochschule eine große Rolle spielt.

Eine besondere Form der öffentlichen Qualitätseinschätzung findet durch das „Organ für Akkreditierung und Qualitätssicherung" (OAQ) statt, welches beauftragt ist, „die Qualität von Lehre und Forschung an den universitären Hochschulen in der Schweiz zu sichern und zu fördern" (vgl. www.oaq.ch). Besonderes Augenmerk gilt hier den Qualitätssicherungssystemen in der Lehre. Dieses OAQ ist eine Folge der Neugestaltung der Hochschullandschaft Schweiz und der Etablierung neuer Verfahren der Anerkennung.

Eine besondere Rolle spielen – im Rahmen dieser öffentlichen Qualitätseinschätzung – auch die Rankings, die verschiedentlich erstellt und in den Medien gerne aufgegriffen werden. Allerdings hat sich kein „Schweizer Ranking" etablieren können und je nach Disziplin sind unterschiedliche Ranglisten von großer Bedeutung.

Ähnlich wie Rankings sind Forschungspreise öffentlich beachtete Ausweise für Qualität. Im Gegensatz zu Lehrpreisen kennen Forschungspreise in der Schweiz – wie auch in anderen Ländern – eine längere Tradition. Diese werden von einzelnen universitären Einheiten (Instituten, Fakultäten) ausgelobt oder gesamtschweizerisch resp. international vergeben. Sie beziehen sich auf eine bestimmte Disziplin, ein Anwendungsfeld oder aber auf interdisziplinäre Arbeiten. Und nicht zuletzt sind sie mit unterschiedlichen Preissummen versehen. Geehrt wird entweder ein bestimmtes Forschungsprojekt oder aber ein Lebenswerk. Viele Preise richten sich aber auch an Nachwuchsforschende. Insgesamt zeigt sich damit eine große Vielfalt, die kaum zu überblicken ist.

1 Initiativen einzelner Universitäten

Diese traditionelle Vielfalt der Preise ist bei der Auszeichnung für Lehrtätigkeit in der Schweiz nicht zu beobachten. Dennoch sind Lehrpreise für die einzelnen Hochschulen öffentliche Bekenntnisse zur Lehrqualität und ihrer Honorierung, gleichzeitig auch Ausweis tatsächlich realisierter Qualität. Nachfolgend werden beispielhaft einige Lehrpreise vorgestellt, wobei kein Anspruch auf Vollständigkeit besteht, sondern die Unterschiedlichkeit illustriert werden soll.

Erst seit 2007 und auf Initiative der Jubiläumsstiftung der Credit Suisse gibt es Lehrpreise an den Hochschulen aller Regionen der Schweiz. Zuvor existierte zwar an einigen Universitäten und Hochschulen bereits eine kurzzeitige Vergabepraxis, die jedoch hauptsächlich von den Studierenden angestossen wurde.

So wurde beispielsweise an der ETH Zürich anlässlich des Tages der Lehre 2005 und 2006 vom Verein der Studierenden der ETH (VSETH) zweimal die goldene Eule pro Departement verliehen, welche eine Auszeichnung für exzellente Lehre darstellte. Auch an der Universität Zürich lancierte der Fachverein Ökonomie im Jahre 2002 einen Preis für den besten Dozentin resp. die beste Dozentin, wobei die Studierenden mittels einer internetbasierten Plattform ihre Favoritin oder ihren Favoriten wählten.

Die Medizinische Fakultät der Universität Bern kennt bereits eine längere Tradition und die Medizinische Fachschaft (also die Studierenden) verleihen seit 1991 den Titel „Teacher of the Year", wobei die Fotos mit Laudatio nach der Veröffentlichung in den Tageszeitungen im Medizinischen Lernzentrum aufgehängt werden.

An der Medizinischen Fakultät der Universität Zürich hingegen werden erst seit 2009 fakultäre Lehrpreise („Teacher of the year") vergeben: Einer für das vorklinische Studium (1. und 2. Studienjahr), einer für das klinische Studium Humanmedizin (3. bis 6. Studienjahr) und einer für das klinische Studium Zahnmedizin (3. bis 5. Studienjahr). Die Vergabe basiert ebenfalls auf einer Online-Befragung unter den Studierenden. Die Übergabe des Preises (Preisgeld in der Höhe von CHF 1.000, durch die Fakultät finanziert; zudem erhalten die Gewinner einen Laser-Pointer mit entsprechender Gravur) findet im Rahmen einer Lehrveranstaltung der geehrten Person statt.

Die Universität Neuenburg sponsert seit dem Jahre 2009 drei innovative Lehrprojekte. Es handelt sich dabei nicht um einen Preis, sondern um eine finanzielle Unterstützung einer Lehrperson mit ihrem Lehrprojekt. Dieses kann zum Beispiel das verstärkte kooperative Lernen der Studierenden ins Zentrum stellen oder

Fallstudien resp. problemorientiertes Lernen fördern. Mit mehr Ressourcen sind solche Lehrformen einfacher zu realisieren.

Auch an der Universität St. Gallen wird neuerdings ein „Teaching Award" für besondere Leistungen in der Lehre an der Volkswirtschaftlichen Abteilung vergeben. Der Preis wird an Professorinnen und Professoren und Nachwuchsdozierende vergeben, welche durch die Studierenden beurteilt und gewählt werden.

Neben solchen universitätsinternen Preisen gibt es auch universitäts-übergreifende Lehrpreise. Dazu gehört beispielsweise der MEDIDA-Prix „für herausragende mediendidaktische Konzepte und Entwicklungen" (seit dem Jahr 2000 jährlich vergeben für mehrere Projekte, Preissumme € 100.000) oder der „European Teaching Award: CEMS course of the Year": Dieser wird von der CEMS „The Global Alliance in Management + Education" vergeben; die Wahl wird durch Kursevaluationen in allen 17 CEMS-Institutionen mittels repräsentativer Studierendenbefragungen durchgeführt.

2 Der Credit Suisse Award for Best Teaching

Mit der Initiative der Jubiläumsstiftung der Credit Suisse Group bei den Universitäten und Fachhochschulen der Schweiz wurde die Diskussion um Lehrpreise an vielen Hochschulen der Schweiz erst richtig lanciert. Als Beitrag zur Förderung der Qualität von Lehre und Studium auf der Tertiärstufe in der Schweiz wollte die Jubiläumsstiftung den besten „Lehrer" oder die beste „Lehrerin" an den Universitäten, Technischen Hochschulen und Fachhochschulen mit dem „Credit Suisse Award for Best Teaching" auszeichnen. Der mit CHF 10.000 (entspricht ca. € 6.600) dotierte Preis soll jährlich – vorerst für eine Laufzeit von fünf Jahren – einmal pro Institution vergeben und, jeweils im Rahmen des Dies academicus oder eines vergleichbaren Anlasses, verliehen werden. Laut der Jubiläumsstiftung soll das maßgebliche Kriterium für den Erhalt des Preises die besondere, innovative und kreative Art der Wissensvermittlung sein, wobei jede Institution die Preisträgerin resp. den Preisträger selber bestimmt und es keine nationalen Gewinnerinnen und Gewinner gibt. Da der Preis nur an eine Person vergeben werden kann und es sehr schwierig ist, den oder die „beste" Lehrperson zu küren – gute Lehre zeichnet sich durch viele verschiedene Aspekte aus – provozierte diese Art der Vergabe kontroverse Diskussionen und führte schließlich zu unterschiedlichen Modellen der Preisvergabe.

Konkret vergeben – nur auf die Universitäten bezogen, also ohne Fachhochschulen resp. Pädagogische Hochschulen – die Universitäten Neuenburg, Luzern, Basel, Bern, St. Gallen und Zürich sowie die beiden Technischen Hochschulen ETH Zürich und ETH Lausanne momentan den „Credit Suisse Award for Best Teaching". Der Tabelle am Schluss dieses Beitrags kann entnommen werden, nach welchen Kriterien, aufgrund welcher Datenbasis und mit welchen beteiligten Personen und Gremien die einzelnen Universitäten die Vergabe organisieren.[1]

Um einen Überblick über die Vergabemodalitäten und die Thematik zu erhalten, organisierte die Arbeitsstelle für Hochschuldidaktik der Universität Zürich im November 2008 eine Tagung mit dem Titel „Lehrpreise an Schweizer Hochschulen". Ziel der Tagung war es auch, den Austausch unter den Universitäten und Hochschulen um die Vergabe von Lehrpreisen an Schweizer Hochschulen anzuregen. Hauptadressaten dieser Tagung waren die an den Schweizer Hochschulen verantwortlichen Expertinnen und Experten für die Qualitätsentwicklung in der Lehre im Allgemeinen sowie für die Lehrpreise im Besonderen.[2] Die Tagung bot für die Hauptbeteiligten die erstmalige Gelegenheit zu einem Austausch über die Thematik.

Wie bereits oben erwähnt, gibt es neben dem CS-Preis auch noch andere Lehrpreise in der Schweiz, welche oft von Studierenden initiiert wurden. Diese Preise sind jedoch nicht immer mit einem Preisgeld dotiert, sondern es geht eher darum, die Preisträger öffentlich zu würdigen und vor allem die Lehre stärker in die öffentliche Diskussion zu rücken. Seit der Einführung des CS-Preises kann jedoch schweizweit ein Trend zu einer vermehrten Diskussion über Lehrpreise an Universitäten und Hochschulen festgestellt werden, wie es vorher nicht der Fall war.

3 Ausgewählte Beispiele

Im Vergleich mit den Forschungspreisen sind die in der Schweiz vergebenen Lehrpreise überblickbar. Neben den Hauptpreisen in den einzelnen Hochschulen – diese werden alle von derselben Stiftung getragen und unterscheiden sich nicht in der Preissumme – werden nur wenige ergänzende Preise vergeben (vgl. oben). Auch wenn die hochschulweiten Preise durch gleiche

---

1 Es sei an dieser Stelle allen Kontaktpersonen der Universitäten herzlich für die Zusammenstellung dieser Übersichtstabellen gedankt!
2 Verschiedene Beiträge dieser Tagung sind im vorliegenden Band dokumentiert.

Vorgaben geregelt sind, lassen sich gleichwohl einige bedeutende Differenzen ausmachen, die mit dem Verfahren und den Kriterien zusammen hängen.

Nachfolgend soll die Vergabe des Credit-Suisse-Preises anhand dreier ausgewählter Fragen verglichen werden, die untereinander wieder einige Zusammenhänge erkennen lassen.

3.1 Beteiligung der Studierenden

Studierende sind die Adressaten von Lehre und gleichzeitig beteiligte Akteure. Sie haben also, wie kaum eine andere Gruppe, Einblick in das konkrete Lehr-/Lern-Geschehen. Die Frage nach der Bedeutung der Studierenden und ihrem Einbezug bei der Vergabe des Lehrpreises ist eng gekoppelt mit der Frage nach dem Einbezug anderer möglicher Gruppen: beispielsweise der Dozierenden selber, der Wissenschaftswelt im Allgemeinen, der Hochschuldidaktik als einer möglichen Referenzdisziplin etc.

Bei den meisten Vergaben des CS-Preises spielen die Studierenden eine wesentliche Rolle. Bei einigen Universitäten sind sie sogar die alleinig Verantwortlichen (z.B. bei der Universität Luzern, St. Gallen und der ETH Zürich). Bei letzteren beiden Hochschulen gingen dem CS-Preis eigene Preise der Studierenden voraus, welche dann in den CS-Lehrpreis überführt resp. integriert wurden. Diese früheren Preise waren dann auch nicht finanzieller, sondern ideeller Natur. Bei einigen Universitäten sind es die Dozierenden selber, die Vorschläge einreichen können und/oder die Fakultätsvorstände, welche Dozierende nominieren. Dort sind die Studierenden weder in die Nomination noch in das Verfahren eingeschlossen.

3.2 Kriterien der ausgezeichneten Lehre

Lehre ist in erster Linie ein Angebot für Studierende, das diese in ihrem Lernen unterstützt. Lehre als Angebot kann damit eine einzelne Lektion meinen, eine Lehrveranstaltung oder ein Studienprogramm. Lehre kann aber auch die Tätigkeit in der Lehrveranstaltung meinen, die Beratung im Einzelgespräch oder die Prüfung von Leistungen und Kompetenzen. Lehre kann Lernmaterialien ebenso einschließen wie beispielsweise die Bibliothek als Lernort. Je nach Bereich sind nun auch verschiedene Gütekriterien anzulegen und diese dürften zudem in unterschiedlichen wissenschaftlichen Disziplinen auch entsprechend anders ausfallen.

Selbstverständlich ist die zentrale Absicht all dieser Lehrangebote die Unterstützung des Lernens und also die Förderung nachhaltiger Lernprozesse.

Auffällig ist, dass die meisten Lehrpreise keine differenzierten Angaben über „exzellente Lehre" machen. Hier werden weder Dimensionen noch Tätigkeitsfelder unterschieden, vielmehr wird der Lehrpreis für eine nicht näher umschriebene Leistung vergeben. Einzig die Universität Zürich wechselt jährlich das Schwerpunktthema des Preises. So wird es möglich, dass der Preis einmal für gute Beratung und Betreuung von Studierenden vergeben wird und ein anderes Mal für die Durchführung von lehrreichen Vorlesungen mit mehr als 200 Studierenden.

Bei einigen Universitäten wird der Fokus auf Nachwuchslehrkräfte gelegt. Da diese – in diesem Karriereabschnitt – stark mit der Forschung verbunden sind, soll mit dem Preis die Lehrpraxis gefördert und sollen ausgezeichnete Lehrleistungen anerkannt werden. Da der CS-Preis an eine Person und nicht an ein Projekt vergeben werden soll, kommt die konkrete Förderung von Projekten kaum vor.

3.3 Datenbasis

Preisvergaben sind darauf angewiesen, ihre Entscheide aufgrund bestimmter Evidenzen zu fällen. Nun ist allerdings „Lehrtätigkeit" wenig dokumentiert und lässt sich nicht einfach systematisch vergleichen. Zwar besteht an jeder Hochschule eine bestimmte Datenbasis, doch ist diese teilweise sehr schmal.

Einzelne Hochschulen erheben im Zusammenhang mit der Lehrpreisvergabe spezifische Daten. Manchmal wird die Bestimmung des Preisträgers resp. der Preisträgerin aufgrund von bereits bestehenden Lehrveranstaltungsbeurteilungen vorgenommen. Wer also bei diesen Evaluationen gut abschneidet, hat auch reelle Chancen, den Lehrpreis zu erhalten. Bei einigen Universitäten sind es die Vorgesetzten, welche aufgrund ihrer Kenntnisse bezüglich der Dozierenden eine bestimmte Person nominieren. Hier wird nicht aufgrund einer bestehenden Datenbasis entschieden, sondern aufgrund von persönlichen Einschätzungen, wobei die Dozierenden, nachdem sie vorgeschlagen wurden, ein Dossier einreichen müssen, welches wiederum als Datenbasis für die definitive Entscheidung dient. Meist wird jedoch im Hinblick auf die Vergabe des CS-Preises eine entsprechende Umfrage unter den Studierenden gestartet, welche ihre Favoritin oder ihren Favoriten nominieren können.

Zusammenfassend kann für die Lehrpreisvergabe des Credit-Suisse-Preises in der Schweiz gefolgert werden, dass es meist die Studierenden sind, welche mögliche Kandidatinnen und Kandidaten nominieren und dass in irgendeiner Art und

Weise Exzellenz in der Lehre ausgezeichnet wird, wobei nicht immer klar wird, wie sich diese darstellt. Zudem wird oft aufgrund einer neu zusammengetragenen Datenbasis (Umfragen unter Studierenden, Dossiers von Dozierenden) entschieden, wer den Preis erhält. Eine detaillierte Darstellung dieser und anderer Punkte befindet sich in der Übersicht über die Vergabemodi des Credit-Suisse-Lehrpreises in der Schweiz am Ende dieses Beitrags.

4 Studentische Plattformen und nationaler Lehrpreis – Instrumente der Qualitätsentwicklung?

Interessant in diesem Zusammenhang – und durchaus auch kontrovers diskutiert – ist die Frage nach anderen Zufriedenheitsbekundungen durch Studierende über die Lehre. Allgemein bekannt sind Plattformen wie sie in Deutschland, Österreich und der Schweiz existieren wie „MeinProf.ch". Bei dieser Art der Bewertung geht es jedoch nicht um eine Wahl der besten Dozentin/des besten Dozenten einer Universität, sondern um eine Einschätzung von Hochschuldozierenden durch die Studierenden. Anlass zur Diskussion gibt diese Art von Rankings hauptsächlich dann, wenn einzelne Lehrpersonen fast „an den Pranger" gestellt und durch ehrverletzende Aussagen diffamiert werden. Alle drei Plattformen (A, D und CH) kennen ein identisches Layout und setzen sich zum Ziel, die Qualität der Hochschullehre öffentlich zu machen. So kann auf dem Schweizer Portal nachgelesen werden, dass seit dem Start vor etwa eineinhalb Jahren bereits mehr als 5.200 Bewertungen für über 1.900 Kurse und rund 1.400 Dozierende abgegeben worden sind. An der Universität Zürich sind es momentan 206 Dozierenden und 221 Lehrveranstaltungen [Stichtag: 11. Oktober 2009], welche beurteilt wurden. Dozierende können sich selber einen eigenen Account anlegen und müssen nicht darauf warten, dass sie von Studierenden ins Netz gestellt werden.

Während solche studentischen Einschätzungen keinen besonderen Qualitätsanforderungen genügen müssen, wären die Ansprüche beispielsweise an einen nationalen Lehrpreis sehr hoch zu halten. Die Überschaubarkeit der Schweizer Hochschullandschaft mit ihren insgesamt zehn kantonalen und zwei Eidgenössischen Universitäten, sieben Fachhochschulregionen und vierzehn Pädagogischen Hochschulen würde die Einführung eines nationalen Preises wohl erleichtern. Trotz dieser Größenverhältnisse hat sich allerdings bisher keine entsprechende Diskussion – zum Beispiel analog zu Lehrpreisen in einzelnen deutschen Bundesländern – entwickelt. Wie ist dies zu erklären? Und wie wünschenswert wäre ein nationaler Lehrpreis?[3]

Lehrpreise können unterschiedliche Funktionen verfolgen. Dazu gehören etwa, dass sie eine Anerkennung für erbrachte Leistungen ausdrücken können oder dass sie die Realisierung innovativer Projekte unterstützen können. Ein nationaler Lehrpreis müsste also zuerst klären, welche Absicht genau verfolgt werden soll und ob diese Absicht tatsächlich als nationale Initiative am besten realisiert werden kann.

Abschließend sollen hier drei Überlegungen zu einem nationalen Lehrpreis in der Schweiz thesenartig zusammengefasst werden:

Exklusivität und Reputation
Preise leben hauptsächlich von ihrer Exklusivität. Diese ist abhängig von verschiedenen Faktoren, insbesondere von der potenziellen Erreichbarkeit und damit auch der Anzahl Preisvergaben. Ein nationaler Lehrpreis dürfte dank erhöhter Exklusivität ein größeres Aufsehen erhalten, wenn es gleichzeitig gelingt, die Anerkennung des Preisverfahrens in der entsprechenden Fach-Community zu sichern. Mit dem Preis wäre damit eine hohe Reputation verbunden – die nicht einmal mit der tatsächlichen Preissumme einhergehen muss.

Wettbewerb der Hochschulen
Nationale Lehrpreise sind gleichzeitig Wettbewerbe zwischen Lehrenden und zwischen Hochschulen. Anders als bei lokalen Lehrpreisen fordern sie deshalb nicht nur die Dozierenden heraus, sondern insbesondere auch die einzelnen Hochschulen als Bildungseinrichtungen. Selbstverständlich ist damit nur ein Aufgabengebiet einer Hochschule angesprochen, immerhin aber ein zentrales. Und die Preisvergabe würde – je nach Verfahren – noch nichts über die Lehrqualität einer Hochschule insgesamt aussagen. Aber immerhin wäre eine anregende Diskussion über verschiedene Hochschulen hinweg über Lehrqualität zu erwarten.

Lokale Verortung, (inter-)nationale Standards
Lehre ist immer auch in einen lokalen Kontext und in disziplinäre Traditionen und Besonderheiten eingebunden, in denen sie stattfindet. Entsprechend vergrößert sich die Herausforderung, welche Hochschulen mit einem breiten Fächerspektrum heute bereits haben: Wie lässt sich ein faires und akzeptiertes Verfahren

---

3 Interessant der Bericht von Skelton zum britischen Lehrpreis, der einige fundamentale Schwierigkeiten eines nationalen Preises festhält (vgl. Skelton 2005, S. 56).

dieser Preisvergabe entwickeln? Ein nationaler Lehrpreis würde die Frage nach allgemeingültigen Kriterien guter Lehre pointiert ins Zentrum rücken: Wie lassen sich diese Kriterien beschreiben? Wie werden diese realisiert – und gleichzeitig lokale Besonderheiten berücksichtigt?

Selbstverständlich: Solche Möglichkeiten eines nationalen Lehrpreises sind nicht bereits mit der Etablierung eines solchen Preises realisiert. Vielmehr müssen sowohl das Verfahren wie auch die unterlegten Kriterien auf solche Funktionen ausgerichtet sein. Und andere Länder bieten ja bereits Beispiele zur Beobachtung.

Literatur

Skelton, A. (2005). Understanding Teaching Excellence in Higher Education. Towards a Critical Approach. London: Routledge.

Lehrpreise an Schweizer Universitäten: Ueberblick

	Ablauf und Vorgehen
Universität Basel	Das Verfahren für die Vergabe des CS-Awards befindet sich in Revision und wird im Jahr 2009 zum letzten Mal in der beschriebenen Form durchgeführt. Die Verantwortung liegt bei der Kommission Lehre (Vizerektorin Lehre, den Studiendekanen und -dekaninnen der sieben Fakultäten und der Geschäftsführerin Kommission Lehre). Die Studiendekane und -dekaninnen informieren jedes Jahr die Lehrenden, dass sie ein Lehrprojekt mit einer Eingabefrist von 2-3 Monaten an ihrer Fakultät einreichen können, wobei die Fakultäten in der Wahl des Verfahrens frei sind. Die Kommission Lehre wählt aus den von den Fakultäten eingegangenen Projekten eines aus. Dieses erhält den gesamten Preis.
Universität Bern	Das Vizerektorat Lehre bestimmt jährlich, welche Fakultät den Lehrpreis vergeben kann, und bittet das Dekanat der betreffenden Fakultät, die Kriterien für die Auswahl zur Nomination und den Kreis der möglichen Preisträgerinnen und Preisträger bekannt zu geben. Die Fakultät legt fest, wer für das Geschäft zuständig ist und meldet auf Grund der gewählten Kriterien dem Vizerektorat Lehre diejenige Person, an der der Preis vergeben werden soll.
Universität Luzern	Stufe 1: Die Studierenden der drei Fakultäten wählen unabhängig voneinander ihre je beste Lehrperson. Dies geschieht nach einem Wahlaufruf via E-Mail über eine elektronische Plattform. Stufe 2: Ein Wahlgremium aus Studierenden aller drei Fakultäten besucht Veranstaltungen der drei Nominierten und wählt aus diesen den Preisträger/die Preisträgerin aus.
Universität Neuenburg	Le prix peut être remis à un professeur assistant, un directeur de recherche ou un membre du corps intermédiaire ayant une activité d'enseignement dans l'une des cinq facultés de l'Université. Chaque année, la vice-rectrice en charge de la qualité détermine la faculté dans laquelle sera remis le prix. Elle demande ensuite au doyen de la faculté concernée d'établir une liste de trois candidats potentiels. Le conseiller auprès de la vice-rectrice complète les dossiers si nécessaire et convoque le jury pour une séance afin de choisir le lauréat. Le jury est composé de deux étudiants en cursus de bachelor, deux étudiants en cursus de master (proposés par le doyen de la faculté concernée) et du conseiller auprès de la vice-rectrice.
Universität Zürich	Die Lehrkommission entscheidet sich für ein jährlich wechselndes Schwerpunktthema. Alsdann entwickelt die Arbeitsstelle für Hochschuldidaktik sechs Items, welche den gewählten Schwerpunkt repräsentieren. Mittels einer Internetumfragen können alle Studierenden ihre Favoritin/ihren Favoriten nominieren. Alsdann wertet die Arbeitsstelle für Hochschuldidaktik die Umfrageergebnisse statistisch aus und unterbreitet dem Gremium Lehrpreis einen Zehnervorschlag. Dieses unterbreitet seine Entscheidung, welche aufgrund der Begründungen (offene Antworten) der Studierenden und der Rangreihe der gewichteten Häufigkeiten gefällt wird, der Universitätsleitung.
Universität St. Gallen	Der Vorstand Lehre der Studentenschaft erlässt einen Aufruf zur Nominierung geeigneter Dozierender an der HSG und erstellt eine erste Kandidatenliste. Er beruft die studentische Jury ein, die unter seinem Vorsitz tagt. Diese erstellt nach Diskussion und Prüfung eine Zehnerliste von Kandidaten. Diese zehn Kandidatinnen und Kandidaten werden sodann im Rahmen einer Online-Wahl von allen HSG-Studierenden auf einer fünfstufigen Skala benotet. Der Kandidat/die Kandidatin mit dem besten Mittelwert geht als Sieger/-in hervor.

ETH Zürich	Der Verband der Studierenden der ETH (VSETH) gibt allen Studierenden in einem Zeitfenster die Möglichkeit die von ihnen gehörten Dozenten zu evaluieren. Aufgrund von den gesammelten Daten werden mittels eines statistischen Verfahrens der besten Dozenten jedes Departements der ETH ausgewählt.
ETH Lausanne	Le Vice Président pour les Affaires Académiques lance un appel à candidatures dans les 13 sections de l'EPFL. Ce sont les directeurs de chaque section qui soumette la candidature de l'enseignant de leur choix. Les enseignants peuvent également proposer à leur section une candidature de leur choix.
	Kriterien
Universität Basel	Die Universität Basel möchte mit dem CS Award die Innovation in der Lehre fördern. Sie zeichnet also innovative Lehrprojekte, aufgrund der folgenden Kriterien aus: • Als innovative Projekte gelten in den letzten 12 Monaten in der Lehre umgesetzte Neuerungen. • Möglich sind Projekte auf Ebene eines Studiengangs oder einer einzelnen Lehrveranstaltung. • Innovative Lehrprojekte zeichnen sich durch Kompetenzorientierung, aktive Beteiligung von Studierenden und hohem Lernerfolg der Studierenden aus. Eine durchgeführte Evaluation zur Überprüfung des Lernerfolgs, sowie Vorbildwirkung und Übertragbarkeit für andere Fachbereiche an der Uni Basel sind von Vorteil. • Ausgeschlossen sind Projekte, die bereits finanzielle Unterstützung vom Bund oder von der Universität erhalten haben.
Universität Bern	In der Vergangenheit wurden als Basis für die Auswahl des Lehrpreises die Ergebnisse der Lehrveranstaltungsevaluation gebraucht. In der Lehrveranstaltungsevaluation werden verschiedene Dimensionen betrachtet, die einen Teil der „Guten Lehre" ausmachen. Zur guten Lehre in Lehrveranstaltungen tragen sowohl die Mitglieder des Lehrkörpers als auch die Studierenden bei. In den Lehrveranstaltungsevaluationen wird auf diese beiden Aspekte eingegangen. Von Seiten des Lehrkörpers gehören die gute Planung und Vorbereitung von Lehrveranstaltungen, das Schaffen eines offenen Lehrklimas, das von Vertrauen und gegenseitigem Respekt geprägt ist, ein klares und verständliches Übermitteln des Stoffs und der Methoden, Engagement und das Wecken von Interessen auf Seiten der Studierenden dazu. Je nach Art der Lehrveranstaltung kommen weitere Dimensionen wie die gute Leitung in Diskussionen dazu.
Universität Luzern	Zurzeit werden die folgenden Kriterien (bzw. Fragen) als Richtschnur genommen: • Vermag die Lehrperson Studierende für ihr Fachgebiet zu begeistern? • Führt die Lehrperson die Studierenden immer wieder zu neuen Einsichten? • Reagiert die Lehrperson angemessen auf Fragen seitens der Studierenden? • Vermag die Lehrperson durch ihre Art des Unterrichts zu fesseln? • Leitet die Lehrperson zu wissenschaftlicher Arbeitsweise und kritischem Denken an? • Macht die Lehrperson die Struktur, Zielsetzung(en) sowie Kontext der Lehrveranstaltung klar und für die Studierenden nachvollziehbar? Stärker fundierte Kriterien sind in Erarbeitung.
Universität Neuenburg	Les critères pour l'attribution du prix sont les suivants: le prix est destiné à un enseignant en début de carrière qui se signale par l'excellence de son enseignement ainsi que par l'intérêt de sa vision pédagogique.

Universität Zürich	Die Universität Zürich trägt dem Aspekt Rechnung, dass sich „gute Lehre" durch verschiedene Aspekte auszeichnet. Deshalb wird jedes Jahr ein anderer Schwerpunkt ins Zentrum gerückt, wobei der Gewinner/die Gewinnerin des Preises auch bei „Standardkriterien guter Lehre" ein vorgängig definiertes Mass erreichen muss.
Universität St. Gallen	Der Lehrpreis ist ein Preis für „Gute Lehre". „Gute Lehre" kann unterschiedlich konzipiert sein und verschiedene Dimensionen umfassen. Wird in Ihrer Hochschule – im Zusammenhang mit der Vergabe des Lehrpreises – „gute Lehre" näher umschrieben oder werden bestimmte Dimensionen besonders betont? Folgende Kriterien stehen bei der Wahl des besten Dozenten/der besten Dozentin im Vordergrund: Vermittlung von Interesse und Freude am Lernen, intellektuelle Herausforderung, didaktische Fähigkeiten, Einsatz und Engagement.
ETH Zürich	Die Studierenden bewerten jeden besuchten Dozent/jede Dozentin mit einer Note. Wurde der Preis schon letztes Jahr an diesen Dozent/diese Dozentin vergeben, kann der Preis nicht nochmals dieselbe Person erhalten.
ETH Lausanne	Dans un premier temps, aucun critère de qualité n'est demandé. Les directeurs de section et les enseignants sont libres de nominer l'enseignant de leur choix au sein de leur section. La candidature est soumise par le directeur de section et décrit sur une page le candidat et son implication dans l'enseignement. Sur cette base, un Jury sélectionne les 3-5 meilleurs dossiers. Il est demandé ensuite, le dossier d'enseignement complet des candidats qui seront minutieusement analysés.
Datenbasis	
Universität Basel	Für die Ermittlung des Siegerprojektes werden keine spezifischen Daten erhoben. Teilnehmende Projekte müssen aber evaluiert werden, und die Ergebnisse der Evaluation fließen in die Beurteilung durch die Kommission Lehre ein. Ansonsten erfolgt die Auswahl auf Ebene Fakultäten sowie anschließend in der Kommission Lehre auf der Basis der oben angeführten Kriterien.
Universität Bern	Als Datenbasis dienen die Ergebnisse der regulären Lehrveranstaltungsevaluationen. Als zusätzliche Daten werden bei sehr nahe beieinander liegenden Resultaten fakultätsinterne Kriterien beigezogen, die beispielsweise das Betreuungsengagement oder den Einsatz für die weitere Entwicklung der Lehre betreffen.
Universität Luzern	Es wird keine formale Datenbasis verwendet. Die Studierenden greifen auf ihre Erfahrungen aus den besuchten Lehrveranstaltungen zurück.
Universität Neuenburg	Les candidats sont proposés par le doyen de la faculté concernée.
Universität Zürich	Die Universität Zürich erhebt jedes Jahr neue – dem jeweiligen Schwerpunkt entsprechende – Daten für die Vergabe des Lehrpreises. Im Namen des Studierendenrates und des Bereichs Lehre werden alle eingeschriebenen Bachelor- und Masterstudierenden online aufgefordert sich an der Umfrage zu beteiligen.
Universität St. Gallen	Die Studierenden schlagen aufgrund ihrer Erfahrungen aus den Lehrveranstaltungen geeignete Kandidatinnen und Kandidaten vor.

ETH Zürich	Die Einschätzungen (Noten) der Studenten bilden die Datenbasis für den Lehrpreis.
ETH Lausanne	Comme cité ci-dessus, dans un premier temps les directeurs de section ainsi que les enseignants sont libres de nominer qui ils veulent selon leur appréciation du meilleur enseignant. Dans un second temps, le cahier d'enseignement est la base de l'évaluation par le jury des derniers candidats en liste. Le dossier d'enseignement est composé : • descriptif sur 1 à 2 pages des cours donnés, de la contribution à l'enseignement ainsi que des objectifs de la formation poursuivis • Résultats des évaluations indicatives • Commentaires de l'enseignant sur l'évaluation de ses enseignements • Lettre de référence du directeur de section • Participation de l'enseignant aux diverses activités pédagogiques (commissions, séminaires, recherches, projets etc.)
Jährliche Änderungen/Besonderheiten	
Universität Basel	Das beschriebene Verfahren wird seit 2006 angewendet und soll ab 2010 durch ein neues Verfahren ersetzt werden.
Universität Bern	Da die Fakultäten die Kriterien und den Kreis der möglichen Preisträger bestimmt, gibt es Änderungen betreffend der „Gewinnchancen". Die prägende Lehrkultur hat einen Einfluss auf die Auswahl der Kriterien. Bisher wurde der Akzent meist auf die Nachwuchskräfte gelegt und der Personenkreis eingeschränkt auf Mitglieder des Lehrkörpers, die in die Fakultät eingebunden sind, d.h. externe Lehrbeauftragte waren in der Regel vom Kreis der möglichen Gewinnerinnen und Gewinner ausgeschlossen. Dahinter steht die Idee, den Nachwuchs zu fördern und gerade bei einem Personenkreis, der im Rahmen der Karriere zu diesem Zeitpunkt stark in der Forschung involviert ist, auch die Lehrpraxis zu fördern und ausgezeichnete Leistungen anzuerkennen.
Universität Luzern	Das Verfahren war bislang immer dasselbe. Eine Änderung ist zurzeit nicht vorgesehen.
Universität Neuenburg	Depuis sa création en 2006, le règlement du prix a effectivement connu plusieurs ajustements, en 2007 et en 2008 où la procédure a été simplifiée. En 2009, le nombre de personnes qui compose le jury a été augmenté.
Universität Zürich	Die Universität Zürich ändert nicht das Verfahren, jedoch die Items, welche das Schwerpunktthema erfassen. Diese werden vorgängig bei einer repräsentativen Stichprobe über alle Fakultäten auf ihre Güte hin geprüft und danach einer Itemanalyse unterzogen. In den Jahren 2007 und 2008 wurden alle immatrikulierten Studierenden angeschrieben. Im Jahre 2009 wurden nur Bachelorstudierende in die Umfrage miteinbezogen. Die Einschränkung auf Bachelorstudiengänge wurde deshalb gemacht, da es bei dieser Studienstufe besonders schwierig ist, den gewählten Schwerpunkt zu erfüllen. Für den Lehrpreis 2010 wurden wieder alle Studierenden angeschrieben.
Universität St. Gallen	Der Lehrpreis wird seit 2005 jährlich vergeben. Bisher wurde darauf geachtet, dass nicht bestehende Preisträger/innen erneut gewählt werden.
ETH Zürich	Der Preis kann nicht zwei Jahre infolge an denselben Dozenten vergeben werden.

Lehrpreise an Schweizer Hochschulen 115

ETH Lausanne	Pour la troisième édition du CS Award, la Présidence du Jury a décidé d'ouvrir la nomination des candidats à tous les enseignants de l'EPFL. Le directeur de section a par la suite la responsabilité de présenter un candidat aux membres du Jury. Par contre, la composition du Jury n'a pas été modifiée.
	Beteiligte Gremien und Personen
Universität Basel	An der Auswahl sind die leitenden Personen im Bereich Lehre an der Universität beteiligt, d.h. die Vizerektorin Lehre, die sieben Studiendekaninnen und -dekane, die Geschäftsführerin der Kommission Lehre sowie die sieben Fakultäten. Die Meinung der Studierenden fließt über die Evaluation der eingereichten Projekte in den Auswahlprozess ein.
Universität Bern	In den Verfahrensschritten sind das Vizerektorat Lehre (Ausschreibung), die Dekanate (Festsetzen der Kriterien und des Kreises der möglichen Anwärterinnen und Anwärter), die Stabsstelle für Evaluation und Akkreditierung und ggf. fakultäre Evaluationskommissionen beteiligt. Die Studierenden werden derzeit im konkreten Verfahren nicht noch einmal beigezogen.
Universität Luzern	Die Studierenden organisieren die Vergabe in Eigenregie und tragen die Verantwortung. Der/die Prorektor/in Lehre hat einzig beratende Funktion.
Universität Neuenburg	Les personnes concernées sont les suivantes : • La vice-rectrice qualité: elle désigne chaque année la faculté dans laquelle sera remis le prix • Le doyen de la faculté concernée: il fournit la liste des candidats • Le conseiller auprès du vice-rectorat qualité: il complète les dossiers puis convoque et préside le jury. Il est assisté dans ses tâches par une collaboratrice scientifique travaillant pour le secteur de la qualité. • 4 étudiants: 2 en cursus de bachelor, 2 en cursus de master
Universität Zürich	Die Arbeitsstelle für Hochschuldidaktik entwickelt die Items für das jeweilige Schwerpunktthema und ist koordiniert die Abläufe. Im Namen des Studierendenrates und des Bereichs Lehre werden die Studierenden zur Wahl aufgefordert. Ein Gremium, bestehend aus dem Prorektor Geistes- und Sozialwissenschaften, einer Vertretung der Arbeitsstelle für Hochschuldidaktik und drei Studierenden des Studierendenrates, bestimmt den Gewinner/die Gewinnerin aufgrund einer vorgängig zusammengestellten Top-Ten-Liste.
Universität St. Gallen	Der Jury gehören folgende Personen an: Der Präsident der Studentenschaft, der VP Universitäres, der Präsident des Studentenparlamentes, je zwei weitere Gremienvertreter und studentische Evaluationsverantwortliche. Der Prorektor Lehre und Qualitätsentwicklung ist mit beratender Stimme dabei.
ETH Zürich	Die gesamte Auswahl stützt sich auf die Bewertung der Studierenden.
ETH Lausanne	Le Jury est présidé par le Vice Président pour les Affaires Académiques, le doyen Bachelor-Master, le doyen de l'Ecole Doctorale ainsi que le directeur du centre de recherche et d'appui pour la formation et ses technologies. Les étudiants font partie intégrante de l'évaluation du candidat étant donné que les évaluations indicatives font partie du dossier d'enseignement lequel représente un point central de sélection.

	Übergabe und weitere Aktivitäten um diesen Preis
Universität Basel	Die Verleihung erfolgt mit Laudatio am Dies academicus. Zudem wird eine Information an alle Universitätsangehörigen mit dem Mail-Newsletter der Universität versandt und die Auswahl wird durch die Fakultät und die Entscheidung der Kommission Lehre in den Fakultätsversammlungen bekannt gegeben.
Universität Bern	Der Preis wird am Dies academicus vom Dekan oder der Dekanin der ausrichtenden Fakultät übergeben. Dazu wird eine kurze Laudatio gehalten. In der Broschüre zum Dies academicus wird die preistragende Person in den Listen der Ehrungen aufgeführt.
Universität Luzern	Der Preis wird am Dies academicus vergeben. Studierendenvertreter halten die Laudatio und übergeben die Wahlurkunde. Die Stelle für Öffentlichkeitsarbeit verfasst eine Pressemitteilung.
Universität Neuenburg	Le prix est remis lors de la cérémonie de remise des diplômes par le doyen de la faculté concernée.
Universität Zürich	Der Preis wird am Dies academicus vom Rektor der Universität Zürich übergeben. Das Unijournal (hochschulinterne Zeitung mit einer Auflage von 10.000 Exemplaren) interviewt den Preisträger und erstellt einen Artikel. Meist schreiben auch die zwei bekannten Zürcher Tageszeitungen (Tages Anzeiger und Neue Zürcher Zeitung) einen kurzen Artikel resp. nennen zumindest den Namen der Gewinnerin/des Gewinners. Die Arbeitsstelle für Hochschuldidaktik interviewt den Preisträger im Vorfeld des Dies academicus und stellt dieses Interview dann auf ihre Homepage. Am jährlich stattfindenden Tag der Lehre wird der aktuelle und gegebenenfalls frühere Preisträger/-innen zu einer Podiumsdiskussion o.ä. eingeladen.
Universität St. Gallen	Der Preis wird am Dies academicus vom Präsidenten der Studentenschaft übergeben. Er besteht aus einem durch eine St. Galler Künstlerin gestalteten stilisierten Stern sowie dem von der CS-Jubiläumsstiftung gestifteten Geldpreis.
ETH Zürich	Der bestbewertete Dozent über alle Departemente erhält den CS Award, der von der Credit Suisse am ETH Tag vergeben wird. Die Goldene Eule (ein Lehrpreis, welcher von den Studierenden schon seit einigen Jahren je an den besten Dozenten/ die beste Dozentin pro Departement vergeben wird), bildet an der ETH die Basis für den CS Award.
ETH Lausanne	Le Prix est remis lors de la Journée magistrale par le Vice Président pour les Affaires Académiques.

Bettina Jorzik

Viel Preis, wenig Ehr.
Lehrpreise in Deutschland

Zusammenfassung: Seit den 1990ern wurden in Deutschland Lehrpreise im Hochschulbereich eingeführt. Der Beitrag fasst die Entwicklung zusammen und beschreibt die bestehenden Preise anhand der Kategorien Gegenstand, Turnus, Adressaten, Vorschlagsrecht, Auswahlverfahren, Preisgeld und Auswahlkriterien. Die Autorin kommt zu dem Schluss, dass die Preise zwar dazu beigetragen haben, den Stellenwert der Lehre zu steigern. Impulse für ein stärkeres Engagement in der Lehre und ihre Weiterentwicklung geben sie indessen eher nicht.

Plenty of prizes, not much honour. Teaching awards in Germany

Abstract: Teaching awards have been part of the university landscape in Germany since the 1990s. This contribution summarizes their development and describes the existing prizes in terms of what the prize is awarded for, how often it is awarded, target group, right of nomination, selection procedure, prize money and selection criteria. The author comes to the conclusion that whilst the prizes have served to raise the importance attached to teaching, there role in providing greater impetus for a stronger commitment to teaching and its further development has, however, been rather limited.

1   Entwicklung und Status quo

Wann immer in Deutschland die Qualität der Lehre ein Thema auf der hochschulpolitischen Agenda ist, wird über die Einführung von Lehrpreisen nachgedacht. Trotz aller Unterschiede im Detail werden doch im Wesentlichen dieselben Ziele verfolgt:
- Zunächst soll der Lehrpreis eine zuvor erbrachte, individuelle Leistung honorieren, nämlich ein überdurchschnittliches Engagement und beispielhafte Leistungen in der Lehre.
- Man verspricht sich von der Auszeichnung, dass damit Anreize für Engagement und die Weiterentwicklung der Lehre geschaffen werden.

- Schließlich soll auf institutioneller bzw. systemischer Ebene der Stellenwert der Lehre hervorgehoben oder sogar gesteigert werden.

Von den heute noch regelmäßig verliehenen Lehrpreisen wurde ein Teil erstmals in der ersten Hälfte der neunziger Jahre des letzten Jahrhunderts ausgelobt. Vorausgegangen waren die ersten größeren studentischen Protestaktionen seit den sechziger Jahren, die sich insbesondere gegen vielerorts greifende Konzentrations- und Sparmaßnahmen im Hochschulbereich richteten. Gleichzeitig gab es eine aufgeregte gesellschaftliche Debatte um zu lange Studienzeiten und zu hohe Fachwechsel- und Studienabbruchquoten. Mehrere Bundesländer, u.a. Baden-Württemberg und Nordrhein-Westfalen, legten seinerzeit Förderprogramme zur Verbesserung der Qualität der Lehre auf. In diesem Kontext wurden der Landeslehrpreis in Baden-Württemberg und diverse Lehrpreise an Hochschulen in Nordrhein-Westfalen aufgelegt (vgl. im Einzelnen die diesem Beitrag angefügte Übersicht). Der älteste Lehrpreis ist indessen der „Berninghausen-Preis für ausgezeichnete Lehre und ihre Innovation", den die Gesellschaft der Freunde der Universität Bremen und der Jacobs-University seit 1992 vergibt.

Eine zweite Welle der Einführung von Lehrpreisen lässt sich in den vergangenen Jahren beobachten. Gab es 1999 deutschlandweit erst ca. 14 verschiedene Lehrpreise, liegt ihre Zahl inzwischen bei über 40. Zu dieser Entwicklung hat nicht nur der Bologna-Prozess beigetragen, der die hochschulpolitische Aufmerksamkeit erneut auf die Hochschullehre gelenkt hat. Auch die Einführung von Studienbeiträgen[1] hat das Nachdenken über die Qualität der Lehre maßgeblich befördert und Hochschulen die Finanzierung von Lehrpreisen teilweise erst ermöglicht.

Die rund 40 verschiedenen Lehrpreise[2] (vgl. im Einzelnen die diesem Beitrag angefügte Übersicht) werden wie folgt ausgelobt:
- In fünf Bundesländern vergibt das jeweilige Wissenschaftsministerium Landeslehrpreise.
- An 15 Universitäten, zehn Fachhochschulen und einer Kunst-/Musikhochschule werden hochschulweite Lehrpreise verliehen.
- Darüber hinaus gibt es einzelne Lehrpreise auf Fakultäts-/Fachbereichsebene[3] sowie Preise, die von Fachgesellschaften ausgelobt werden.

---

1   In Baden-Württemberg, Bayern, Hamburg, Niedersachsen, Nordrhein-Westfalen und dem Saarland werden seit dem Sommersemester 2007 allgemeine Studienbeiträge von bis zu 500 €/Semester erhoben. Gemäß der jeweiligen Beitragsgesetze sind die Studienbeiträge in jedem Fall für die Verbesserung von Studium und Lehre zu verwenden.

2   Diese und alle nachfolgenden Angaben beruhen auf einer fortlaufenden Presse- und Internetrecherche sowie einer bundesweiten Abfrage aller Hochschulleitungen im Juli 2008.

3   Es ist davon auszugehen, dass es auf Fakultäts- bzw. Fachbereichsebene eine deutlich höhere Zahl von Auszeichnungen für gute Lehre gibt, als hier erfasst ist. Da diese teil-

2 Merkmale von Lehrpreisen

2.1 Gegenstand

Üblicherweise werden Lehrpreise allgemein für „hervorragende Leistungen in der Hochschullehre" ausgelobt, ohne dass diese näher operationalisiert oder in verschiedene Kategorien unterteilt werden. Oftmals wird zwischen dem Gegenstand des Lehrpreises, d. h. der Art der Leistungen, die ausgezeichnet werden können, und den Auswahlkriterien, nach denen die Qualität der Leistungen beurteilt und die Preisträger ermittelt werden, nicht genau unterschieden.

Maßstäbe hinsichtlich der Konkretisierung des Gegenstandes setzt die Ausschreibung des Hessischen Hochschulpreises Exzellenz in der Lehre:

„Der Preis wird für herausragende und innovative Leistungen in Lehre, Prüfung, Beratung und Betreuung an Hochschulen verliehen, insbesondere für
- interdisziplinäre Projekte in der Lehre;
- die Entwicklung und den erfolgreichen Einsatz von Lehr- und Lernmaterialien;
- die Entwicklung und Anwendung innovativer Prüfungsmethoden;
- die Entwicklung und Umsetzung neuartiger Beratungs- und Betreuungskonzepte sowie ein besonderes Engagement in der Studienberatung; die Entwicklung und Umsetzung eines Schülerstudiums für besonders Begabte;
- die unmittelbare Orientierung der Lehre am ,learning outcome', den erworbenen Kompetenzen, Qualifikationen und dem Studienerfolg;
- die Gestaltung der Lehrinhalte unter Berücksichtigung von Genderaspekten;
- Qualitätssicherungsmaßnahmen zur Verbesserung von Lehre und Studium."[4]

Die Carl von Ossietzky-Universität hat sich als bisher einzige Hochschule in Deutschland entschieden, den Preis in verschiedenen, teilweise jährlich wechseln-

---

weise nicht regelmäßig ausgelobt werden und der Preis mitunter nur symbolischer Natur ist, fehlt es häufig an Quellen. Selbst innerhalb der eigenen Hochschule sind diese Preise nicht immer bekannt.

4 Vgl. Ausschreibung 2009;http://www.hmwk.hessen.de/irj/HMWK_Internet?cid=308 6043c64b449c27a53c78463e0ecf2. Ähnlich die Ausschreibungen für den Ars legendi-Preis für exzellente Hochschullehre, den der Stifterverband für die Deutsche Wissenschaft auf Vorschlag der Hochschulrektorenkonferenz seit 2006 verleiht (http://www.stifterverband.de/wissenschaft_und_hochschule/auszeichnungen_und_preise/ars_legendi/index.html),und für den Lehrpreis der Westfälischen Wilhelms-Universität Münster (http://www.uni-muenster.de/Rektorat/Preise/lehrpreis.html).

den Kategorien auszuloben, im Studienjahr 2008/09 beispielsweise für das beste Modul, ein besonders gelungenes Beispiel für den Praxisbezug einer Lehrveranstaltung, die beste Großvorlesung (mit mehr als 80 Studierenden) und besonders gelungene Rückmeldungen zu Studienleistungen.5

Typischerweise werden Lehrpreise für eine zuvor erbrachte Leistung verliehen. Als einzige deutsche Hochschule hat sich indessen die Ruhr-Universität Bochum entschieden, ihren Lehrpreis als Entwicklungspreis auszugestalten. Der Preis besteht in diesem Fall darin, eine Idee für eine Lehrinnovation mit Hilfe des Preises zu realisieren. 2008 wurde zum ersten Mal „lehrreich", der „Universitätspreis für ausgezeichnete Lehrideen Studierender und Lehrender der RUB", ausgeschrieben. In einem zweistufigen Antragsverfahren wurden aus 74 Skizzen schließlich acht Projekte ausgewählt, die sich das Preisgeld von insgesamt € 400.000 teilen.6 Allerdings wurde dieses Format nach einer einmaligen Ausschreibung wieder aufgegeben.

2.2 Turnus

Die meisten Lehrpreise werden jährlich verliehen. Insbesondere auf Fachbereichs-/ Fakultätsebene werden manche Preise einmal im Semester vergeben, beispielsweise an der Fakultät für Mathematik der Technischen Universität München[7] oder der Medizinischen Fakultät der Universität Würzburg. Auch die Folkwang Hochschule Essen will den Preis semesterweise ausloben. Nur alle zwei Jahre werden demgegenüber die Preise für herausragende Lehre an Bayerns Fachhochschulen verliehen.[8]

2.3 Adressaten

In der Regel können alle in der Lehre an Hochschulen tätigen Personen mit einem Lehrpreis ausgezeichnet werden, also auch Lehrbeauftragte. Die Ausschreibungen bleiben in diesem Punkt meist ebenso unspezifisch wie hinsichtlich der Konkretisierung des Gegenstandes.

In einigen Fällen erfolgt jedoch eine Differenzierung nach unterschiedlichen Personengruppen. Der Hessische Hochschulpreis für Exzellenz in der Lehre bei-

---

5   Vgl. http://www.uni-oldenburg.de/praesidium/20724.html
6   Vgl. http://www.ruhr-uni-bochum.de/lehrreich/
7   Vgl. http://www.ma.tum.de/Dekanat/Felix-Klein-Lehrpreis
8   Vgl. http://www.diz-bayern.de/index.jsp?doAction=cmspage&navitem=13759

spielsweise besteht aus insgesamt fünf verschiedenen Preisen, von denen drei für eine Arbeitsgruppe/Organisationseinheit, einer für eine Einzelperson und einer für einen studentischen Tutor vorgesehen sind.[9] Auch die Technische Universität Dortmund adressiert neben den Lehrenden auch die Studierenden und Fachschaften mit einem Lehrpreis, der studentisches Engagement bei der Beratung oder der Verbesserung der Studienbedingungen würdigen soll.[10]

Lediglich die Universität Bielefeld und die Fakultät für Mathematik an der Technischen Universität München beschränken den Adressatenkreis auf die Gruppe der (promovierten/habilitierten) Nachwuchswissenschaftlerinnen und -wissenschaftler; Kandidaten an der Unversität Bielefeld dürfen zudem nicht älter als 40 Jahre sein.[11]

2.4 Vorschlagsrecht

So einheitlich Gegenstand und Adressaten von Lehrpreisen in den meisten Fällen gestaltet sind, so vielfältig sind die Verfahrensmodalitäten hinsichtlich des Vorschlagsrechtes. Gleichwohl lassen sich einige Trends erkennen.

Für fast alle Lehrpreise gilt, dass Kandidaten von Dritten vorgeschlagen werden müssen und Eigenbewerbungen ausgeschlossen sind. Möglich sind Eigenbewerbungen jedoch um den Ars legendi-Preis für exzellente Hochschullehre[12] sowie um die Lehrpreise der Hochschulen Bremerhaven und Niederrhein[13]. Ungewöhnlich ist das Verfahren der Fakultät für Mathematik an der Technischen Universität München, die ausschließlich Eigenbewerbungen um den Felix-Klein-Lehrpreis zulässt.[14]

In etlichen Verfahren werden den Studierenden besondere Vorschlagsrechte eingeräumt, beispielsweise an den Fachhochschulen Aachen, Dortmund, Erfurt[15] und Wiesbaden, den Universitäten Bielefeld[16], Frankfurt/Main[17], Oldenburg[18] und Wup-

---

9   Vgl. Ausschreibung 2009, a.a.O.
10 Vgl. http://www.tu-dortmund.de/uni/Uni/Freunde_und_Foerderer/Preise_und_Ehrungen /Lehrpreis/index.html
11 Vgl. http://www.uni-bielefeld.de/wlug/Foerderung/GrotemeyerPreis.html
12 a.a.O.
13 Vgl. http://www.hs-niederrhein.de/index.php?id=2836
14 a.a.O.
15 Vgl. http://www.fh-erfurt.de/fhe/index.php?id=621&L=0
16 a.a.O.
17 Vgl. http://www.uni-frankfurt.de/org/ltg/admin/pr-abt/stud_ref/1822-Preis/index.html
18 a.a.O.

pertal, der Jacobs University Bremen[19], der Folkwang Hochschule Essen sowie der Studienfakultät Biowissenschaften der Technischen Universität München: Hier haben ausschließlich Studierende bzw. die Fachschaften das Vorschlagsrecht. An der Universität Bremen können auch Absolventen der beiden jeweils letzten Abschlussjahrgänge Kandidatenvorschläge einreichen.[20]

2.5 Auswahlverfahren

In der Regel führen ohnehin bestehende (Hochschul-)Gremien die Auswahlverfahren durch, häufig die Senatskommissionen für Lehre. Häufiger als hinsichtlich des Vorschlagsrechtes werden die Studierenden bei der Auswahl der Preisträger privilegiert, beispielsweise indem sie ein besonderes Votum abgeben müssen oder die Hälfte der Mitglieder des Auswahlgremiums stellen. Auch wenn es nicht immer einschlägige formale Bestimmungen gibt, lässt sich insgesamt festhalten: Keine Kür eines Lehrpreisträgers ohne maßgebliche studentische Beteiligung und befürwortende studentische Voten.

Eine interessante Variante stellen die Verfahren an der Folkwang Hochschule Essen und am Fachbereich Rechtswissenschaft der Freien Universität Berlin dar, in denen die Kandidaten nicht nominiert und von einer Jury ausgewählt, sondern durch Urwahl bzw. eine Online-Abstimmung der Studierenden ermittelt werden.

2.6 Preis(-geld)

Fast alle Lehrpreise sind mit einem Preisgeld dotiert. Die Spanne ist erheblich und reicht von € 300 (Freie Universität Berlin, Fachbereich Rechtswissenschaft) bis zu € 60.000 (für eine Einzelperson) bzw. € 150.000 (für eine Arbeitsgruppe/Organisationseinheit; Hessischer Hochschulpreis Exzellenz in der Lehre[21]). Insbesondere bei Lehrpreisen, die von Hochschulen ausgelobt werden, liegt das Preisgeld aber in den meisten Fällen im vierstelligen Bereich. Nur selten wird es gestaffelt, beispielsweise an der Technischen Hochschule Aachen (1. Platz: € 9.000; 2. Platz:

---

19   Vgl. http://teamwork.jacobs-university.de:8080/confluence/display/OAA/Professor+of+the+Year+SES; http://teamwork.jacobs-university.de:8080/confluence/display/OAA/Professor+of+the+Year+SHSS
20   a.a.O.
21   a.a.O.

€ 6.000; 3. Platz: € 3.000)[22] oder der Goethe-Universität Frankfurt am Main (1. Preis: € 15.000; 2. Preis: € 10.000; 3. Preis: € 5.000)[23]. Das Preisgeld ist in der Regel zweckgebunden zu Gunsten der Lehre.

Neben symbolischen Auszeichnungen gibt es nur wenige Alternativen zu einem Preisgeld. An der Carl von Ossietzky-Universität Oldenburg erhalten Preisträger zusätzlich zu einem geringen Preisgeld von € 500 einen Gutschein über 50 Hilfskraftstunden.

Sehr innovativ werden Träger des Felix-Klein-Lehrpreises an der Fakultät für Mathematik der Technischen Universität München ausgezeichnet: Sie werden ein Semester lang von ihrer Regellehrverpflichtung freigestellt.[24] Manch einem mag es paradox erscheinen, gute Lehre mit einer Befreiung von der Lehrverpflichtung zu honorieren. Der Felix-Klein-Lehrpreis richtet sich indessen ausschließlich an Nachwuchswissenschaftler. Berücksichtigt man die im deutschen Hochschulsystem die nach wie vor geltenden Voraussetzungen für wissenschaftliche Karrieren, die sich im Wesentlichen auf Forschungsleistungen gründen, und die Zeit, die die Lehrpreisträger vermutlich zuvor in die Entwicklung des innovativen Lehrformats investiert haben, für das sie ausgezeichnet werden, ist das womöglich ein geeigneter Weg, den akademischen Nachwuchs für Lehre zu begeistern, ohne dass ihnen dadurch Nachteile entstehen.

2.7 Auswahlkriterien

Die Kriterien, die bei der Beurteilung der eingereichten Vorschläge für bzw. Bewerbungen um einen Lehrpreis und der Auswahl der Preisträger angewendet werden, sind vielfältig.

In Ausschreibungen werden häufig
- ein hohes didaktisches und fachliches Niveau;
- gut vorbereitete, adressatenbezogene Lehrveranstaltungen;
- die Verwendung klar strukturierter Lehrmaterialien, methodisch vielfältige Präsentation;
- die Förderung des Selbststudiums;
- der Praxisbezug, die Förderung der Berufsfähigkeit der Studierenden;
- der Forschungsbezug, die Einbeziehung von Studierenden in Forschungsprozesse;

---

22 Vgl. http://www.rwth-aachen.de/go/id/iwi/
23 a.a.O.
24 a.a.O.

- Interdisziplinarität, Förderung fachübergreifender Interessen und
- Engagement in der Beratung/Betreuung von Studierenden

als Kriterien genannt; seltener:
- die Bereitschaft zu hochschuldidaktischer Weiterbildung und
- die Berücksichtigung des aktuellen Standes der Lehr-Lernforschung.

Die Verfahren für den Lehrpreis des Landes Rheinland-Pfalz, der Beuth Hochschule für Technik Berlin und der Johannes Gutenberg-Universität Mainz stützen sich maßgeblich auf die Ergebnisse studentischer Lehrveranstaltungskritik.[25]

Insgesamt sind die bisher in Lehrpreisverfahren verwandten Kriterien unbefriedigend. Abgesehen davon, dass sie zumeist nicht operationalisiert werden, sind sie auch wenig trennscharf. Teilweise beschränken sie sich auf rein handwerkliche Aspekte des Lehrens, wie beispielsweise die Verwendung klar strukturierter Lehrmaterialien. Zwar ist aus der Hochschulforschung bekannt, dass gutes Handwerk in der Hochschullehre nicht selbstverständlich ist und in jedem Fall vorausgesetzt werden kann; als Auswahlkriterium für Lehrleistungen, die mit einem herausgehobenen Lehrpreis ausgezeichnet werden, ist es aber recht fragwürdig. Auch die Ergebnisse studentischer Veranstaltungskritik eignen sich nur bedingt als Beurteilungsmaßstab für Lehrpreiskandidaten. Abgesehen davon, dass es in nahezu allen Disziplinen bestimmte Pflichtlehrveranstaltungen gibt, die als unbeliebt gelten und von den Studierenden in der Regel systematisch schlechter beurteilt werden, bezieht sich das Urteil der Studierenden zumeist nur auf die Performanzebene. Außerdem fehlt ein vergleichendes Votum zu allen Kandidaten.

Beispielhaft ist die Kriterienentwicklung für den Ars legendi-Preis für exzellente Hochschullehre und für den Lehrpreis der Leuphana Universität Lüneburg. Der Ars legendi-Preis wird jährlich in einer anderen Disziplin/Fächergruppe ausgelobt. Die Auswahlkriterien werden jeweils im Vorfeld der Ausschreibung in einem Tagesworkshop mit Fachvertretern, Studierenden und Hochschuldidaktikern entwickelt. An der Leuphana Universität Lüneburg werden Vorschläge für den Lehrpreis anhand von zehn Haupt- und acht Zusatzkriterien beurteilt. Für Hauptkriterien können die Juroren 0 bis 5 Punkte, für Zusatzkriterien 0 bis 2 Punkte vergeben. Außerdem wurden für jedes Kriterium sog. „Anker" definiert, die beschreiben, in welchen Fällen die niedrigste und die höchste Punktzahl vergeben werden sollen.

---

25 Vgl. http://www.hochschulevaluierungsverbund.de/123.php; http://www.beuth-hochschule.de/276/; http://www.uni-mainz.de/studlehr/171.php

3 Fazit und Ausblick

Mit den in Deutschland bestehenden Lehrpreisen wird eher ein herausragendes Engagement für die Lehre – hinsichtlich des Zeitaufwandes, der Innovationsbereitschaft, der Ansprechbarkeit für Studierende u.ä. – als besondere Leistungen in der Lehre – etwa die Entwicklung neuer Lehr- oder Prüfungsformate oder auch ein überdurchschnittlicher Ausbildungserfolg – honoriert. Darin liegt ein wesentlicher Unterschied zu Forschungspreisen, die regelmäßig für wegweisende Forschungsergebnisse verliehen werden. Insbesondere für die Beurteilung des Lehrerfolgs fehlt es aber bis dato an validen Kriterien.

Zumindest institutionell tragen Lehrpreise gewiss dazu bei, den Stellenwert der Hochschullehre zu steigern. Das ganze Verfahren – die Ausschreibung, die Preisverleihung im Rahmen eines Dies academicus – befördert das Nachdenken und den Diskurs zwischen Studierenden und Lehrenden über ihre Erwartungen und Wünsche an die Qualität der Lehre. Lehrpreise tragen dazu bei, dass Fragen der Lehre regelmäßig thematisiert werden. Lehrpreise schaffen Transparenz und Öffentlichkeit – Voraussetzungen für Lehrqualität.

Fraglich ist indessen, inwieweit Lehrpreise auch als Anreize wirken können, sich künftig verstärkt für die Lehre zu engagieren. Die Preisgelder sind hierfür häufig zu niedrig angesetzt. In Kombination mit der fast immer vorgesehenen Zweckbindung ist der materielle Anreiz gering. Erfahrungsgemäß schaffen Lehrpreise auch keine Sichtbarkeit innerhalb der *scientific community*: Außerhalb des „Einzugsgebietes" eines Lehrpreises sind Preis und Preisträger meist völlig unbekannt und verschaffen keinerlei Vorteile in Berufungsverfahren. Im Gegenteil: Von ambitionierten Wissenschaftlern ist gelegentlich zu hören, ein Lehrpreis würde ihren wissenschaftlichen Ruf untergraben. Um das Reputationsgefälle zwischen Lehre und Forschung auszubalancieren, reichen Lehrpreise als isolierte Maßnahme nicht aus.

Bisher haben Lehrpreise auch nur geringen Einfluss auf die didaktisch-methodische Weiterentwicklung der Lehre. Dies würde voraussetzen, dass die von Preisträgern geleisteten Lehrinnovationen systematisch kommuniziert und verbreitet und in ihren Wirkungen erforscht werden. Wenn überhaupt, bleibt diese Kommunikation auf die allgemeine Hochschuldidaktik begrenzt, die ihrerseits in Deutschland erhebliche Akzeptanzprobleme in den Fachwissenschaften hat.

Der Wissenschaftsrat hat im vergangenen Jahr die Einrichtung eines nationalen Lehrpreises empfohlen, um die Reputation der Lehre zu stärken:

„Dieser soll die Sichtbarkeit hervorragender Leistungen in Studium und Lehre erhöhen und einen öffentlichen Diskurs über gute Lehre und ihre Kriterien anstoßen. Die Trägerschaft des Preises sowie seine Dotierung sollen die hohe Wertschätzung belegen, die den ausgezeichneten Leistungen beigemessen wird und ihn von anderen, heute vergebenen Preisen absetzen. (...) Die Gruppe der Preisträger sollte zu jährlichen Treffen eingeladen werden und könnte so eine respektierte und wahrgenommene Stimme im Prozess der Entwicklung von Studium und Lehre werden. Der Wissenschaftsrat bittet die Länder, sich auf einen Vorschlag zur Einrichtung eines solchen Preises zu verständigen."[26]

Eine Beratung der Länder in dieser Angelegenheit steht noch aus.

---

26 Aus: Empfehlungen zur Qualitätsverbesserung von Lehre und Studium. Köln, 2008, S. 90 f.

Lehrpreise an deutschen Hochschulen: Überblick

Ars legendi-Preis für exzellente Hochschullehre

Stifter, Beginn, Turnus: Hochschulrektorenkonferenz (HRK), Stifterverband für die Deutsche Wissenschaft; seit 2006, jährlich
Preis: € 50.000, in jährlich wechselnden Disziplinen bzw. Fächergruppen
Verleihung: im Rahmen der Jahresversammlung der HRK
Preisgegenstand: herausragende Leistungen in Lehre, Prüfung, Beratung und Betreuung in grundständigen Studiengängen an staatlichen oder staatlich anerkannten Hochschulen
Kriterien: Qualität der Lehre und Nachhaltigkeit der Lehrqualität
Auswahlverfahren: Vorschlag der HRK, Vergabe durch den Stifterverband
Informationen: http://www.stifterverband.info/wissenschaft_und_hochschule/lehre/ars_legendi/index.html

Baden-Württemberg: Landeslehrpreis für Universitäten, Pädagogische Hochschulen, Fachhochschulen, Kunst- und Musikhochschulen und Duale Hochschule

Stifter, Beginn, Turnus: Ministerium für Wissenschaft, Forschung und Kunst Baden-Württemberg, seit 1995 (in der jetzigen Form seit 2009), jährlich
Preis: € 50.000 pro Hochschulart, Präsentation durch die Preisträger im Rahmen der Preisverleihung
Verleihung: im Rahmen der zentralen festlichen Veranstaltung zum „Tag der Lehre" im Weissen Saal des Neuen Schlosses in Stuttgart
Preisgegenstand: beispielgebende Maßnahmen zur Verbesserung von Studium und Lehre, Lehrveranstaltungen mit didaktisch besonders gut aufbereitetem Lehrmaterial/Aufbau, Tutorien/Orientierungsveranstaltungen, Lehrbücher etc.
Vorschlagsberechtigt: Studienkommissionen der Fakultäten/Fachbereiche/Studierende
Auswahlverfahren: einstufiges Verfahren: Vorschlag des Gutachtergremiums der jeweiligen Hochschulart zuhanden des Ministeriums
Informationen: http://mwk.baden-wuerttemberg.de/themen/studium/aktion_gutes_studium/landeslehrpreis/

Bayern: Preis für gute Lehre an Universitäten

Stifter, Beginn, Turnus: Staatsministerium für Wissenschaft, Forschung und Kunst, seit 1999, jährlich
Preis: 15 Preise à € 5.000
Preisgegenstand: hervorragende Leistungen in der Lehre
Kriterien: mindestens zwei Studienjahre lang hervorragende Leistungen in der Lehre
Vorschlagsberechtigt: Studierende, Rektorate
Auswahlverfahren: Vergabe auf Vorschlag des Rektors/Präsidenten; Studierende sind an der Auswahl zu beteiligen; Senatsbeschluss ist vorzulegen
Informationen: http://www.bayern.de/Pressemitteilungen-.1255.10271219/index.htm

Bayern: Preis für herausragende Lehre an Fachhochschulen
Stifter, Beginn, Turnus: Staatsministerium für Wissenschaft, Forschung und Kunst, seit 1999, alle zwei Jahre
Preis: fünf Preise, Gesamtsumme € 25.000.
Verleihung: im Rahmen des „Forums der Lehre" durch den Staatsminister
Preisgegenstand: herausragende Lehrtätigkeit (Einzelpreis) oder Lehrprojekte (Projektpreis) hauptamtlicher/beruflicher Hochschullehrer/-innen
Vorschlagsberechtigt: alle Studierenden über die Fachschaftsvertretungen
Auswahlverfahren: Vergabe auf Vorschlag einer Jury des Didaktikzentrums durch den Bayrischen Staatsminister für Wissenschaft, Forschung und Kunst
Informationen: http://www.diz-bayern.de/index.jsp?doAction=cmspage&navitem=13759
Hamburger Lehrpreis an die staatlichen Hochschulen (Universität Hamburg, Hochschule für Angewandte Wissenschaften Hamburg, Hochschule HafenCity Universität Hamburg, Technische Universität Hamburg-Harburg und Hochschule für bildende Künste Hamburg)
Stifter, Beginn, Turnus: Senat der Hansestadt Hamburg; seit 2009, jährlich
Preis: 14 Einzelpreise à € 10.000
Verleihung: anlässlich einer feierlichen Preisverleihung durch die Wissenschaftssenatorin
Preisgegenstand: innovative Lehrleistungen oder Lehrvorträge
Kriterien: Fachliche und didaktische Qualität der Lehre, innovative Lehrmethoden und -materialien, Qualitätssicherung, Reflexion von Gender-Aspekten, Motivation der Studierenden, Learning-Outcome-Orientierung, Wissenstransfer, Interdisziplinarität, Praxisbezug sowie Internationalität und Interkulturalität
Vorschlagsberechtigt: Studierende
Auswahlverfahren: Nominierung durch hochschulinterne Jury; hochschulübergreifendes Auswahlgremium unter dem Vorsitz der Wissenschaftssenatorin
Information: http://www.hamburg.de/bwf/1591704/2009-07-09-bwf-lehrpreisverleihung.html?print=true
Hessen: Hochschulpreis für Exzellenz in der Lehre
Stifter, Beginn, Turnus: Hessisches Ministerium für Wissenschaft und Kunst und die Gemeinnützige Hertie-Stiftung, seit 2007, jährlich
Preis: 3 Projektpreise € 150.000, € 100.000, € 50.000 an Arbeitsgruppen oder Organisationseinheiten (von Seiten des Ministeriums); 1 Preis für eine Einzelperson € 60.000 und 1 Preis für einen Tutor € 15.000 (von Seiten der Hertie-Stiftung)
Verleihung: im Rahmen einer akademischen Feierstunde
Preisgegenstand: Projektpreise: Lehrveranstaltungen oder andere Lehrprojekte; Preis für eine Person: Gesamtleistung als Lehrende/r
Kriterien: Entwicklung und Umsetzung von Lehrkonzepten und innovativen Prüfungsmethoden, Forschungsbezogenheit, hochschuldidaktisches Know-how, Fähigkeit zur Teamarbeit
Vorschlagsberechtigt: Lehrende und Studierende

Auswahlverfahren: interne Vorauswahl innerhalb der Hochschule (bis zu fünf Vorschläge je Hochschule)
Auswahl durch eine paritätisch mit Lehrenden und Studierenden besetzte Jury auf Grund der schriftlichen Antragsunterlagen und Vor-Ort-Besuchen in den Lehrveranstaltungen
Informationen: http://www.hmwk.hessen.de/irj/HMWK_Internet?cid=3086043c64b449c27a53c78463e0ecf2

Rheinland-Pfalz: Lehrpreis des Landes

Stifter, Beginn, Turnus: Ministerium für Bildung, Wissenschaft, Jugend und Kultur, seit 2005, jährlich.
Preis: Preise à € 10.000: vier für Universitäten, zwei für Fachhochschulen (getrennt nach den Fächergruppen Mathematik und Naturwissenschaften, Medizin, Gesellschafts-/Rechts-, Wirtschaftswissenschaften und Sport, Ingenieurwissenschaften, Kultur-, Sprach- und Geisteswissenschaften, Kunst und Musik)
Verleihung: im Rahmen des „Tages der Lehre"
Datenbasis: Ergebnisse der Veranstaltungskritik der Studierenden
Vorschlagsberechtigt: Fachbereiche und Fachschaften
Auswahlverfahren: pro Fachbereich können maximal vier Dozent/inn/en nominiert werden; Befragungen in den Lehrveranstaltungen der Nominierten durch Hochschulevaluierungsverbund; Entscheidung durch Lehrpreiskommission: je drei Expertinnen/Experten aus dem Bereich Bildungs- und Hochschulforschung, Vertreterinnen/Vertreter der Hochschulleitungen und der Studierenden
Informationen: http://www.hochschulevaluierungsverbund.de/123.php

Saarland: Landespreis Hochschul-Lehre

Stifter, Beginn, Turnus: Minister für Wirtschaft und Wissenschaft, seit 2003, jährlich
Preis: € 50.000, aufteilbar auf bis zu drei Preisträger
Preisgegenstand: beispielgebende Leistungen, die geeignet sind, Lehre, Studium und Prüfung inhaltlich oder didaktisch-methodisch nachhaltig zu verbessern
Kriterien: nachhaltige inhaltliche und/oder didaktisch-methodische Verbesserung von Lehre, Studium und Prüfungen
Vorschlagsberechtigt: wissenschaftliches und künstlerisches Personal der Hochschulen, Mitglieder der Studierendenvertretungen
Auswahlverfahren: Auswahlkommission (Vertreter der Lehrenden und Studierenden, eine Frauenbeauftragte, zwei Externe, ein Vertreter des Ministeriums); Vorschlag zuhanden des Ministers
Informationen: http://www.saarland.de/39636.htm

Fachhochschule Aachen

Stifter, Beginn, Turnus: Fachhochschule Aachen, seit 1997, jährlich
Preis: € 3.000
Verleihung: anlässlich der Ehrenplaketten-Verleihung der Fachhochschule
Kriterien: fachliche Qualität einer Lehrveranstaltung und didaktisch-methodische Vermittlung des Lehrstoffes, Engagement in der Beratung/Betreuung von Studierenden; Mentoreneinsatz, Einführung neuer Studienelemente (z.B. problem-based learning), herausragendes Engagement für die Studierenden

Datenbasis: Ergebnisse studentischer Veranstaltungskritik (Gewichtung: 30 %), Anzahl der betreuten Projekte sowie Studien- und Abschlussarbeiten, Betreuung von Praktika und Auslandssemestern in den letzten drei Jahren (Gewichtung: 20 %)
Vorschlagsberechtigt: Fachschaftsräte (mindestens ein Vorschlag, maximal 20 Vorschläge je Fachschaftsrat; kein Preisträger der letzten zehn Jahre)
Auswahlverfahren: Senatskommission für Lehre, Studium und Weiterbildung, studentisches Vetorecht
Informationen: https://www.fh-aachen.de/ehrenplakette2008.html

Rheinisch-Westfälische Technische Universität Aachen (RWTH)

Stifter, Beginn, Turnus: RWTH, seit 2001, jährlich
Preis: € 18.000 (1. Preis: € 9.000; 2. Preis: € 6.000; 3. Preis: € 3.000)
Verleihung: im Rahmen der Veranstaltung „RWTH - transparent"
Kriterien: Vermittlung qualitativ hochwertiger und aktueller Lehrinhalte, Durchführung gut vorbereiteter, adressatenbezogener Lehrveranstaltungen und anschließende Evaluierung; Verwendung klar strukturierter Lehrmaterialien sowie methodisch vielfältige Präsentation; Förderung unabhängigen, kreativen und kritischen Denkens
Förderung des Selbststudiums, der Berufsfähigkeit und Einbeziehung der Berufspraxis; Ergänzung der Lehrveranstaltungen durch Tutorien/ Kleingruppenübungen; Beratung und Betreuung der Studierenden über die Lehrveranstaltung hinaus; Innovation in der Lehre; weitergehendes Engagement (Bereitschaft zu hochschuldidaktischer Weiterbildung)
Vorschlagsberechtigt: Fachschaft
Auswahlverfahren: Rektoratsbeschluss auf der Grundlage einer Empfehlung der Kommission für Qualitätsmanagement in der Lehre
Informationen: http://www.rwth-aachen.de/go/id/iwi/

Freie Universität Berlin: Fachbereich Rechtswissenschaft

Stifter, Beginn, Turnus: Fachbereich Rechtswissenschaft, seit 2009, jährlich
Preis: je € 300 für eine Preisvergabe in den Gruppen Professoren/Professorinnen, Mittelbau und Tutoren/Tutorinnen
Verleihung: Absolventenfeier des Fachbereichs
Preisgegenstand: besondere Leistungen in der Lehre
Vorschlagsberechtigt: nominiert sind alle Dozierenden mit mindestens einer Lehrveranstaltung im Semester, die sich nicht ausdrücklich gegen eine Nomination aussprechen
Auswahlverfahren: interne Internetabstimmung zusätzlich zur Lehrveranstaltungsevaluation
Informationen: http://www.jura.fu-berlin.de/studium/lehrpreis/index.html

Humboldt-Universität Berlin: Humboldt-Preis

Stifter, Beginn, Turnus: Präsidium der Humboldt-Universität, seit 2009, jährlich
Preis: € 10.000
Verleihung: anlässlich der feierlichen Eröffnung des neuen Akademischen Jahres
Preisgegenstand: besondere Leistungen in der Lehre

Kriterien: die Vermittlungskompetenz für komplizierte Sachverhalte, die Strukturierung und Vorbereitung der Lehrveranstaltung, die Qualität und Aktualität der Lehrinhalte, die Verwendung von ausgearbeiteten, strukturierten und methodisch vielfältigen Lehrmaterialien und die Anwendung von entsprechenden Lehrformen, die Verbindung der Lehre mit der (aktuellen) Forschung, Pünktlichkeit sowie Termindisziplin, die Förderung von unabhängigem, kreativem und kritischem Denken, die Förderung des Selbststudiums sowie die Berücksichtigung der Berufspraxis, die gute Erreichbarkeit der Lehrenden und die Beratung und Betreuung über die Lehrveranstaltung hinaus sowie weitergehendes Engagement beispielsweise durch die Teilnahme an hochschuldidaktischen Weiterbildungen und extracurricularer Aktivitäten
Vorschlagsberechtigt: alle Mitglieder der Universität; Nomination durch die Studiendekane und studentischen Fachschaften an die Jury
Auswahlverfahren: Jury (Vizepräsident für Studium und Internationales, ein Vertreter der Studiendekane, ein Vertreter der Studierender, der Preisträger des Vorjahres und ein weiteres Mitglied) ler aus dem akademischen Mittelbau, ein Studierender, der Preisträger des Vorjahres und ein weiteres Mitglied)
Informationen: http://lehre.hu-berlin.de/preis/statut.html

Universität Bielefeld: Karl Peter Grotemeyer-Preis

Stifter, Beginn, Turnus: Westfälisch-Lippische Universitätsgesellschaft, seit 1977, jährlich
Preis: € 3.000
Verleihung: im Rahmen des Jahresempfangs der Universität
Preisgegenstand: hervorragende Leistungen und persönliches Engagement in der Lehre
Kriterien: nur an promovierte/habilitierte Nachwuchswissenschaftler unter 40 Jahren; strukturierte Vermittlung von Lehrinhalten; Anregung der Studierenden zur Mitgestaltung von Lehrveranstaltungen, klare Darstellung komplizierter Sachverhalte; Einbeziehung von Studierenden in Forschungsprozesse; Verknüpfung aktueller Lehre mit Berufspraxis; Darstellung fachübergreifender Aspekte; Beratung und Betreuung bei schriftlichen Arbeiten; Förderung der Studienfreude; Hilfe bei der Studien- und Prüfungsorganisation
Vorschlagsberechtigt: Studierende
Auswahlverfahren: Preiskomitee: fünf Studierende, drei Lehrende, ein/e Vertreter/in der Universitätsgesellschaft, Prorektor/in für Lehre
Informationen: http://www.uni-bielefeld.de/wlug/Foerderung/GrotemeyerPreis.html

Ruhr-Universität Bochum: Gaudium docendi-Lehrpreis

Stifter, Beginn, Turnus: Gesellschaft der Freunde und Förderer der Ruhr-Universität Bochum e.V. (GdF), seit 2008, jährlich
Preis: € 2.000
Verleihung: in hochschul-öffentlicher Veranstaltung durch den/die Prorektor/in für Lehre, den/die AStA-Vorsitzende/n und den/die Vorsitzende/n der GdF
Kriterien: Qualität und wissenschaftliche Aktualität des Lehrangebotes; Veranstaltungsplanung und zielgerichtete Durchführung, Rückkopplung mit den Teilnehmern; methodische Vielfalt, Strukturierung der Lehrmaterialien; Einbeziehung der Berufspraxis, Orientierung auf die Berufsfähigkeit
Engagement bei der Weiterentwicklung von Curriculum und Lehrangebot; Nachhaltigkeit im Einsatz für die Betreuung und Beratung von Studierenden; Förderung fachübergreifender Interessen und internationaler Mobilität der Studierenden
Vorschlagsberechtigt: Fachschaften
Auswahlverfahren: Arbeitskreis der Vertrauenspersonen der Gesellschaft der Freunde
Informationen: http://www.ruhr-uni-bochum.de/aktuell/preise/gaudium_docendi.pdf

Universität Bremen: Berninghausen-Preis für ausgezeichnete Lehre und ihre Innovation
Stifter, Beginn, Turnus: Gesellschaft der Freunde der Universität Bremen und der Jacobs University, seit 2008, jährlich
Preis: insgesamt € 5.000 (je ein Preis für die Sozial- und Geistes- sowie für die Natur- und Ingenieurwissenschaften)
Kriterien: besondere Leistungen in der Lehre (fachliche Qualität einer Veranstaltung, Aufbau und Gliederung, didaktisch-methodische Vermittlung, intensive Interaktion zwischen Lehrenden und Lernenden, Erprobung neuer Lehr- und Lernformen); besondere Leistungen für die Innovation der Lehre (Entwicklung und Erprobung neuer Curricula/curricularer Elemente, Entwicklung und Erprobung interdisziplinärer Lehrangebote, Innovationen in der Beratung und Betreuung der Studierenden, Innovationen in der wissenschaftlichen Weiterbildung); vorrangig Leistungen, die innerhalb des im Curriculum verankerten Lehrangebots erbracht werden
Vorschlagsberechtigt: Studierende, Absolventen der jeweils beiden letzten Abschlussjahrgänge, Hochschullehrer, wissenschaftliche Mitarbeiter, Gremien
Auswahlverfahren: Vorauswahl durch Zentrale Kommission für Lehre, Studium, Prüfung, Stellungnahme des jeweiligen Fachs/zuständigen Fachbereichs und der „Gesellschaft der Freunde der Universität" zu Vorschlägen der engeren Wahl; Entscheidung durch den Akademischen Senat
Informationen: http://presse.uni-bremen.de/sixcms/detail.php?id=2833

Hochschule Bremerhaven
Stifter, Beginn, Turnus: Verein zur Förderung der Hochschule Bremerhaven e.V., seit 2008, jährlich
Preis: € 2.000
Verleihung: im Rahmen der Absolventenfeier
Preisgegenstand: hervorragende Lehrkonzepte und Methodiken
Vorschlagsberechtigt: Hochschullehrer, Dekanate, Studierendenorganisationen; Eigenbewerbungen
Auswahlverfahren: Jury: Rektor/in, Konrektor/inn/en, Studiendekane, ein/e Vertreter/in des Fördervereins, je zwei vom AStA und StuRa zu benennende studentische Vertreter/innen
Informationen: http://www.hs-bremerhaven.de/Erster_Teaching_Award_ausgeschrieben.html

Fachhochschule Dortmund
Stifter, Beginn, Turnus: Fördergesellschaft der FH Dortmund, seit 1994, jährlich
Preis: € 2.500
Verleihung: im Rahmen der jährlichen Akademischen Jahresfeier
Kriterien: hervorragende Lehrleistung/Evaluation
Vorschlagsberechtigt: Studierende, Fachschaften
Auswahlverfahren: Ständige Senatskommission für Lehre, Studium und Studienreform

Technische Universität Dortmund
Stifter, Beginn, Turnus: Rektorat; seit 1993, jährlich
Preis: € 1.000
Preisgegenstand: besonderes Engagement im Bereich Lehre

Kriterien: Entwicklung guter Lehrinhalte mit aktuellem Bezug, Praxisrelevanz und Überschreitung von Fachgrenzen; Entwicklung guter Lehrmethoden (Anregung zu kritischem Denken, Schaffen offener und vertrauensvoller Arbeitsatmosphäre, Öffnen des Blicks für Zusammenhänge); Einsatz innovativer Veranstaltungsformen (Integration neuer Medien, Vermittlung von Schlüsselqualifikationen); Entwicklung von Beratungs- und Betreuungskonzepten
Datenbasis: Lehrevaluation, studentische Veranstaltungskritik
Auswahlverfahren: Votum des Dekanats und der Fachschaft; Rektorat auf der Grundlage eines Juryvorschlags
Informationen: http://www.tu-dortmund.de/uni/Uni/Freunde_und_Foerderer/Preise_und_Ehrungen/Lehrpreis/index.html

Universität Düsseldorf

Stifter, Beginn, Turnus: Studienbeiträge; seit 2008, jährlich
Preis: drei Preise à € 10.000
Preisgegenstand: besonderes Engagement im Bereich Lehre
Kriterien: Didaktik/Methodik: Lernendenzentrierung, Transparenz der Lehr-Lern-Ziele, Förderung von fachlichen und überfachlichen Schlüsselkompetenzen, Forschendes Lehren; Inhalt: Bezug zu aktueller Forschung, Praxisbezug, Interdisziplinarität; Evaluation: Evaluationsergebnisse für Lehrveranstaltungen müssen vorliegen, z.B. Studierendenfeedback, dokumentierte Lehrhospitationen, ggf. Prüfungsergebnisse; Engagement: Bereitschaft zur hochschuldidaktischen Weiterbildung, Beteiligung an der Studiengangsentwicklung, Beteiligung an Studienreformprojekten, Engagement bei der Beratung und Betreuung von Studierenden (z.B. als Mentor/in), Mitwirkung in universitären Gremien
Vorschlagsberechtigt: Studierende über den jeweiligen Fachschaftsrat
Auswahlverfahren: Kommission für Lehre und Studienqualität, unter Beizug von Studierenden und eines externen Hochschuldidaktikers/einer externen Hochschuldidaktikerin
Informationen: http://www.uni-duesseldorf.de/home/Studium/stud_beitraege/foerderung/Copy_of_Lehrpreis

Universität Duisburg-Essen: Preis für hochschuldidaktische Innovationen in der Lehrpraxis

Stifter, Beginn, Turnus: Studienbeiträge; seit 2009, jährlich
Preis: € 5.000
Verleihung: am Hochschuldidaktiktag
Preisgegenstand: exzellente Leistungen hochschuldidaktischer Lehre und Beratung
Kriterien: Teilnahme an einer hochschuldidaktischen Weiterbildung; Didaktik/Methodik: Lernendenzentrierung, Transparenz der Lehr-Lern-Ziele, Förderung von fachlichen und überfachlichen Schlüsselkompetenzen, Forschendes Lehren; Inhalt: Bezug zu aktueller Forschung, Praxisbezug, Interdisziplinarität; Evaluation: Evaluationsergebnisse für Lehrveranstaltungen müssen vorliegen, z.B. Studierendenfeedback, dokumentierte Lehrhospitationen, ggf. Prüfungsergebnisse; Engagement: Bereitschaft zur hochschuldidaktischen Weiterbildung, Beteiligung an der Studiengangsentwicklung, Beteiligung an Studienreformprojekten, Engagement bei der Beratung und Betreuung von Studierenden (z.B. als Mentor/in), Mitwirkung in universitären Gremien
Vorschlagsberechtigt: Studierende über den jeweiligen Fachschaftsrat
Auswahlverfahren: Jury, bestehend aus dem Prorektor für Studium und Lehre, dem Preisträger 2009, drei Teilnehmer/innen der hochschuldidaktischen Weiterbildung an der UDE, studentischer Vertreter, der Train-the-Tutors 2 erfolgreich absolviert hat, Team Hochschuldidaktik
Informationen: http://zfh.uni-duisburg-essen.de/hochschuldidaktik/innopreis

Fachhochschule Erfurt
Stifter, Beginn, Turnus: Förderverein der FH Erfurt; seit 2002, jährlich
Preis: € 1.000
Preisgegenstand: beste Lehrveranstaltung des Wintersemesters
Kriterien: Vielfalt der Didaktik und Motivation; Verbindung von Theorie und Praxis; Problemorientierung; Anregung zu kritischem Denken; Vermittlung von Schlüsselkompetenzen und sozialen Kompetenzen; herausragendes Engagement in der Förderung der Lehre
Vorschlagsberechtigt: Studierende und Lehrende (keine Vorschläge eigener Lehrveranstaltungen)
Auswahlverfahren: Auswahlausschuss (vier Studierende, drei Professorinnen/Professoren) holt schriftliche Konzepte der vorgeschlagenen Lehrveranstaltungen ein; drei Veranstaltungen werden nominiert; zu diesen werden Studierende befragt, die diese Lehrveranstaltungen besucht haben
Informationen: http://www.fh-erfurt.de/fhe/index.php?id=621&L=0
Folkwang-Universität Essen
Stifter, Beginn, Turnus: finanziert aus Studienbeiträgen; seit WS 2008/2009, jedes Semester
Preis: € 5.000
Kriterien: Verbesserung der Lehre
Vorschlagsberechtigt: alle Studierenden
Auswahlverfahren: Urwahl der Studierenden
Goethe-Universität Frankfurt/M.
Stifter, Beginn, Turnus: Universität und 1822-Stiftung; seit 2002, jährlich
Preis: € 30.000; 1. Preis: € 15.000 (Stiftung); 2. Preis: € 10.000 (Universität); 3. Preis: € 5.000 (Stiftung); zweckgebunden für Maßnahmen zur Verbesserung der Lehre in grundständigen Studiengängen
Preisgegenstand: Lehre in grundständigen Studiengängen
Kriterien: besonders gute Lehrveranstaltungen (ggf. Bezug zur Evaluation); Fähigkeit, Begeisterung für das Fach zu wecken; guter Medieneinsatz; besonderes Engagement in der Studierendenbetreuung (z. B. Erreichbarkeit und Kommunikation, sorgfältige Betreuung von Examensarbeiten); Aktivitäten zur nachhaltigen Verbesserung der Studiensituation; ergänzende Lehrangebote; Interdisziplinarität; Forschungsbezug; Beziehung zwischen Theorie und Praxis
vorschlagsberechtigt: Studierende (über Studiendekan)
Auswahlverfahren: Auswahljury: Hochschullehrer, Studierende und Vertreter der 1822-Stiftung
Informationen: http://www.uni-frankfurt.de/org/ltg/admin/pr-abt/stud_ref/1822-Preis/index.html
Universität Giessen: Wolfgang-Mittermaier-Preis für hervorragende Leistungen (vorwiegend in den geistes-, sozial- und kulturwissenschaftlichen Fachbereichen)
Stifter, Beginn, Turnus: Erwin-Stein-Stiftung; seit 1995, alle zwei Jahre
Preis: € 3.000
Verleihung: im Rahmen der Akademischen Festakt der Universität
Preisgegenstand: hervorragende Leistungen in der akademischen Lehre

Kriterien: alle Merkmale einer Lehrveranstaltung, die zu einem besonders guten Lehrerfolg geführt haben; Erziehung zum forschenden Denken und zur akademischen Verantwortung und Förderung von Toleranz und Völkerverständigung
Vorschlagsberechtigt: Studierende
Auswahlverfahren: Ausschuss (Vertreter der Erwin-Stein-Stiftung, Präsident/-in der Universität, vier Studierende, drei Professoren)
Informationen: http://www.uni-giessen.de/cms/org/admin/stab/a2/dl/lehre/preise-auszeichnungen/wolfgang-mittermaier-preis

Leibniz-Universität Hannover

Beginn, Turnus: seit 2009, jährlich
Preis: € 5.000 Verleihung: im Rahmen des Neujahrsempfangs der Universität
Preisgegenstand: exzellente Lehre
Kriterien: u.a. umfassende Ansprechbarkeit für Studierende, innovative Elemente in der Lehre
Vorschlagsberechtigt: Lehrkommission des Senats, Studienkommissionen der Fakultäten
Auswahlverfahren: Lehrkommission des Senats, Studienkommissionen der Fakultäten
Informationen: http://www.uni-hannover.de/de/aktuell/presseinformationen/archiv/details/06690/index.php

Medizinische Hochschule Hannover MHH

Stifter, Beginn, Turnus: MHH; seit 2009, jährlich
Preis: € 50.000 für die beste Lehrveranstaltung, € 7.000 für die beste Dozentin, den besten Dozenten, € 3.000 für die zweitbeste Person
Verleihung: im Rahmen der Promotionsfeier
Vorschlagsberechtigt: Studierende
Auswahlverfahren: höchste Anzahl Stimmen der Studierenden
Informationen: http://www.mh-hannover.de/16855.html

Universität Hildesheim: Preis für hervorragende Lehre

Stifter, Beginn, Turnus: Universität; seit 2010, jährlich
Preis: 3 Preis à € 3.000 Verleihung: im Rahmen des Neujahrsempfangs der Universität
Preisgegenstand: exzellente Lehre
Vorschlagsberechtigt: Studierende und Studiendekane der Fachbereiche
Auswahlverfahren: Jury bestehend aus zwei Studierenden und zwei Studiendekanen
Informationen: http://www.uni-hildesheim.de/de/30353_43606.htm

Universität Hohenheim

Stifter, Beginn, Turnus: Universität; seit 2006, alle zwei Jahre
Preis: 2 x € 10.000
Verleihung: im Rahmen des Professoriums
Preisgegenstand: erstklassige Lehre

Vorschlagsberechtigt: Studierende
Auswahlverfahren: Entscheid durch den Senat der Universität
Informationen: https://www.uni-hohenheim.de/pressemitteilung.html?&tx_ttnews[tt_news]=1163&cHash=95412d0a14

Universität Jena

Stifter, Beginn, Turnus: Sparkassenstiftung Jena-Saale-Holzland und Universität; seit 2009, alle zwei Jahre
Preis: € 3.000
Verleihung: im Rahmen der Immatrikulationsfeier
Preisgegenstand: herausragende Leistungen in der Lehre, insbesondere hoher Praxisbezug und intensive Studenten- und Abvsolventenbetreuung
Informationen: http://www.jenapolis.de/34641/universitaet-jena-begruesst-erstsemester-und-zeichnet-herausragende-leistungen-aus/

Universität Leipzig: Theodor Litt-Preis

Stifter, Beginn, Turnus: *Vereinigung von Förderern und Freunden der Universität Leipzig e.V*; seit 2001; jährlich
Preis: € 2.500
Verleihung: anlässlich der Immatrikulationsfeier der Universität
Preisgegenstand: besonderes Engagement in der Lehre, Verbesserung des Lehrbetriebes, gute Beratung und Betreuung von Studierenden und Doktoranden
Vorschlagsberechtigt: Fachschafts- und Fakultätsräte
Auswahlverfahren: Jury: Vorsitzender und Geschäftsführer des Fördervereins, Prorektor für Lehre und Studium, Leiter der Geschäftsstelle Evaluation, Evaluationsbeauftragter des StudentInnenRats
Informationen: http://www.zv.uni-leipzig.de/studium/bewerbung/immatrikulation/immatrikulationsfeier.html

Leuphana-Universität Lüneburg

Beginn, Turnus: seit 2001, jährlich
Preis: 10 mal € 2.500
Verleihung: anlässlich des Dies academicus
Preisgegenstand: innovativste Lehrveranstaltungen, methodisch-didaktische Konzepte und Lehrformate
Informationen: http://www.leuphana.de/aktuell/leuphana-magazin/dies_academicus_2009.html

Technische Universität München, Fakultät für Mathematik: Felix-Klein-Lehrpreis

Stifter, Beginn, Turnus: Fakultät; seit 2001, jährlich
Preis: Freistellung von Regelverpflichtungen für ein Semester und € 2.600
Preisgegenstand: innovatives Veranstaltungskonzept
Kriterien: neue Wege bzgl. Interdisziplinarität, Unterrichtsform und Medieneinsatz
Vorschlagsberechtigt: Eigenbewerbung albo promovierten Nachwuchswissenschaftler der Fakultät
Auswahlverfahren: Jury (Professoren, ein Mitarbeiter/ehemaliger Preisträger, ein studentischer Vertreter)
Informationen: http://www.ma.tum.de/Dekanat/Felix-Klein-Lehrpreis

Technische Universität München, Studienfakultät Biowissenschaften

Beginn, Turnus: seit 1999, jährlich
Preis: € 20.000
Kriterien: hervorragende Präsentation; Vermittlung des aktuellsten Wissensstandes; inhaltlicher Anspruch; Bereitschaft zur Diskussion
Vorschlagsberechtigt: Studierende, Fachschaft
Auswahlverfahren: Absprache zwischen Fachschaft und Studiendekan

Westfälische Wilhelms-Universität Münster

Beginn, Turnus: seit 2001, alle 2 Jahre
Preis: € 30.000
Kriterien: Lehrveranstaltungen mit didaktisch innovativem Konzept und besonders gut aufbereitetem Lehrmaterial; studiengangsbezogene Maßnahmen zur Verbesserung von Studium, Lehre und Prüfung; Lehrmaterialien
Vorschlagsberechtigt: Ausschüsse für Lehre, Fachschaften
Auswahlverfahren: Auswahl durch das Rektorat auf Vorschlag der Kommission für Lehre, Studienorganisation, Studienreform und internationale Beziehungen
Informationen: http://www.uni-muenster.de/Rektorat/Preise/lehrpreis.html

Hochschule Niederrhein

Beginn, Turnus: seit 2003, jährlich
Preis: € 2.500
Kriterien: methodisch-didaktisch ausdifferenzierte Lehrveranstaltungen; Innovation in der Lehre; Interdisziplinarität; Engagement (Bereitschaft zu hochschuldidaktischer Weiterbildung, Übernahme zusätzlicher Projekte etc.); Ergebnisse der Lehrveranstaltungsbewertung
Vorschlagsberechtigt: Fachschaftsräte, Dekan, Eigenbewerbung
Auswahlverfahren: Auswahlkommission: vier Professor/inn/en, vier Studierende, Leiter/in der Koordinierungsstelle Evaluation und hochschulspezifische Weiterbildung
Informationen: http://www.hs-niederrhein.de/2836.html

Carl von Ossietzky-Universität Oldenburg: Preis der Lehre

Stifter, Beginn, Turnus: Universitätsgesellschaft Oldenburg; seit 2005/2006, jährlich
Preis: 4 x € 500 und ein Gutschein für Hilfskraftstunden
Preisgegenstand: Preise werden in verschiedenen, zum Teil jährlich wechselnden Kategorien vergeben: bestes Modul, beste Lehrveranstaltung, beste Großvorlesung, besonders gelungene Rückmeldung zu Studienleistungen
Vorschlagsberechtigt: Studierende
Auswahlverfahren: Jury: je fünf Lehrende und Studierende (je einer aus jeder Fakultät), ein Vertreter der Universitätsgesellschaft, Vizepräsidentin für Lehre (nicht stimmberechtigt)
Informationen: http://www.uni-oldenburg.de/praesidium/20724.html

Universität Osnabrück: Hans Mühlenhoff-Preis für gute Lehre
Stifter, Beginn, Turnus: Hans Mühlenhoff-Stiftung; seit 2001, jährlich
Preis: € 3.000
Preisgegenstand: Engagement für gute akademische Lehre
Kriterien: Strukturierung der Lehrveranstaltung, Aktualität der Lehrinhalte, Darstellung komplizierter Sachverhalte, Verbindung mit der Forschung, aber auch Pünktlichkeit, Termindisziplin und gute Erreichbarkeit
Vorschlagsberechtigt: Studierende
Auswahlverfahren: studentische Jury unter Vorsitz des Vizepräsidenten für Studium und Lehre
Informationen: http://www.uni-osnabrueck.de/15032.html
Universität Paderborn, Fachschaft Maschinenbau: IGEL
Turnus: jährlich
Verleihung: durch den Vorsitzenden des Fachschaftsrats im Rahmen des Semester-Abschluss-Umtrunks (SAU)
Preisgegenstand: beste Lehrleistung eines Professors
Kriterien: besonderes Engagement für die Studierenden
Datenbasis: Berücksichtigung studentischer Veranstaltungskritik
Vorschlagsberechtigt: Mitglieder der Fachschaftsvertretung und des Fachschaftsrats
Auswahlverfahren: Fachschaft Maschinenbau
Universität Passau
Stifter, Beginn, Turnus: Sparda-Bank Regensburg eG; seit 2007, jährlich
Preis: je € 1.000 (2009 sechs Lehrpreise)
Preisgegenstand: gute Lehre
Datenbasis: Berücksichtigung studentischer Veranstaltungskritik
Vorschlagsberechtigt: Mitglieder der Fachschaftsvertretung und des Fachschaftsrats
Informationen: http://www.uni-passau.de/lehrpreise.html
Eberhard Karls Universität Tübingen
Stifter, Beginn, Turnus: Studiengebühren, seit 2007, jährlich
Preis: i.d.R. € 3.000
Verleihung: im Rahmen der Erstimmatrikuliertenbegrüssung am Dies Universitatis zu Beginn des Wintersemesters
Preisgegenstand: alle Arten und Formen von Lehrveranstaltungen
Kriterien: besonders nachhaltige Lehrleistungen, Engagement für die Studierenden
Vorschlagsberechtigt: Studierende
Auswahlverfahren: Senatskommission Studium und Lehre, im Rahmen der Nominierung eines eingereichten Vorschlags für den Landeslehrpreis
Informationen: http://www.uni-tuebingen.de/zielgruppen/studierende/lehre/landeslehrpreis-und-lehrpreis-der-universitaet/landeslehrpreis-vs-universitaetslehrpreis.html

Universität Ulm: universitätsinterner Lehrpreis, Lehrboni
Beginn, Turnus: seit 1995 (Lehrboni seit 2009), jährlich
Preis: vier Lehrboni à € 2.000 (je 1 pro Fakultät); € 4.000 universitätsinterner Lehrpreis (sofern der Vorschlag der Universität Ulm für den Landeslehrpreis keinen Erfolg hat, Vergabe an diesen Vorschlag)
Preisgegenstand: Lehrveranstaltungen mit besonderem persönlichem Einsatz und besonders hoher didaktischer Qualität; Tutorien/Orientierungsveranstaltungen; dem Studium besonders förderliche Skripten/Schriften/Materialien; hervorragende Leistungen in der didaktischen Weiterentwicklung eines Studiengangs/-abschnitts
Vorschlagsberechtigt: alle Hochschulmitglieder
Auswahlverfahren: Reihung der Vorschläge durch Studienkommissionen, Entscheidung durch den Senat auf Vorschlag des Senatsausschusses für Lehre
Informationen: http://idw-online.de/pages/de/news354521

Hochschule RheinMain (Wiesbaden, Rüsselsheim, Geisenheim)
Beginn, Turnus: seit 2005, jährlich
Preis: € 6.000
Preisgegenstand: Lehrveranstaltungen jeder Art
Vorschlagsberechtigt: Fachschaften und/oder studentische Mitglieder im Fachbereichsrat
Auswahlverfahren: Senat auf Vorschlag der Jury (je sechs Hochschullehrende und Studierende)
Informationen: http://www.hs-rm.de/hochschule/ueber/foerderung-unterstuetzung/preis-fuer-gute-lehre/nocache.html?sword_list[0]=preis

Technische Fachhochschule Wildau
Stifter, Beginn, Turnus: FH; seit 2003. alle zwei Jahre
Preis: € 3.000, mit Urkunde und Wanderpokal (mit dem eingravierten Namen der Preisträger, dem Studienfach und dem Auszeichnungsjahr)
Preisgegenstand: herausragende Leistungen in der Lehre
Kriterien: Ergebnisse zurückliegender Lehrevaluationen; Anzahl/Niveau betreuter Diplomarbeiten; Prüfungsrealisierung und -disziplin; moderne Lehrformen; curriculare Arbeit bei der Entwicklung neuer Studiengänge; Aktivitäten im Fernstudium/in der Weiterbildung
Vorschlagsberechtigt: Dekane, Vorsitzende der Fachbereichsräte, Studentenratsvorsitzender, Sprecher von Fachschaften, (jeweils auf der Grundlage entsprechender Gremienbeschlüsse)
Auswahlverfahren: Präsident auf Vorschlag einer Jury (Präsident, Dekane, Vizepräsident Qualitätssicherung, zwei Studierende)
Informationen: http://www.google.ch/search?q=Technische+Hochschule+Wildau+Lehrpreis&ie=utf-8&oe=utf-8&aq=t&rls=org.mozilla:de:official&client=firefox-a

Universität Wuppertal
Stifter, Beginn, Turnus: Rektorat, seit 2005, jährlich
Preis: 2 x € 5.000 für Lehrveranstaltung über 50 Studierenden; 1 x € 2.000 für Lehrveranstaltung unter 50 Studierende; € 3.000 für besonders innovative und engagierte Lehre; mit Urkunde und – seit 2010 – mit der Statue „Bergischer Lehrlöwe"
Preisgegenstand: Lehrveranstaltungen
Kriterien: herausragende Lehre
Vorschlagsberechtigt: aufgrund der studentischen Lehrveranstaltungsbewertung im Sommersemester
Auswahlverfahren: Auswahlkommission (Mitglieder der Kommission für Studium und Lehre und die studentischen Mitglieder der Kommission für Forschung und wissenschaftlichen Nachwuchs sowie der Kommission für Planung und Finanzen)
Informationen: http://www.presse.uni-wuppertal.de/archiv_medieninformationen/2009/1111_lehrloewe.html

Julius-Maximilians-Universität Würzburg, Medizinische Fakultät: Albert Kölliker-Lehrpreis
Stifter, Beginn, Turnus: seit 2002, jedes Semester
Preis: € 10.000, nicht teilbar, zur weiteren Verbesserung der Lehre
Preisgegenstand: herausragende didaktische Leistungen; Entwicklung innovativer Lehrformen; Verbesserung der Studienbedingungen; besonderes Engagement für Studierende und den studentischen Unterricht
Vorschlagsberechtigt: Dozierende, Studierende; Eigenbewerbung möglich
Auswahlverfahren: Ausschuss (mit Dekan, Studiendekan, Ärztlicher Direktor, drei Studierende)
Informationen: http://www.uni-wuerzburg.de/en/ueber/faculties_departments_and_schools/medizin/studium_und_lehre/evaluation_und_lehrpreis/lehrpreis/

Gesellschaft für Medizinische Ausbildung GMA
Stifter, Beginn, Turnus: Arbeitsgemeinschaft „Junge Lehrende" der GMA; seit 2006, jährlich
Preis: Erstattung der Kongressgebühr für die Jahrestagung der Gesellschaft für Medizinische Ausbildung e.V. und zusätzlich € 1.000
Preisgegenstand: Entwicklung und Implementierung von (Teil-)Curricula oder curricularen Elementen (Modulen, Lehrveranstaltungen, etc.); Entwicklung und erfolgreicher Einsatz von Lehr- und Lernmaterialien; Entwicklung und Implementierung von innovativen Prüfungsmethoden; andere Maßnahmen zur Verbesserung von Studium und Lehre (z.B. Beratung und Betreuung, Qualitätssicherung, etc.)
Kriterien: Qualität der Lehre: Kompetenzorientierung, Praxisbezug, studierendenzentrierte Lehr-/Lernmethoden, regelmäßige Evaluation und gute Evaluationsergebnisse, Forschungsbezug; Nachhaltigkeit und Innovation: Impulse über die eigene Lehrveranstaltung hinaus in das Fach/die Hochschule und Übertragbarkeit auf andere Fächer/Hochschulen, Entwicklung und Einsatz neuer Lehr-/Lernmethoden, wissenschaftlicher Rang/Publikation des Projekts
Vorschlagsberechtigt: Eigenbewerbung (Einzelpersonen unter 35, Arbeitsgruppen mit 3-5 Mitgliedern, Finalisten und Bewerber des vorigen Jahres)
Auswahlverfahren: vom GMA-Vorstand bestimmter Beirat (inkl. Mitglieder aus Deutschland, Österreich und der Schweiz)
Informationen: http://gesellschaft-medizinische-ausbildung.org/index.php?option=com_content&view=article&id=179&Itemid=317&lang=de

Elisabeth Westphal

Lehrpreise an österreichischen Universitäten. Ein Einblick

Zusammenfassung: Der Beitrag soll einen Einblick in Entwicklungen im Bereich Lehrpreise geben, die während der letzten Jahre stattgefunden haben. Der Fokus wird auf den von den öffentlichen Universitäten initiierten Lehrpreisen liegen, von denen circa die Hälfte ihre gute Lehre mit Preisen der unterschiedlichsten Art prämiert. Lehrpreise per se, ihre Bezeichnungen, Zielgruppen, beteiligte Gremien, das Prozedere und Auswahlverfahren, die Art der Preise bzw. Gewichtung und Übergabe sollen behandelt werden.

Teaching awards at Austrian universities: An insight

Abstract: This contribution will seek to provide an insight into developments in the area of teaching awards that have taken place in recent years. The focus will be on teaching awards initiated by public universities, around half of whom highlight their good teaching through the award of awards of one type or another. Consideration will be given to teaching awards per se, their designations, target groups, the bodies involved, the procedures and selection criteria, the type of prize its importance and the manner of its award.

Bezeichnungen für Lehrpreise bzw. von Auszeichnungen im Bereich der Lehre gibt es zahlreiche, so wird mitunter von guter Lehre, innovativer Lehre, Lehrpreisen, Preisen für ausgezeichnete Lehre, Innovationspreisen, exzellenter Lehre, Exzellenz in der Lehre, Preisen für Innovation in der Lehre/Erwachsenenbildung, Qualität in der Lehre oder Hochschuldidaktik gesprochen, um nur einige anzuführen. Anders verhält es sich jedoch mit der wissenschaftlichen Aufarbeitung von Lehrpreisen, ihrer Genese oder Wirkung. Der vorliegende Beitrag versucht trotz spärlicher Datenlage einen Einblick in Entwicklungen in Österreich zu geben, die während der letzten Jahre im Bereich der Lehrpreise stattgefunden haben.

Vorgeschichte

Anfang der 1980er Jahre hielt ein Vertreter der damaligen Österreichischen Rektorenkonferenz[1], Christian Brünner, fest, dass der universitären Lehre und Lernkultur nicht „jenes Augenmerk zugewendet wird, welches notwendig wäre" bzw. konstatierte Werner Lenz, Mitglied einer Arbeitsgruppe[2]: „Lehre wird gering geschätzt, Forschung oft hochstilisiert" (Lenz 1990, S. 11). Die Motivation der Arbeitsgruppe dürfte darin gelegen haben, auf die Wichtigkeit und den Stellenwert guter Lehre in unterschiedlichen Bereichen hinzuweisen und einen Beitrag zur Verbesserung selbiger zu leisten. Zwar ist die Gleichwertigkeit von Forschung und Lehre noch nicht flächendeckend gegeben, jedoch gibt es Bestrebungen, die das Ansehen der Lehre heben sollen. Neben dem Festhalten der Gleichwertigkeit in Leitbildern von Universitäten[3] oder dem expliziten Hinweis auf forschungsgeleitete Lehre (Kossek 2009) wird insbesondere durch die in den letzten Jahren forcierte Einführung von Lehrpreisen an Universitäten – primär aus eigenen Mitteln finanziert – der steigende Stellenwert der guten, exzellenten, innovativen Lehre nach innen und außen kommuniziert. Dies bedeutet, Lehrpreise sollen einen möglichen Anreiz darstellen, um sowohl die Qualität in der Lehre und die Entwicklung entsprechender Methoden, als auch den Stellenwert der Lehre in der Kommunikation nach außen zu steigern.

Da es neben dem MEDIDA Prix[4] derzeit keinen nationalen Lehrpreis gibt, liegt der Fokus auf den von den Universitäten initiierten Lehrpreisen. Nationale Initiativen, wie sie beispielsweise vom Stifterverband für die Deutsche Wissenschaft (Ars

---

1 Mit 1. Januar 2008 wurde die vormalige Österreichische Rektorenkonferenz in Österreichische Universitätenkonferenz umbenannt.

2 Durch den späteren Vorsitzenden der Österreichischen Rektorenkonferenz, Christian Brünner (1987-1989), wurde die Arbeitsgruppe „Universitäre Lernkultur. Hochschullehrerfortbildung. Lehrerbildung. Weiterbildung" gegründet, deren Leitung wenig später von Werner Lenz, Leiter der Abteilung für Erwachsenenbildung des Instituts für Erziehungswissenschaften der Universität Graz, übernommen wurde. Die Ergebnisse wurden in einer Publikation veröffentlicht in Lenz/Brünner 1990.

3 Vergleiche bspw. Universität Graz: „An unserer Universität hat die forschungsgeleitete Lehre den gleichen Stellenwert wie die Forschung." Link: http://www.uni-graz.at/uewww/uewww_leitbild-2.htm (abgerufen am 23. November 2009).

4 Der MEDIDA Prix ist ein trinationaler Preis, der von den Ministerien Deutschlands, Österreichs und der Schweiz 2000 gegründet wurde und gemeinsam finanziert wird. Er ist ein Preis, der für innovative Lehre und Hochschulentwicklung unter Berücksichtigung neuer Medien vergeben wird und „sich inzwischen im deutschsprachigen Raum als Qualitätsauszeichnung etabliert [hat] und ... richtungsweisende Impulse [setzt]". (Brake/Topper/Wedekind 2004, S. 13.

legendi-Preis) bzw. gemeinsam mit der Kultusministerkonferenz (Bundesweiter Hochschulwettbewerb *Exzellente Lehre*) in Deutschland gestartet wurden, stellen der Exzellenzinitiative der Forschung eine Exzellenzinitiative (Qualitätsinitiative in) der Lehre zur Seite. Derartige Aktivitäten können gar nicht überschätzt werden und – wie der große Andrang bei der Preisverleihung zum Wettbewerb *Exzellente Lehre* im Oktober 2009 zeigte (Weiler 2009) – tragen zu einer breiteren öffentlichen Wahrnehmung guter Lehre bei. Eine derartige Initiative wäre auch für Österreichs Hochschulen wünschenswert.

1 Datenlage

Für den vorliegenden Beitrag wurde eine E-Mail-Umfrage unter den 21 österreichischen staatlichen Universitäten im Frühsommer 2009 durchgeführt, die von insgesamt sechzehn Universitäten beantwortet wurde. Ergänzend dazu wurde noch eine sehr umfangreiche Internetrecherche ausgeführt, um Antworten auf den von der Autorin erstellten Fragebogen zu erhalten. Die Ergebnisse werden im anschließenden Text zusammengefasst.

2 Lehrpreise

An circa der Hälfte der 21 staatlichen Universitäten werden bereits Lehrpreise vergeben, einer ist gerade in Vorbereitung (Details siehe Anhang). Die Typen, Bezeichnungen, Arten der Finanzierung, Dotierungen, Gewichtungen, Kriterien der Auswahl oder beteiligten Gremien variieren naturgemäß. Die Ziele gleichen sich schon viel mehr: Es soll versucht werden, der Lehre, den an der eigenen Universität tätigen Lehrpersonen bzw. auch durchgeführten Projekten in der Lehre eine gebührende Anerkennung zukommen zu lassen.

Erst nach dem Jahr 2000 wurden die ersten Lehrpreise an den Universitäten Graz (2001), der Medizinischen Universität Graz (2001) und der Wirtschaftsuniversität Wien (2001/02) eingeführt. Außer im Falle der Prämierung für *Exzellente Lehre* der Wirtschaftsuniversität Wien wurden die beiden anderen Preise im Laufe der Zeit entweder in ihrem Profil ein wenig geändert (im Falle der Uni Graz liegt der Fokus nun auf der Verwendung neuer Medien in der Lehre) oder umbenannt, wie an der Medizinischen Universität Graz. Zwischen 2005 und 2008 führten die meisten anderen im Anschluss an den Beitrag ausgewiesenen Universitäten ihre Lehrpreise ein.

An den Kunstuniversitäten dürften – soweit dies eruierbar war – derzeit keine Preise vergeben werden. Die Aussage eines Vertreters einer Kunstuniversität dürfte die Situation an Kunstuniversitäten gut wiedergeben: „An der Universität ... gibt es leider keine Preise oder ähnliche Zuwendungen für innovatives Lehren. Diese Form des Kompetitiven ist in der Kunst ob der Divergenz der Methoden nur bedingt möglich. Zum anderen bräuchten wir dafür budgetäre Mittel, die nicht vorhanden sind."

2.1 Bezeichnungen der Preise

Die Bezeichnungen der Preise variieren von Universität zu Universität und zeigen bereits in der Namensgebung große Kreativität. Manche Universitäten benennen die Preise im Laufe der Zeit manchmal um, verändern die Zielrichtungen oder stellen ihre Vergabe ein, wenn die angewandten Parameter verändert werden sollen. Die derzeit verwendeten Bezeichnungen sind wie folgt: Bank Austria Preis für innovative Lehre (Universität Wien), Dr. Michael Hasiba Preis – Förderpreis der universitären Lehre in der Medizin (Medizinische Universität Graz), Lehre plus! Der Preis für exzellente Lehre (Universität Innsbruck), Preis für hervorragende Lehre (Universität Salzburg), Exzellente Lehre, Innovative Lehre, Young Faculty (Wirtschaftsuniversität Wien), BOKU Teaching Award 2010 (Universität für Bodenkultur), MUW Teacher of the Month (Medizinische Universität Wien), Teacher of the Year (Veterinärmedizinische Universität Wien), ELCH (E-Learning-Champion) der Akademie für Neue Medien und Wissenstransfer (Universität Graz), E-Learning Award (Technische Universität Wien).

Bei den meisten Preisen ist das Wort Lehre bereits im Wortlaut explizit enthalten, zwei fokussieren auf die ausführenden Lehrpersonen und zwei weitere auf die Anwendung elektronischer Medien. Doch bei näherer Betrachtung fällt auf, dass letztendlich alle drei Bereiche wesentliche Komponenten des Aufbaus der Lehrpreise darstellen.

2.2 Zielgruppen

Auch hier ist das vorhandene Spektrum ein relativ breites. Die Ausschreibungen richten sich in manchen Fällen an Einzelpersonen. In anderen wird jedoch explizit darauf hingewiesen, dass sich auch Projektteams/Personengruppen[5] oder junge

---
5   Medizinische Universität Wien, Universität Graz.

Lehrveranstaltungsleiterinnen und -leiter sowie jüngere Wissenschaftlerinnen und Wissenschaftler bewerben sollen und können. Die Bewerberinnen und Bewerber sollen nachweisen können, dass sie durch ihre Forschungsarbeiten innovative Themen die Lehre betreffend behandeln, ihre Projekte einen Praxisbezug aufweisen, didaktisch innovativ sind[6] oder dass sie Lehrentwicklung unter Nutzung digitaler Medien[7] betreiben.

2.3 Beteilige Gremien, Procedere und Auswahlverfahren

Die Bandbreite jener Lehrveranstaltungen oder -projekte, die eingereicht werden können, ist groß und variiert stark, jedoch ist eine Vorgabe meistens gleich, nämlich dass die eingereichte Lehrveranstaltung bzw. die innovativen Leistungen in der Lehre nicht mehr als ein Jahr zurückliegen sollen.[8]

An dieser Stelle können nur einige Möglichkeiten angeführt werden:[9] In den meisten Fällen ist eine unabhängige Jury für die Auswahl der zu prämierenden Personen bzw. Projekte zuständig. Diese besteht zumeist aus einigen Professorinnen und Professoren und/oder anderen nominierten Personen der Universität (Rektorinnen/Rektoren, Vizerektorinnen/Vizerektoren, Studierende, Dekaninnen/Dekane, Senatsmitglieder, Hochschuldidaktikerinnen/Hochschuldidaktiker) und – so zutreffend – Mitgliedern der Sponsorinstitution.

An manchen Universitäten können sich interessierte Lehrpersonen selbst für den jeweils an ihrer Institution ausgeschriebenen Lehrpreis bewerben, an anderen können diese auch von Studierenden[10] vorgeschlagen werden bzw. spielen diese in der Bewertung bspw. der Lehrveranstaltung[11] (durch Evaluierung) eine Rolle. Mitunter ist es auch möglich, ein noch nicht durchgeführtes Projekt einzureichen, wie an der Medizinischen Universität Graz. Die Grundvoraussetzung muss jedoch sein, dass es an der Universität praktisch umsetzbar ist.

---

6   Bspw. Universität Wien, Universität Graz, Medizinische Universität Graz, Universität Salzburg, Wirtschaftsuniversität Wien.
7   Bspw. Technische Universität Wien, Universität Graz.
8   Universität Wien.
9   Detaillierte Angaben zu Auswahlverfahren, beteiligten Gremien etc. können beispielhaft den zwei Beiträgen meiner österreichischen Kolleginnen und Kollegen dem vorliegenden Band entnommen werden.
10 Bspw. Universität Graz.
11 Bspw. Universität Salzburg.

Die Auswahlverfahren sind unterschiedlich aufwändig und detailliert, sind jedoch in den meisten Fällen auf der Homepage abrufbar.

2.4 Art der Preise, Auszeichnungen und Finanzierung

In den meisten Fällen werden die Preise von der Universität selbst gestiftet. Nur an zwei Universitäten wird die Finanzierung von Dritten übernommen. So wird an der Universität Wien der Lehrpreis von einer Bank (Stiftung der Bank Austria zur Förderung der Wissenschaft und Forschung an der Universität Wien) und an der Medizinischen Universität Graz von der Steiermärkischen Ärztekammer (in Kooperation mit der Medizinischen Universität) gestiftet.

Das Spektrum der Auszeichnungen ist ein relativ großes und variiert von der reinen Vergabe von (Anerkennungs-)Diplomen bis zur Vergabe von Preisgeldern inklusive einer Trophäe oder der Unterstützung der Universität bei der Umsetzung des Projektes inklusive Publikation. Die Höhe der Preisgelder variiert von € 200 bis 5.000. Um einen Eindruck der möglichen Kombination zu bekommen, werden einige Varianten aufgezählt:
- Vergabe einer Urkunde, Trophäe (ein kleiner Elch), Preisgeld (Universität Graz);
- Hauptpreis und Nebenpreis(e) in Geldform (Universität Wien);
- Preisgeld, Unterstützung in der Realisierung des Gewinnerprojektes durch die Universität und Publikation in einem facheinschlägigen Medium (Medizinische Universität Graz);
- Hauptgewinne (in Form von Goldbarren), Anerkennungspreise werden von Universität mit finanzierten Tutoriumsstunden unterstützt (Universität Innsbruck);
- Vergabe einer Urkunde, Preisgeld (Universität Salzburg, Wirtschaftsuniversität Wien, Technische Universität Wien);
- Finanzierung von Fortbildungsseminaren (Veterinärmedizinische Universität Wien);
- Vergabe von Anerkennungsdiplomen (Medizinische Universität Wien).

2.5 Gewichtung und Übergabe

Außer der Medizinischen Universität Wien, die monatlich eine Lehrperson auszeichnet, erfolgen die Ausschreibungen bzw. Prämierungen an den einzelnen Universitäten größtenteils im jährlichen Rhythmus. Die Bewerbungsunterlagen, geplanten Verfahren und beteiligten Gremien sind in den meisten Fällen detailliert auf den Homepages abzurufen und entweder in elektronischer Form und/oder per Post bis zu einem festgesetzten Stichtag einzureichen.

Da durch die Preisvergabe der Stellenwert und die Qualität der (angebotenen) Lehre nach innen und außen deutlich gemacht werden sollen, findet die Preisverleihung in einem festlichen Rahmen statt[12] und wird entweder vom Rektor resp. der Rektorin, dem Vizerektor resp. der Vizerektorin für Lehre oder gemeinsam mit einem Sponsor – so vorhanden – vorgenommen. Bei der feierlichen Zeremonie ist in so gut wie allen Fällen die Presse präsent, die diese dokumentiert und somit auch in die Öffentlichkeit transportiert. Die ausgezeichneten Personen, Personenteams oder Lehrprojekte sind auf den Homepages angeführt und können auch als Aushängeschilder der Universitäten gesehen werden.

3 Fazit

Die angeführten Lehrinitiativen und -preise an österreichischen Universitäten lassen erkennen, dass den Universitäten – trotz teilweise sehr knappen Budgets – die Lehre ein großes Anliegen ist. Durch die Vergabe von Lehrpreisen wird der Lehre entsprechender Respekt gezollt. Ein nationaler Lehrpreis könnte jedoch entsprechende Anreize setzen und würde darüber hinaus die Wichtigkeit und den Stellenwert der universitären Lehre noch mehr hervorheben.

---

12 So findet beispielsweise an der Universität Wien die Preisverleihung im Rahmen des Dies academicus an der Universität Wien statt; an den Universitäten Graz oder Innsbruck im Rahmen einer feierlichen Preisverleihung an der jeweiligen Universität. Die Universität Salzburg veranstaltet sei 2008 jährlich einen Tag der Lehre an der Universität selbst, an dem auch der Preis für innovative Lehre, der mit einem spezifischen Thema verbunden ist, verliehen wird. Die Prämienvergabe an der Wirtschaftsuniversität Wien findet zwei Mal jährlich im Rahmen des WU-Prämienabends statt. Der an der BOKU geplante BOKU Teaching Award soll 2010 am Tag der Lehre verliehen werden.

Literatur

Ars legendi-Preis für exzellente Lehre. Link: http://www.stifterverband.org/wissenschaft_und_hochschule/lehre/ars_legendi/index.html (abgerufen am 25. November 2009).

Brake, Christoph / Topper, Monika / Wedekind, Joachim (Hrsg.) (2004). Der Medida Prix. Nachhaltigkeit durch Wettbewerb. Medien in der Wissenschaft, Bd. 31. Münster u.a.: Waxmann.

Brünner, Christian (1990). Plädoyer für eine Profilierung universitärer Lernkultur. Ein Vorwort. In: Universitäre Lernkultur. Lehrerbildung. Hochschullehrerfortbildung. Weiterbildung. Bericht einer Arbeitsgruppe der Österreichischen Rektorenkonferenz, hrsg. von Werner Lenz und Christian Brünner. Wien, Köln: Böhlau, S. 7 ff.

Kossek, Brigitte (2009). Survey. Die forschungsgeleitete Lehre in der internationalen Diskussion 2009. Link: http://ctl.univie.ac.at/fileadmin/user_upload/elearning/Forschungsgeleitete_Lehre_International_090414.pdf (abgerufen am 1. Dezember 2009).

Lenz, Werner / Brünner, Christian (Hrsg.) (1990). Universitäre Lernkultur. Lehrerbildung. Hochschullehrerfortbildung. Weiterbildung. Bericht einer Arbeitsgruppe der Österreichischen Rektorenkonferenz. Wien, Köln: Böhlau.

Lenz, Werner (1990). Komplexität und Autonomie. Einleitende Fragen und Behauptungen, In: Universitäre Lernkultur. Lehrerbildung. Hochschullehrerfortbildung. Weiterbildung. Bericht einer Arbeitsgruppe der Österreichischen Rektorenkonferenz, hrsg. von Werner Lenz und Christian Brünner. Wien, Köln: Böhlau, S. 10-13.

Schlüter, Andreas (2009). Statement anlässlich der Pressekonferenz zum Wettbewerb Exzellente Lehre am 19. Oktober 2009 in Berlin. Link: http://www.stifterverband.org/presse/pressemitteilungen/2009_10_19_wettbewerb_exzellente_lehre/stifterverband_pk_19-10-2009_statement_schlueter.doc (abgerufen am 25. November 2009).

Weiler, Hans N. (2009). Hochschulwettbewerb Exzellenz in der Lehre 2009. Bericht der Gutachterkommission Universitäten. Berlin. Link: http://www.stifterverband.org/presse/pressemitteilungen/2009_10_19_wettbewerb_exzellente_lehre/stifterverband_pk_19-10-2009_statement_weiler.doc (abgerufen am 25. November 2009).

Lehrpreise an österreichischen Universitäten: Überblick

Diese Tabelle beinhaltet jene so genannten Lehrpreise, die derzeit an den öffentlichen österreichischen Universitäten angeboten werden. In der ersten Zeile befindet sich die offizielle Bezeichnung, in der nachfolgenden jene Bezeichnung(en), die im Zusammenhang mit dem Preis ebenfalls verwendet werden. Die Links zu den jeweiligen Internetseiten werden in jenen Fällen angeführt, wo sie vorhanden sind.

Universitäten	Lehrpreise
Karl-Franzens-Universität Graz	ELCH (E-Learning Champion) Lehrpreis im Bereich E-Learning Link: http://www.uni-graz.at/elch
Medizinische Universität Graz	Dr. Michael Hasiba Preis Förderpreis der universitären Lehre in der Medizin Link: http://www.aekstmk.or.at/cms/cms.php?pageName=239&sid=b46bcc659594ad813a9bddec685b13
Medizinische Universität Wien	MUW – Teacher of the Month Lehrpreis Link: http://h2o2.htu.tuwien.ac.at/fsch/Fsch05/flames.htm
Technische Universität Wien	E-Learning Award Preis für herausragende Leistungen in der Lehrentwicklung unter Nutzung digitaler Medien Link: http://elearning.tuwien.ac.at/index.php?id=562 Pro Didactica Studierende bewerten Lehrveranstaltungen der Technischen Chemie Link: http://h2o2.htu.tuwien.ac.at/fsch/Fsch05/flames.htm
Universität für Bodenkultur Wien	BOKU Teaching Award 2010 – in Planung
Universität Innsbruck	Lehre Plus! Preis für exzellente Lehre Link: http://www.uibk.ac.at/fakten/leitung/lehre/die_lehre-seite/lehre_plus/lehreplus.html
Universität Salzburg	Preis für hervorragende Lehre Preis für besonders gute/innovative Lehre Link: http://www.uni-salzburg.at/qe-eval/lv-preis

Universitäten	Lehrpreise
Universität Wien	Bank Austria Preis für innovative Lehre Förderung innovativer Projekte der Lehre Link: http://forschung.univie.ac.at/de/portal/forschung/ausschreibungen/bankaustrialehre/
Veterinärmedizinische Universität Wien	Teacher of the Year Lehrpreis
Wirtschaftsuniversität Wien	Innovative Lehre Innovative Lehrveranstaltungskonzepte und -designs Innovative Projekte im Bereich universitären Lehrens und Lernens Link: http://www.wu.ac.at/academicstaff/awards/innovative Exzellente Lehre Young Faculty Link: http://www.wu.ac.at/academicstaff/awards/excellent

Joy Mighty

Teaching Awards in Canada

Abstract: There are no federal programs for recognizing teaching excellence in higher education in Canada, but several professional organizations, lobby-groups, or private sector organizations offer a wide variety of awards that recognize both excellent teaching and outstanding educational leadership among full-time faculty at universities and colleges. There are also other types of awards, including regional, provincial and institutional level awards, in addition to subject-specific awards that are offered by disciplinary associations and awards that are faculty-wide or department-wide in scope.

Lehrpreise in Kanada

Zusammenfassung: In Kanada existieren keine Bundesprogramme zur Auszeichnung exzellenter Lehre an Hochschulen. Hingegen bieten verschiedene Berufsverbände, Interessengruppen und private Organisationen eine Vielzahl von Auszeichnungen, die exzellente Lehre an Universitäten und Colleges honorieren. Daneben bestehen Preise auf der Ebene der Region, der Provinz oder der Einzelinstitution sowie fachspezifische Preise, die von Fachverbänden verliehen werden, und Preise im Rahmen von Fakultäten oder Departements.

Canada has no single comprehensive national strategy for post-secondary education or for recognizing teaching excellence. There are several federal agencies and programs that exist for the purpose of advancing research and the development of highly qualified personnel (HQP) for future employment in support of economic and social benefits for Canada. Working in partnership with provincial and territorial governments, who have responsibility for education, and with higher education institutions, the primary federal granting agencies are the Natural Sciences and Engineering Research Council (NSERC), the Social Sciences and Humanities Research Council (SSHRC), and the Canadian Institute of Health Research (CIHR). There are several federal prizes or awards for research (e.g. the NSERC Fellowship for promising university researchers), and federal awards for teaching at the primary and secondary levels (for instance, the Governor General's Awards for Excellence in Teaching Canadian History). However, there are no federal programs for recognizing teaching excellence at the post-secondary level, although various other organizations offer a wide variety of awards for teaching at universities and colleges in Canada, in addition to institution specific awards.[1]

1 Overview of Higher Education in Canada

In Canada, education at all levels, including higher education, falls under provincial and territorial, rather than federal, jurisdiction. Over 260 post-secondary institutions are spread throughout this geographically vast nation. These institutions are located in all ten Canadian provinces, and colleges are also located in two of the three territories.

Canada has 94 universities which offer degree programs. All universities offer undergraduate bachelor's degrees, although most also offer graduate master's and doctoral degrees. Some universities also offer professional undergraduate and graduate degrees. There are 175 community colleges which offer diplomas for vocationally-oriented educational programs. In addition to universities and colleges, several provinces also have university colleges, polytechnics, and institutes that can grant degrees but often also provide vocationally-oriented training. The province of Quebec also has a College of General and Vocational Education, commonly referred to as a Cégep that offers general or technical education between high school and university.

The landscape of higher education in Canada has been undergoing change for over a decade. The distinctions between different types of post-secondary institutions are becoming somewhat blurred and in some cases have been eliminated altogether. Some colleges, institutes, and polytechnics have become degree-granting institutions with many changing their name to include the word „university" and, in some parts of the country university colleges have increased rapidly. The focus of this chapter will be primarily on teaching awards or prizes available to the 40,800 full-time faculty members who teach at degree granting institutions which cater to approximately 1.1 million students pursuing studies in a wide range of disciplines.

---

1   I gratefully acknowledge the work done by Research Assistant, Julie Buchan, in researching the awards for this chapter.

2 National Teaching Awards

2.1 The 3M National Teaching Fellowships

The most prestigious national teaching award for teachers in higher education in Canada is the 3M National Teaching Fellowship. This award was created in 1986 through a collaboration of the Society for Teaching and Learning in Higher Education (STLHE) and 3M Canada and continues today to be sponsored jointly by the STLHE and 3M Canada. The STLHE is a national organization that advocates excellence in teaching and learning in higher education. It seeks to advance the scholarship of teaching and learning and to contribute to the professional development of its individual members who consist of approximately 800 faculty members, administrators, educational developers, and students from post-secondary institutions across Canada and beyond. The STLHE also has approximately 65 institutional members.

The 3M National Teaching Fellowship recognizes exemplary contributions to both teaching and educational leadership at university-level in Canada. It is open to everyone currently teaching at a Canadian university, regardless of discipline, level and term of appointment. Over the years, the award has grown and the processes of administering it have been constantly revised and refined. Today, the eligibility and selection criteria reflect the accumulated wisdom and experience of numerous individuals who have served on the selection committee. Criteria for the award include excellence in teaching over a number of years at either the undergraduate or the graduate level. Evidence of excellence in teaching includes normative data from student evaluations of teaching as well as a list of student comments from several classes. Letters from colleagues and students, prior teaching awards and examples of course materials are also taken into consideration, as are a statement of the nominee's teaching philosophy and a description of effective teaching strategies.

The selection committee also looks for evidence of a commitment to the improvement of university teaching, with an emphasis on contributions that extend beyond the boundaries of the nominee's discipline or profession, and that reach as broad an audience as possible. This commitment to educational leadership could include the nominee's facilitation of workshops and seminars, involvement in curriculum development and transformation, presentations at conferences, work with teaching and learning centres or committees, and evidence of involvement in the scholarship of teaching and learning through research and/or publications on university teaching and learning.

Recipients of the award are given lifetime memberships in the STLHE and become lifetime 3M Teaching Fellows. Up to ten awards are given each year. These are presented at the annual STLHE conference which is typically held in June. The award includes a citation, a framed certificate and an invitation to participate in an expenses paid four day retreat at a Canadian resort. The retreat provides the teaching fellows with an opportunity to discuss and share both past teaching experiences and new ideas. Currently there are 283 3M National Teaching Fellows across Canada representing a wide range of academic disciplines. These past recipients have formed the Council of 3M National Teaching Fellows, with an Executive Committee that organizes various activities for the other members of the Council and liaises with the Board of the STLHE, the parent organization that offers the award with sponsorship from 3M Canada Inc. The Council meets annually and has undertaken several projects aimed at advancing teaching and learning, including the publication of two edited books from which Council members have conducted public dramatic readings at institutions across the country.

2.2 The Alan Blizzard Award

The Alan Blizzard Award recognizes exemplary collaboration in teaching at university-level and is sponsored by the STHLE and Mc-Graw Hill Ryerson. The award was established in 2000 and is named after Alan Blizzard, a former president of the STLHE and advocate for collaborative teaching. While many university teaching awards are geared towards recognizing an individual, this award recognizes all types of collaborations, including collaborations within or across disciplinary, departmental, administrative and even institutional boundaries. Collaborations can be as simple as two people co-teaching a course or be large collaborations involving many faculty, and possibly even administrators and community members, in large interdisciplinary teams.

The recipients of the Allan Blizzard award each receive a framed certificate recognizing their significant contribution to collaborative university teaching and a reception is held to honour them at the annual STLHE conference. At the conference the recipients also make a formal public presentation, and a paper describing the collaboration is published and disseminated to all STLHE institutional and individual members. The paper is also available on the STLHE website. In addition, recipients of the award receive $2,000 CND in funding to assist the team with the costs of travelling to the annual STLHE conference.

2.3 The Christopher Knapper Award

The Christopher Knapper Award is a lifetime achievement award created by the STLHE in 2002 to honour individuals who have made significant contributions to teaching, learning and educational development in Canadian university education over their careers. The award is named after its first recipient, Christopher Knapper, the founding president of the organization, and is sponsored by the STLHE and Magna Publications. The award consists of a citation and a small gift which is presented at the annual STLHE conference. The award is offered every two years. In the year when it is not offered, the recipient from the previous year is invited to make a presentation of his or her choice at the annual STLHE conference. The recipient's travel expenses to the STLHE conference are paid by the award's sponsors.

2.4 The National Technology Innovation Awards

The National Technology Innovation Awards (NTIA) were created in 2005 by The Learning Partnership, a Canadian not-for-profit organization dedicated to championing a strong public education system, as a national extension to one of its existing provincial awards. The purpose of the National Technology Innovation Awards is to honour the achievements of educators who use technology to enhance the learning experience for their students. While open to educators at all levels of education, there is also a separate category for college and university teachers.

The NTIA offer teachers the opportunity to share best practices and provide tips on how to implement extraordinary educational technology projects in schools. Winners of the awards are invited to the Learning and Innovation Conference and Awards Dinner and provided with the opportunity to present their technology projects to colleagues from across the country. In addition, recipients of the awards receive a plaque and a prize from one of the NTIA's sponsors.

2.5 The ACCC Teaching Excellence Award

While much of the focus on awards for teaching excellence at the post-secondary level in Canada has been on those teaching at the university level, teaching excellence at the college level is also recognized. There are some local, regional, or provincial awards whose criteria vary, although most draw attention to teaching excellence. At the national level, the Association of Canadian Community Colleges (ACCC) offers a teaching excellence award for persons who teach in colleges. The Teaching Excellence Award is given to an individual who exhibits both excellence and innovation, has had a significant impact on the personal and academic growth of students, and has provided a leadership role model for teaching colleagues and students. Recipients of the award are recognized at the ACCC Annual Conference and at local ceremonies. They also receive a plaque in recognition of their achievement.

3 Regional and Provincial Awards

Apart from the awards at the national level, there are various awards offered by individual provinces and in some cases by regions. For example, in Ontario, the province with the largest number of post-secondary institutions, three province-wide awards include the OCUFA Teaching Award, offered by the Ontario Confederation of University Faculty Associations (OCUFA), the Leadership in Faculty Teaching (LIFT) award offered by the Government of Ontario, and the COU Award for Excellence in Teaching with Technology offered by the Council of Ontario Universities (COU).

Each year OCUFA recognizes outstanding teachers and academic librarians in Ontario Universities through awards. Approximately seven awards are presented annually, and 341 awards have been presented since 1973. The Leadership in Faculty Teaching Award was developed to recognize and encourage teaching excellence at Ontario's colleges and universities. Up to 100 awards are given to faculty who influence, motivate and inspire students and demonstrate leadership in teaching methods for the diverse student body in Ontario. Winners receive $20,000 over two years to encourage continued excellence in the classroom setting. The COU Award for Excellence in Teaching with Technology recognizes university faculty at Ontario universities who have demonstrated outstanding achievement in using technology to enhance and improve their teaching. The award is designed to recognize excellence and innovation at either the undergraduate or graduate level, or for learners already in the workforce. The award consists of a formal citation and a monetary reward valued at $5000, presented at a luncheon.

Perhaps the best-known examples of regional teaching awards are those given by the Association of Atlantic Universities (AAU). This organization is a coalition of all the universities in the four Atlantic provinces of Newfoundland, New

Brunswick, Nova Scotia, and Prince Edward Island. The AAU offers two awards meant to encourage excellence in teaching in the universities of the Atlantic region. These are the Distinguished Teaching Award which recognizes excellence in university teaching over a number of years, and the Anne Marie MacKinnon Instructional Leadership Award which recognizes commitment and contribution, over an extended period, to the improvement of university teaching within the candidate's own institution and beyond. These AAU awards are intended to be a progression to the 3M National Teaching Fellowship or other national or international awards. For this reason, previous winners of national or international teaching awards are not eligible for the AAU awards. The winners of the Distinguished Teaching Award and the Anne Marie MacKinnon Instructional Leadership Award and their guests are honoured at a banquet at which they are required to speak for ten minutes on their personal views about the importance of good teaching or instructional leadership. Winners also participate in the annual AAU Award Winners Speaking Tour of the region's institutions and are featured at the annual AAU Teaching Showcase hosted by one of the institutions in the region.

3.1 Other Awards

Awards for teaching excellence are also offered by disciplinary associations or other professional groups, such as the Canadian Mathematical Society (CMS) Excellence in Teaching Award for post-secondary undergraduate teaching in Mathematics, the John Provan Outstanding Educator Award from the Canadian Undergraduate Surgical Education Committee, the United Church of Canada's Davidson Award for Excellence in Teaching and Scholarship in Theological Education, the Institute of Public Administration of Canada's Award for Teaching Excellence, and the Engineers Canada's Medal for Distinction in Engineering Education, to name a few.

Most post-secondary institutions offer various internal awards for teaching excellence. Each of the thirteen leading research-intensive universities in Canada, also known in Canada as the G13, offers at least one institution-wide teaching award; for example, the University of Toronto's President's Teaching Award, McGill University's Principal's Prize for Excellence in Teaching, and the University of British Columbia's Killam Teaching Prizes. Many other Canadian universities also offer institution-wide teaching prizes. In addition to institution-wide teaching awards, many universities also offer awards that are faculty-wide or department-wide in scope; for example, the Award for Teaching Excellence in Biology, the

School of Music Excellence in Teaching Award, the Arts and Science Undergraduate Award for Teaching Excellence.

In addition, internal as well as external organizations associated with specific institutions (such as alumni associations) offer a wide range of teaching awards that recognize various aspects of excellent teaching; for example, the Alumni Teaching Award, the Award for Excellence in Graduate Supervision, the Students' Choice Award, and the Engineering Society's Golden Apple Award. These may also be either departmental or institution-wide in their scope. Many awards (regardless of whether they are national, regional, provincial or institutional), are often named after the sponsoring organization or after some distinguished past or present individual who has contributed significantly to the field.

3.2 Conclusion

In summary, despite not having a national strategy for recognizing excellence in teaching, Canada has a range of teaching awards that allow for such recognition. Only a small number of Canada-wide awards exist, and these are largely sponsored by professional organizations, lobby-groups, or private-sector organizations. Some provinces and regions also recognize excellence in teaching, but most awards are internal to the post-secondary institutions.

References

Association of Atlantic Universities
    http://www.atlanticuniversities.ca/
Association of Canadian Community Colleges
    http://www.accc.ca/
Association of Universities and Colleges of Canada
    http://www.aucc.ca/
Ontario Conferderation of University Faculty Associations
    http://www.ocufa.on.ca/
Society for Teaching and Learning in Higher Education
    http://www.stlhe.ca/

All references accessed on December 10, 2009.

Mark Israel

Teaching Awards in Australian Higher Education

Abstract: *The Australian higher education sector offers a diverse range of awards. They exist for a multiplicity of purposes at a number of levels. The national scheme of individual and program awards and citations is run by the Australian Learning and Teaching Council. Most universities have established their own award systems at Faculty and whole-of-institution level, and several professional associations have created awards.*

The Awards may have played an important part in increasing the level of recognition afforded good teaching. On the other hand, some recipients have found their award to be a burden and a small group of institutions have consistently either failed to nominate for or win national teaching awards. Several award winners are finding ways to build careers around educational leadership, but there may be still some way to go if the value of the awards are to be used to their full potential.

Lehrpreise an Australischen Hochschulen

Zusammenfassung: *Der australische Hochschulbereich weist eine Vielfalt von Lehrpreisen auf. Diese verfolgen unterschiedliche Zwecke und sind auf verschiedenen institutionellen Ebenen angesiedelt. Nationale Lehrpreise – sowohl für einzelne Dozierende wie auch für Studienprogramme – werden vom Australian Learning and Teaching Council vergeben. Ergänzend kennen die meisten Universitäten ihre eigenen Lehrpreise sowohl auf Fakultätsebene wie auch auf Ebene der Gesamtuniversität. Hinzu kommen Auszeichnungen verschiedener Berufsverbände.*

Wenngleich diese Preise eine wichtige Rolle für die zunehmende Wertschätzung der Lehre spielen, so werden sie von einigen Preisträgern gleichzeitig auch als Bürde empfunden. Einige Universitäten haben es zudem nicht geschafft, Dozierende für nationale Lehrpreise zu nominieren resp. nationale Lehrpreise zu gewinnen. Zwar haben sich für einige Lehrpreisgewinner dank der Auszeichnungen neue berufliche Perspektiven eröffnet, doch insgesamt scheint das Potential von Lehrpreisen noch nicht ausgeschöpft.

Australia has 37 public universities. It also has two private universities and perhaps around 150 other providers of higher education, some of which receive subsidies from Federal government. Some Australian universities have built campuses or centres in Europe, Asia and Africa. At the same time, a few United States- and United Kingdom-based universities have established small campuses in Australia.

Since a national reorganisation of tertiary education in 1989, there has been a massive growth in both domestic and international student markets. However, this has not been accompanied by an equivalent expansion in the number of full-time academic staff. Staff/student ratios rose from 1:15 in 1996 to 1:20 by 2006. The recent Bradley Review of Australian Higher Education (2008) pointed to the need for increased investment and major structural change if the higher education sector was to be able to meet the needs of the nation. One part of the problem lies in the inability of the sector to attract and retain high quality academic staff. As a result, higher education is dependent on an ageing workforce (40 per cent are over 50 years old) and increasing casualisation. While more academics are moving to Australia than leaving it and academic pay rates are good by international standards (Rumbley, Pacheco and Altbach 2008), increasing numbers of Australian academics are finding work abroad and discovering that it can be difficult to return (Hugo 2008). These matters pose stiff challenges for senior staff in Australian institutions but a recent comparative analysis of 18 countries and their academics found that Australian staff were among the least complimentary of their institutional leaders and managers (Coates et al. 2009).

Another part of the problem is the perception among many academics that teaching is less important than research. Although universities obtain more of their revenue from teaching than from research, career progression is more often skewed towards research performance. Guest (2009) identified the obvious consequences: „Given that research performance is measured and extrinsically rewarded more systematically than teaching performance, effort and performance is biased toward research".

It is within this context that awards for teaching need to be understood. In contrast to the declining level of public funding per student provided to the sector, the Australian Commonwealth government has chosen to support award programs that celebrate teaching excellence. The sector now offers a diverse range of awards. They exist for a multiplicity of purposes and operate at a national level as well as at most institutions and in many fields of study.

1 The National Scheme

The Australian government has invested considerable resources in the national Awards now run by the Australian Learning and Teaching Council (ALTC). The Awards form part of the Council's drive to „foster and acknowledge excellent teaching in higher education". The Awards have evolved over time in an effort to promote long-term change in the sector and recognise the different institutional priorities and missions that exist within the higher education sector.

The Australian Awards for University Teaching (AAUT) were first established in 1996 and administered by the Commonwealth Department of Education. While the Canadian and United States national higher education awards processes predate Australia's, the Australian program was among the first to be run by government. As such, it seems to have provided a model for the schemes developed in several other English-speaking countries. The Awards followed the recommendations of a 1995 Review of the Committee for the Advancement of University Teaching (Moses and Johnson 1995). As part of the Review, a study was commissioned into the recognition and reward of good teaching. The study surveyed Australian institutions and found that „coherence between a university's mission, its quality management process, and its strategies for recognising and rewarding good teaching was not always evident" (Moses and Johnson 1995, p. 39). Moses and Johnson concluded that the time for change in the reward structure for good teaching was long overdue.

In 2005, as few as seven individual Australian Awards were available, down from an intended 14 in 1997. In each category, two or three finalists were invited to a ceremony in Canberra, with the winner being announced at the high profile event and presented with a trophy and $25,000 by the Federal Minister responsible for Higher Education. Winners of each category were eligible for the Prime Minister's Award of „Australian University Teacher of the Year" and an additional A$ 50,000 to be used for teaching-related activities. The Prime Minister's Award was intended for someone with an exceptional record of advancing student learning, educational leadership and scholarly contribution to learning and teaching.

In 2005, an external review of the Awards was conducted by the Centre for the Study of Higher Education at the University of Melbourne. The review concluded that there had been an uneven distribution of awards across institutions and disciplines. The reviewers were concerned that the nomination process was „labour-intensive and might favour the better resourced universities" (p. 8). Indeed, an internal review of institutional participation by the Australian Universities Teaching Committee (AUTC) had found that some universities had been far more successful than others in winning or coming close to winning awards. Between 1997 and 2004, while 30-35 institutions participated in the Awards in any one year, 15 institutions were responsible for 133 winners and finalists while 13 institutions had never had a winner.

In 2005, the Awards were taken over from the AUTC by the new, Federally-funded, Carrick Institute for Learning and Teaching in Higher Education and run as the „Carrick Awards for Australian University Teaching". Following a change in Federal government, in 2008 the Institute became the ALTC and the Awards returned to their original name (AAUT). By then, the program had grown to include individual and program awards, citations, and lifetime achievement awards.

The first of these, the *Awards for Teaching Excellence*, are based on an applicant's eight page response to five Selection Criteria: approaches to teaching that influence, motivate and inspire students to learn; development of curricula and resources that reflect a command of the field; approaches to assessment and feedback that foster independent learning; respect and support for the development of students as individuals, and scholarly activities that have influenced and enhanced learning and teaching. These represent a slightly awkward fusion of 10 earlier categories. Applicants can nominate for one of five discipline clusters, Indigenous Education, Early Career or a priority area determined by the Awards Standing Committee. In 2010, this priority area was identified as internationalisation.

Up to 27 individuals may receive an Award each year. In 2007, the ALTC received 91 nominations and made 23 Awards. Awardees presented at a two-day National Teaching Forum and the ALTC provided funding for a small number of winners to give invited presentations at discipline-based, learning and teaching conferences and workshops.

Nominations for Awards are considered by assessors, who provide advice on the relative quality of the nominations to the Australian Awards for University Teaching Committee (AAUTC). The Committee consists of two members of the ALTC Board, a nominee of the Commonwealth government, a nominee from the universities, a representative who is either a Pro- or Deputy Vice-Chancellor – the second or third tier of seniority in university management, a representative of the Indigenous community; and, for some purposes, two current university students. This committee is also responsible for Citations and Program-based Awards.

Program Awards have been established in recognition that good teachers do not work in isolation and that the quality of the student experience and the nature of learning requires the existence of appropriate support programs. 14 Awards were made in 2007. Awards are available to programs and services in seven categories:

assessment and feedback; educational partnerships and collaborations with other organisations; the first-year experience; flexible learning and teaching; innovation in curricula; learning and teaching; postgraduate education, and services supporting student learning. They are assessed on the basis of four selection criteria: distinctiveness, coherence and clarity of purpose; influence on student learning and student engagement; breadth of impact, and concern for equity and diversity. For example, in 2008 the year-long UniSkills transition program was recognised in the First Year Experience category. Run since 1987 by the University of Western Australia for students from disadvantaged backgrounds, the program has reduced attrition rates and improved academic performance levels among participants. Similar programs now exist throughout the sector.

Worth A$ 10,000 each, *Citations for Outstanding Contributions to Student Learning* were first introduced in 2006. They were intended to be available to both academic and general staff and were to recognise individuals and teams who have had a significant influence on student learning in a specific area. Applicants are assessed on the basis of a four page written statement addressing up to five criteria. The Citations attract nominations from and provide recognition for staff at almost all those public and private universities and higher education providers in Australia that are eligible. In 2007, for example, 326 nominations were received. 253 applicants were successful from 39 institutions, with three institutions obtaining the maximum of ten citations. Citations are awarded to recipients at ceremonies held in the five largest cities and can recognise highly specific interventions. For example, in 2009, one academic from the University of Western Sydney, received a Citation „For instilling in tax law students motivation for lifelong learning through the use of narrative and storytelling" while the first ever citation was granted to an academic from a private institution without university status „For success in fostering a learning environment that inspires and encourages creative writing students to achieve professional success in writing for children". While the Awards for Teaching Excellence have sometimes been criticised as creating „superstars" through a focus on conspicuous performance and self-promotion, Citations have been applauded as recognising „quiet achievers" (Lee Dow 2008, pp. 28-29).

An evaluation of the Australian Learning and Teaching Council for the Federal government conducted by the former Vice-Chancellor of the University of Melbourne, Kwong Lee Dow, in 2008 concluded that:

> These numbers of awards, and the value of each award, seem to this reviewer to be „about right" in the Australian context – sufficient each year to enable the build up over time of a small but clear cadre of people whose teaching is

nationally acknowledged, across most fields of study, and covering the range of teaching and learning activities broadly defined. Not so few as to allow a view that this nothing more than a lottery, and not too large as to debase a „national" currency. (p. 44)

2 Institutional Awards

Most public and private universities have established their own award systems at Faculty and whole-of-institution level. The first to do so, the University of Queensland, has had Awards for Excellence in Teaching since 1988 for academic staff who have made a „broad and deep contribution to enhancing the quality of learning and teaching" at the University. By 1991, 24 other institutions had followed suit (McNaught and Anwyl 1993). The University of Queensland awards are now worth A$ 10,000 to each recipient. In 2002, the University added awards for programs and, in 2006, Citations. This format heavily influenced the growth of the national awards and where they subsequently differed, the University has told the ALTC that it has tried to align internal guidelines with those of national awards where possible or appropriate. The University now also has awards for research higher degree supervision. Recipients in each of these categories are honoured each year at a ceremony during the University's Teaching and Learning Week. These institutional awards are complemented by various Faculty- and School-based awards, including some aimed at casual tutors.

In 2009, the ALTC asked institutions to report on their internal award schemes. Of 38 responses, 36 institutions reported having internal awards and one was in the process of developing its scheme. In 2008, the ALTC provided 42 institutions with A$ 220,000 each over three years to align their processes with various awards, fellowships and grants schemes run by the Council. The ALTC was not only keen to encourage the development of matching administrative processes, it also wanted to develop synergies between institutional and ALTC goals. In their applications, institutions proposed – among other things – that funds be used to raise awareness and motivation of ALTC schemes, build peer networks and communities of practice, and identify potential applicants. Universities were to develop capacity and experience among applicants by offering supporting resources, opportunities for mentoring and advice for applicants, as well as overhauling the selection criteria and procedures for internal awards. In some cases, procedures that had grown up within each Faculty were to be standardised throughout the University, in other cases clearer pathways were to be created from Faculty to University to National awards. Some universities intended inviting previous winners to talk to their staff, others spoke of initiating or extending the celebration of colleagues' successes. A few discussed the possibility of leveraging outcomes from awards. As a result, it was not surprising that almost all institutions reported in 2009 that their internal teaching award schemes had been influenced by those run nationally with language such as „aligning with" or „mirroring" national processes being used in institutional reports to the ALTC.

3 Discipline-based Awards

In addition, several professional associations have created awards for teaching excellence. Given the prominence of the national award scheme, it is perhaps a little surprising that many of these discipline-based awards have been established comparatively recently. Often, these awards have eligibility and selection criteria that differ slightly to those of the national awards. For example, The Australasian Law Teachers Association (ALTA) has run an Award for Excellence and Innovation in the Teaching of Law for the last two years. The Award is open to applicants from Australia, New Zealand, Papua New Guinea and the South Pacific. Sponsored by one of the large publishers for the discipline, the overall winner is given A$ 4,000, while the winner of the Early Career Academic category receives A$ 1,000. Another international publisher funds tertiary teaching awards in association with professional associations in accountancy/finance, chemistry, education, management, marketing, nursing and psychology. The awards are typically worth A$ 2,000-3,000, sometimes cover both Australia and New Zealand (reflecting the geographical reach of many professional associations) and are aimed at encouraging and recognising innovative teaching.

The challenge for associations will be to limit duplication of effort by their Australian members (whose numbers tend to warf those from other countries in the region) by aligning their awards with national requirements without either disadvantaging any non-Australian regional members or losing the point of having a separate program of awards. So, the Australasian Engineering Education Awards provide one prize for teaching excellence, three for programmes that enhance excellence in learning, and five Citations. Broadly, they follow the ALTC Awards – and acknowledge that they do so – but one Citation is reserved for a „new" academic and a program award is dedicated to „outreach services".

4 Encouraging a Culture of Teaching Excellence?

There is, of course, an international literature on teaching awards. Much of this has sought to identify what makes a good teacher. However, the Australian literature on national teaching awards has been described as underdeveloped (Carusetta 2001). Publications since then have focussed on the nature of schemes (Ballantyne et al. 2003; Centre for the Study of Higher Education 2005), extending earlier work on which features might be found in strong (Kreber 2000; MacDonald 1998) and weak schemes (McNaught and Anwyl 1992, 1993; Menges 1996).

Perceptions of the Awards
Many of the criticisms made of awards by Australian academics are long-standing. McNaught and Anwyl (1992) surveyed 37 higher education institutions in Australia. Thirty-three responded. Their study is interesting because it pre-dates the introduction of the national awards. Some institutions noted that staff saw institutional awards as „cosmetic gestures" which sidestepped the real issue of inadequate resources and worsening staff/student ratios. Others apparently resisted attempts to label them as good teachers, seeing it as undermining their status as high quality researchers. McNaught and Anwyl also identified some union resistance to the „carrot and stick" mentality of awards and appraisal (p. 14).

The most extensive empirically-based review of the national awards was completed for the AUTC by Ballantyne and his colleagues. Ballantyne et al. (2003) spoke with staff and students across four universities. They also sent questionnaires to the first 40 recipients of AAUT (1997-2001) awards asking them about the award itself – the impact that the award had had on them, their use of prize money, the selection process and changes that might be made to improve the impact of the program.

Ballantyne et al. (2003) found the scheme had, among other things, given participants „personal validation and encouragement" (p. 15), contributed to winners' „reputation and credibility" (p. 16), caused teachers to reflect on their teaching practices, and acted as an „incentive for others to improve their teaching" (p. 18). As such, the reviewers concluded that the Awards had played an important part in increasing the level of recognition afforded good teaching. This represented a „cultural shift" in attitudes in the Australian university sector in the 1980s and early 1990s (p. 15).

On the other hand, Ballantyne et al. (2003) recognised that some recipients had found their award to be a burden, reporting that they had faced scepticism, envy and resentment from colleagues in their home disciplines and institutions. Awardees had found it hard to meet the expectations of their students and there was also evidence that the sector had found it tempting to use award winners on an ad hoc basis as cheap labour. In some cases, this had compromised recipients' ability to maintain their research careers.

Sectoral reach
In 2005, the Centre for the Study of Higher Education (CSHE) (2005) was asked to devise an expanded national awards process. CSHE suggested that its proposed scheme would extend the AAUT's success in offering recognition and rewards to a wider diversity of practices and „raise the priority given to good teaching" (p. 1). In doing so, the awards could support „the efforts of universities to ... encourage a culture of teaching excellence" (p. 2).

The ALTC still has some work to do to achieve this aim. A small group of Australian institutions have consistently either failed to nominate for or win national teaching awards. In 2006, nine eligible institutions did not nominate for either teaching or program awards. Although difficult to generalise, these institutions tended to be newer and smaller than the rest of the sector. Several institutions continue to report that their staff have resisted engagement in citations and awards programs because they are seen as self-aggrandising or anti-collegial. Perhaps most worrying is the periodic failure of Australia's top-ranked research universities (the „Group of Eight") to submit successful applications. In 2006, these eight institutions gained 12 Awards, but five of these awards went to just one member of the Group, the Australian National University, seven were for programs and, of the 34 nominations submitted by Queensland, Western Australia, Melbourne, Monash and Sydney, only one application for a teaching award was successful.

Awards and Generational Renewal
At the beginning of this paper, I noted the difficulties that Australian universities were facing in recruiting and retaining high quality staff and in replacing the current generation of educational leaders. The reviews of Australian national awards only hint at the strategic role such awards might play in cultivating a new generation of leadership. The omission is curious given that: first, Ballantyne's study revealed that recipients of awards appear to be drawn into teaching and learning administrative roles; second, earlier national teaching grants appeared to be successful in using analogous bid-led innovation programs to promote the emergence of leadership (Anderson and Johnson 2006); and, third, while not being a precondition of an award, national award criteria value applicants who demonstrate „leadership through activities that have broad influence on the profession" and

the Prime Minister's Award requires recipients to have an exceptional record of educational leadership (Carrick Institute 2008).

It is possible that teaching awards might foster the emergence of educational leaders either by acting as an incentive for academics before they apply for such an award or by giving recipients of such an award greater authority and opportunities to influence teaching. Put another way, in terms of Ramsden's scales of leadership (1998), these awards might foster the emergence of educational leadership by: (1) providing clear goals and contingent reward, as well as (2) promoting teachers who might engage others through „inspiration, exemplary practice, collaboration, spontaneity and trust" (Ramsden et al. 2007).

One of the claims for national Awards has been that it has elevated the status of university teaching by improving the reward structure and increasing the public profile of academics with strong track records in the practice and scholarship of teaching (McNaught and Anwyl 1992; CSHE 2005). Of course, many award winners are already quite senior – often at Associate Professor or above. Others may not be able to provide appropriate leadership. Lee Dow (2008) heard from a couple of senior people in the sector that „some who have received the highest awards would not be those they would seek out for insights and wisdom in teaching and learning" (p. 29).

Nevertheless, recipients could be strategic assets, playing a key role in developing teaching and learning initiatives and championing change in learning and teaching policies and practices. Indeed, national award winners have been used inside their institutions, across Australia and beyond as status symbols, teaching assessors, drivers for change and motivational speakers. They have been used to develop policy, write grant applications, and mentor colleagues. Several award winners are finding ways to build careers around educational leadership. Recently, for example, recipients have comprised a significant number of the successful applicants for two ALTC programs that are structured around the activities of leading educators. The ALTC Associate and Senior Fellowship Programs are used by academics to „develop a program that explores and addresses a significant educational issue" while Discipline Scholars will be collaborating with leaders of their discipline to develop minimum core standards for students at graduation. One of the co-recipients of the 2008 Prime Minister's Award recently reflected on how the award had both allowed her to acknowledge her desire to work in university leadership and also helped her secure a senior position as Pro Vice-Chancellor (Learning and Teaching) at the largest Australian university:

I was under the impression that declaring the aspiration that you want to work in university leadership just isn't something that you do. Having won the award, I felt that I had been granted permission to own up, „out myself" and moreover to write a future for myself .. Awards aren't simply affirmations of past practice; they are also intimations of possibilities to come. (Hughes-Warrington 2009, p. 33)

Literature

Anderson, D. / Johnson, R. (2006). Ideas of leadership underpinning proposals to the Carrick Institute: A review of proposals from the Leadership for Excellence in Teaching and Learning Program. http://www.altc.edu.au/system/files/documents/grants_leadership_occasionalpaper_andersonandjohnson_nov06.pdf

Ballantyne, R. / Packer, J./ Smeal, G. / Bain, J. (2003). Review of the Australian Awards for University Teaching: Report to the Australian Universities Teaching Committee.

Bradley, D. (2008). Review of Australian Higher Education. Canberra: DEEWR. http://www.deewr.gov.au/highereducation/review/pages/reviewofaustralianhighereducationreport.aspx

Carrick Institute (2008). Carrick Awards for Australian University Teaching – 2008 – Guidelines and Forms. Sydney, NSW: The Carrick Institute for Learning and Teaching in Higher Education.

Carusetta, E. (2001). Evaluating teaching through teaching awards. In: New Directions for Teaching and Learning, 88, pp. 31-40.

Centre for the Study of Higher Education (2005). Recommendations for an expanded Program of Australian Awards for University Teaching. Report prepared for The Carrick Institute for Learning and Teaching in Higher Education. Centre for the Study of Higher Education, University of Melbourne. http://learningandteaching.unsw.edu.au/content/userDocs/CSHE_report_May2005.pdf

Coates, H. / Dobson, I. / Edwards, D. / Friedman, T, / Goedegebuure, L. / Meek, L. (2009). The Attractiveness of the Australian Academic Profession: a Comparative Analysis. http://research.acer.edu.au/cgi/viewcontent.cgi?article=1010&context=higher_education

Guest, R. (2009). Reform Academe to attract Talent. The Australian. 7 October. http://www.theaustralian.news.com.au/story/0,25197,26173421-5015676,00.

html
Hughes-Warrington, M. (2009). Writing the past, writing the future, Communiqué: a publication of the Australian Learning and Teaching Council 2, pp. 31-3. http://www.altc.edu.au/communique-sept-09
Hugo, G. (2008). The Demographic Outlook for Australian Universities' Academic Staff. Occasional paper for the Council for the Humanities, Arts and Social Sciences, June. http://www.chass.org.au/papers/PAP20081101GH.php
Kreber, C. (2000). How university teaching award winners conceptualise academic work. In: Teaching in Higher Education, 5 (1), pp. 61-78.
Lee Dow, K. (2008). An Evaluation of the Australian Learning and Teaching Council 2005-2008. http://www.dest.gov.au/NR/rdonlyres/CAC12567-D269-4067-8A39-210A55DED39E/24243/ALTCReviewReportbyKLDver10.pdf
MacDonald, L. (1998). Points mean prizes: reflections on awards for teaching excellence. In: Innovations in Education and Training International, 35 (2), pp. 130-2.
McNaught, C. / Anwyl, J. (1992). Awards for teaching excellence at Australian universities. In: Higher Education Review, 25 (1), pp. 31-44.
McNaught, C. / Anwyl, J. (1993). Awards for teaching excellence at Australian universities: Centre for the Study of Higher Education, University of Melbourne. CSHE Research Working Papers 93.1, Parkville, Australia. http://www.eric.ed.gov/ERICDocs/data/ericdocs2sql/content_storage_01/0000019b/80/15/69/d4.pdf
Menges, R. J. (1996). „Awards to individuals". In: New Directions for Teaching and Learning, 65, pp. 3-9.
Moses, I. / Johnson, R. (1995). Review of the Committee for the Advancement of University Teaching.
Ramsden, P. (1998). Learning to lead in higher education. London: Routledge.
Ramsden, P. / Prosser, M. / Trigwell, K. / Martin, E. (2007). University teachers' experiences of academic leadership and their approaches to teaching. In: Learning and Instruction, 178, pp. 140-55.
Rumbley, L. / Pacheco, I. / Altbach, P. (2008). International Comparison of Academic Salaries: an exploratory study. Boston College: Centre for International Higher Education. http://www.bc.edu/bc_org/avp/soe/cihe/publications/pub_pdf/salary_report.pdf

AUSGEWÄHLTE BEISPIELE

Lehrpreise werden hauptsächlich von Hochschulen vergeben und lokal verantwortet. Sie haben sich – seit den Anfängen in den späten 1950er Jahren in den USA – an vielen Universitäten etabliert und erleben in den deutschsprachigen Ländern in den letzten Jahren einen eigentlichen Boom – auch als Teil eines „Best-of-..." Booms.

Die Vergabepraxen sind uneinheitlich und unterscheiden sich in verschiedenen Dimensionen. Die hier präsentierte Auswahl berücksichtigt Beispiele aus den drei Ländern Schweiz, Deutschland und Österreich. Sie weisen Besonderheiten und Stärken auf, die hier beschrieben werden. Gleichzeitig werden auch problematische Aspekte festgehalten und die Verknüpfung mit anderen Instrumenten der Qualitätssicherung, der Projekt- oder der Nachwuchsförderung dargestellt.

Die Tatsache, dass sich diese Praxen bisweilen deutlich unterscheiden, lässt unterschiedliche Interpretationen zu: Sie kann beispielsweise als Berücksichtigung lokaler Besonderheiten gesehen werden oder aber als Vorbehalt gegenüber didaktischer Theoriebildung und Forschung. Auf jeden Fall aber bieten diese Unterschiede den Vorteil des anregenden Vergleichs: Die einzelnen Konzepte haben sich sowohl in der Praxis als auch im gegenseitigen Wettbewerb zu bewähren.

„Good-practice"-Beispiele können als anregende Illustrationen dienen. Notwendig sind aber auch systematische Vergleiche und also Vergleichskriterien – und eine differenzierte Fachdiskussion, die sich nicht lediglich in der Preisvergabe erschöpft.

Die Unterschiede beziehen sich nicht nur auf die Vergabepraxen, sondern auch auf den reflexiven und diskursiven Umgang mit dem Lehrpreis in der eigenen Hochschule. Dies zeigt sich nicht nur beim Einbezug verschiedener Akteursgruppen in die Nomination und Auswahl der Preisträgerinnen und Preisträger, sondern auch bei der aufmerksamen Begleitung der Einführung von Lehrpreisen mit Erhebungen und Befragungen. Einer Universität würde es wohl gut anstehen, die Einführung von Lehrpreisen mit wissenschaftlichem Interesse und notwendiger kritischer Distanz zu begleiten – um einen Vergleich auch dank der so gewonnenen Daten zu ermöglichen.

Kathrin Futter

Credit Suisse Award of Best Teaching: Das Verfahren der Universität Zürich

Zusammenfassung: In diesem Beitrag wird beschrieben, wie an der Universität Zürich der Credit Suisse Lehrpreis vergeben wird. Um nachvollziehen zu können, wie es zu den einzelnen Umsetzungsschritten kam, beginnt der Beitrag mit den ersten Treffen einer vom Rektor eingesetzten Arbeitsgruppe im Jahre 2006 und geht dann über zur konkreten Darstellung des gesamten Verfahrens, welches seit dem Jahre 2007 für die Universität Zürich seine Gültigkeit hat.

Credit Suisse Award of Best Teaching: Procedure of the University of Zurich

Abstract: This contribution will provide a description of the procedure used by the University of Zurich for the Credit Suisse teaching award. In order to provide an understanding of how the individual steps came into being, this contribution will begin by looking at the first meeting in 2006 of a working group set up by the Rector and proceed from there to a concrete description of the entire procedure that has been employed by the University of Zurich since 2007.

Einleitung

Lehrpreise rücken ein Aufgabenfeld ins Zentrum, das sonst für das Ansehen von Wissenschaftlerinnen und Wissenschaftlern eher vernachlässigt wird: die Lehre. Damit wird zum einen die Bedeutung der Lehre als wichtiges Aufgabenfeld einer Hochschule betont, gleichzeitig aber auch ein Diskussionsraum geschaffen: Was ist gute Lehre, wer hat warum diesen Preis erhalten? Damit ergeben sich auch Möglichkeiten, Lehrpreise mit weiteren Überlegungen zu Lehr- und Qualitätsentwicklung innerhalb einer Hochschule zu verknüpfen. Werden solche Verbindungen nicht explizit hergestellt, so bleibt die Vergabe eines Lehrpreises oft eine isolierte Einzelaktion, die hauptsächlich eine Person ins Zentrum rückt, weniger die universitäre Aufgabe „Lehre" (vgl. dazu Futter/Tremp 2008).

Als Beitrag zur Förderung der Qualität der Lehre und Ausbildung auf der Tertiärstufe in der Schweiz zeichnet die Jubiläumsstiftung der Credit Suisse Group ab 2007 den besten „Lehrer" die beste „Lehrerin" an den Universitäten, Technischen Hochschulen und Fachhochschulen mit dem „Credit Suisse Award for Best Teaching" aus. Der mit CHF 10.000 dotierte Preis soll jährlich einmal pro Institution vergeben und jeweils im Rahmen des Dies academicus oder eines vergleichbaren institutsspezifischen Anlasses verliehen werden. Laut der Jubiläumsstiftung soll das maßgebliche Kriterium für den Erhalt des Preises die besondere, innovative und kreative Art der Wissensvermittlung sein, wobei jede Institution die Preisträgerin/den Preisträger selber bestimmt und es keine nationale Gewinnerin/keinen nationalen Gewinner gibt. Der Preis soll an eine natürliche Person vergeben werden, welche ihn nur einmal in ihrer Lehrkarriere erhalten darf. Es werden keine Lehrprojekte oder Lehrteams ausgezeichnet.

Nachfolgend wird das Verfahren von den ersten Treffen der Arbeitsgruppe „Lehrpreis" über die Ausarbeitung eines Verfahrens, die ersten Durchführung und Nominationen bis zur Vergabe der ersten Preise am Dies academicus der Universität Zürich dargestellt.

1 Der Credit Suisse Award of Best Teaching an der Universität Zürich

Der Rektor der Universität Zürich (UZH) hat im Jahre 2006 eine Arbeitsgruppe beauftragt, ein adäquates Verfahren zur Umsetzung der Vergabe des CS-Lehrpreises zu entwickeln. Die Gruppe, bestehend aus einem Professor des Institutes für Gymnasial- und Berufspädagogik, einem wissenschaftlichen Mitarbeiter desselben Institutes, eines externen hochschuldidaktischen Experten der Pädagogischen Hochschule Zürich, einer wissenschaftlichen Mitarbeiterin der Arbeitsstelle für Hochschuldidaktik und einer Projektkoordinatorin, tagte in der Folge vier Mal und legte dem Rektor der UZH das in der Folge beschriebene Verfahren vor, welches seither auch umgesetzt wird.

1.1 Ziele und Begünstigte des Lehrpreises

Gemäß Vorgabe soll der Credit Suisse Award of Best Teaching (in der Folge CS-Lehrpreis genannt), wie der Name schon sagt, die „beste" Lehre auszeichnen. Es

stellt sich hierbei jedoch das Problem, dass unter „bester" Lehre je nach Sichtweise etwas anderes verstanden wird. So ist „beste" Lehre für eine Studienanfängerin, einen Studienanfänger möglicherweise etwas ganz anderes als für Studierende am Schluss ihres Studiums. Auch Studierende so genannter Massenfächer können unter „bester" Lehre etwas anderes verstehen als jene von „Orchideenfächern". Aufgrund dieser Überlegungen verfolgt der Lehrpreis der Universität Zürich folgende Ziele:
- Durch die Einführung eines Lehrpreises wird der Lehre eine größere Bedeutung zugemessen, wovon die Universität Zürich als Ganze profitiert.
- Der Lehrpreis der Universität zeichnet nicht „beste Lehre", sondern hervorragende Lehre aus.
- Die Lehre an der Universität Zürich wird mit dem Preis sichtbar gemacht; sie wird durch die Preisvergabe zu einem zentralen Thema.
- Der Preis zeichnet anhand verschiedener Aspekte Beispiele guter Lehre aus und zeigt somit auch Entwicklungsmöglichkeiten auf.

Zu den direkt Begünstigten gehören die Dozierenden der Universität Zürich, aus deren Reihe die Gewinnerin oder der Gewinner des jährlichen Lehrpreises kommt. Ein großer Nutzen aus der Vergabe des Lehrpreises soll aber die Universität Zürich als Ganzes ziehen: Der Preis macht die Lehre zu einem zentralen Thema, fördert die Diskussion über die Kriterien guter Lehre und kann so zu einer Verbesserung der Lehre führen. Dadurch profitieren wiederum die Studierenden der Universität Zürich.

1.2 Verfahren für die Preisvergabe

Aufgrund der oben definierten Ziele wird das Verfahren so festgelegt, dass jährlich wechselnde Aspekte guter Lehre in den Vordergrund gerückt werden. Die Fokussierung auf unterschiedliche Schwerpunkte ermöglicht eine breite, aber auch vertiefende Diskussion über gute Lehre. Daneben erlaubt sie, dass alle Dozierenden eine Chance für die Nominierung erhalten.

Das Verfahren besteht aus zwei Phasen: In der ersten Phase werden mögliche Preisträgerinnen und Preisträger in einer Internet-Umfrage nominiert. Dazu wird die jeweilige Personengruppe, die den Schwerpunkt beurteilen kann, angeschrieben (bisher waren dies immer die aktuell eingeschriebenen Studierenden). Jede Person kann nur eine Preisträgerin/einen Preisträger nominieren. Alsdann wertet die Arbeitsstelle für Hochschuldidaktik die Umfrageergebnisse aus und unterbreitet dem Gremium „Lehrpreis" einen Zehner-Vorschlag.

In der zweiten Phase wird dieser Zehner-Vorschlag vom Gremium gesichtet. Dabei wird geprüft, ob die Kandidatinnen und Kandidaten die vorgegebenen Beurteilungskriterien für die Vergabe des Lehrpreises erfüllen. Das Gremium erarbeitet sodann einen Einer-Vorschlag, der als Grundlage für die Nomination einer Preisträgerin/eines Preisträgers durch die Universitätsleitung dient. Die Universitätsleitung informiert die Öffentlichkeit über die Gewinnerin oder den Gewinner.

1.2.1 Schwerpunktthemen – Erstellung eines Itempools

Bevor die Studierenden ihre Favoritin/ihren Favoriten nominieren können, legt die Lehrkommission ein sogenanntes Fokusthema fest. In den vergangenen Jahren wurden folgende Themen umgesetzt:
- 2007: Großveranstaltungen mit über 200 Studierenden
  Im Mittelpunkt steht der innovative Umgang der Dozierenden mit den Herausforderungen von Großveranstaltungen mit mehr als 200 Studierenden.
- 2008: Beratung und Betreuung von Studierenden
  Es geht darum, aus allen Dozierenden diejenige Person zu nominieren, welche die Studierenden bei ihren Anliegen (fachspezifische und/oder überfachliche Fragen, Betreuung von Arbeiten, Vorbereitung auf Referate etc.) am besten berät und betreut.
- 2009: Verknüpfung von Forschung und Lehre
  Nominiert werden sollen Dozierende, denen es sehr gut gelingt, in ihren Lehrveranstaltungen so genanntes „research-based teaching" zu betreiben.
- 2010: Lerndialog
  Es geht darum, diejenige Person zu nominieren, welche einen fruchtbaren Lerndialog gestaltet, sei dies beispielsweise als Interaktion in Lehrveranstaltungen, bei der Verwendung interaktiver Lernmedien oder bei Rückmeldungen zu studentischen Leistungsnachweisen.

Bezogen auf diese Schwerpunktthemen wird im Vorfeld der Umfrage ein Itempool erstellt und bei fünf verschiedenen Fakultäten getestet. Aufgrund einer Itemanalyse werden in der Folge die sechs Items, welche das Konstrukt am besten repräsentieren, ausgewählt und zusammengestellt (vgl. Tabelle 1).

> Der Dozent/die Dozentin ...
>
> **Dimension: Forschendes Lernen ermöglichen**
> ... weckt bei den Studierenden Interesse und Neugierde an Forschungsprozessen.
> ... lässt den Studierenden Raum für eigene (Forschungs-)Fragen zum Thema.
>
> **Dimension: Forschungsexpertise aufzeigen**
> ... verweist auf selber jeweils angewendete Forschungsmethoden.
> ... macht die Studierenden mit wissenschaftlichen Arbeits- und Denkweisen vertraut.
>
> **Dimension: Wissenschaftsdiskussion führen**
> ... weist auf aktuelle Forschungsfragen hin.
> ... übt mit den Studierenden Kritik an Forschungsfragen.

Tab. 1: Items zum Schwerpunktthema Verknüpfung von Forschung und Lehre

Internetumfrage unter den Studierenden
Die Studierenden nominieren ihre Favoritin/ihren Favoriten online während eines Zeitfensters von zehn Tagen. Die Nomination wird gemeinsam mit dem Studierendenrat beworben, um möglichst viele Studierende zur Abstimmung zu motivieren. Zudem wurden neu im Jahre 2010 unter den teilnehmenden Studierenden auch Preise verlost.

Im Jahre 2007 und 2008 wurden via Rechtsdienst der Universität Zürich diejenigen Studierenden im Bachelor-, Master- und Lizentiatsstudiengang angeschrieben, welche sich bei ihrer Immatrikulation bereit erklärt hatten, bei Umfragen, welche die Universität betreffen, auch mitzumachen (Einhaltung des Vertraulichkeitscodes). Dies sind etwa 50 Prozent aller eingeschriebenen Studierenden. Im Jahre 2009 konnten *alle* Studierenden angeschrieben werden, wobei man sich entschied, nur Bachelorstudierende zu fragen, da die Umsetzung des Schwerpunktes (Verknüpfung von Forschung und Lehre) auf dieser Stufe als schwierig gilt. Im Jahre 2010 konnten wiederum *alle* eingeschriebenen Studierenden angeschrieben werden.

Die Studierenden erfahren auf der ersten Umfrageseite, um welches Schwerpunktthema es sich in diesem Jahr handelt und loggen sich alsdann mit ihrer Matrikelnummer ein (absolute Anonymität wird garantiert). Anschließend wählen sie ihre Favoritin/ihren Favoriten und begründen ihre Wahl in wenigen Sätzen. Erst dann kommen sie zu den sechs Schwerpunktitems und schätzen die von ihnen gewählte Person auf einer Sechserskala ein. Danach folgt eine Skala mit sechs Standarditems guter Lehre (vgl. Tabelle 2), welche die Studierenden ebenfalls bezogen auf ihre Lehrperson ankreuzen.

Der Dozent/die Dozentin ...

Dimension: Inhalte und Organisatiaon
... gliedert den Stoff übersichtlich.
... gibt nützliches Feedback.

Dimension: Lehren und studentisches Lernen fördern
... geht auf Fragen / Einwände der Studierenden ein.
... schafft günstige Bedingungen für das Verstehen.

Dimension: Fachwissen und Engagement
... weckt dauerhaftes Interesse am Fach.
... regt zum Nach- und Weiterdenken an.

Tab. 2: Standarditems guter Lehre

1.2.3 Auswertung der Resultate

Die Resultate der Umfrage werden von der Abteilung Kommunikation und den Informatikdiensten so aufbereitet, dass sie von der Arbeitsstelle für Hochschuldidaktik statistisch ausgewertet werden können. Es geht hierbei vor allem darum, Gewichtungen vorzunehmen, so dass es zu keinen Ungerechtigkeiten in den Verteilungen der Häufigkeiten der Nominationen kommen kann. Es wird im Anschluss daran eine Zehner-Liste zusammengestellt mit denjenigen Dozierenden, welche die besten Resultate bei den Schwerpunktitems erhalten und zudem einen gewissen Wert bei den Standarditems nicht unterschreiten. Dieser Zehner-Vorschlag (versehen mit den Begründungen der Studierenden) wird dem Gremium Lehrpreis zugestellt. Das Gremium setzt sich aus drei Personen des Studierendenrates, einem Vertreter der universitären Lehrkommission und dem Prorektor Geistes- und Sozialwissenschaften zusammen. In einem diskursiven Verfahren einigt sich das Gremium aufgrund der Rangreihenfolge und der offenen Antworten der Studierenden einstimmig auf eine Person, welche der Universitätsleitung zur Wahl empfohlen wird.

1.2.4 Übergabe und weiter Aktivitäten rund um den Preis

Der CS-Lehrpreis wird am Dies academicus mit einer Laudatio des Rektors der Siegerin resp. dem Sieger übergeben. Die anderen neun Personen erhalten einen Brief mit Dank für ihre wertvolle und hervorragende Lehrtätigkeit im Rahmen ihrer Anstellung an der Universität Zürich. In den uniinternen Kommunikationsmedien erscheinen Meldungen und die Tageszeitungen erwähnen die Preisträgerin/den Preisträger mit einer kurzen Mitteilung. Die Arbeitsstelle für Hochschuldidaktik interviewt die Siegerin/den Sieger und veröffentlicht das Interview auf ihrer Homepage[1] resp. stellt es auch der Fakultät der Gewinner/-innen zur Verfügung. Am jährlich durchgeführten Tag der Lehre der Universität Zürich sind die Lehrpreisträger/-innen entweder bei der Podiumsdiskussion oder bei Dialogtischen vertreten. Damit wird dem Ziel Rechnung getragen, dass der Lehre dank dem Lehrpreis eine größere Bedeutung resp. Beachtung zugemessen wird.

2 Zum Schluss ...

Die Lehrpreisvergabe an der Universität Zürich ist mit einigem Aufwand verbunden, will sie doch mehreren Ansprüchen genügen: Einerseits sollen die Studierenden, welche tagtäglich mit der Lehre ihrer Dozierenden in Kontakt treten, die Hauptakteure sein. Sie wählen ihre Favoritin/ihren Favoriten und stellen auch im Gremium Lehrpreis die Mehrheit. Andererseits ist die universitäre Lehrkommission und insbesondere die Arbeitsstelle für Hochschuldidaktik involviert. Diese koordiniert den Großteil der Arbeit bezüglich Lehrpreis und ist für die Durchführung und Auswertung der Umfrage verantwortlich. Dabei wird berücksichtigt, dass wesentliche Faktoren von guter Lehre zur Sprache kommen und nicht eindimensional jedes Jahr „innovative" Lehre ausgezeichnet wird. Denn wie einleitend beschrieben, gibt es *die* „hervorragende Lehre" nicht, sondern diese zeichnet sich immer durch unterschiedliche Faktoren aus. Diesem wichtigen Aspekt wird mit den wechselnden Schwerpunktthemen Rechnung getragen. Aus wissenschaftlicher und disziplinärer Sicht ist es der Arbeitsstelle für Hochschuldidaktik ebenfalls ein Anliegen, dass die Items, welche das jeweilige Jahresthema umschreiben, den allgemeinen Gütekriterien zur Skalenbildung entsprechen und diese nicht

---

1 Beispiel des Interviews mit dem ersten Lehrpreisträger: http://www.youtube.com/watch?v=g3idOTb6w58

willkürlich zusammengestellt sind. Damit kann erreicht werden, dass die Studierenden bei ihrer Wahl auch wesentliche Aspekte des Schwerpunktes bezogen auf ihre Favoritin/ihren Favoriten beurteilen und diese/n nicht „ad hoc" aus einer Laune heraus bestimmen.

Literatur

Futter, Kathrin / Tremp, Peter (2008). Wie wird gute Hochschullehre „angereizt"? Über die Vergabe von Lehrpreisen an Universitäten. In: Das Hochschulwesen 56 (2), S. 40-46.

Albertine Kolendowska

Evaluation et valorisation de l'enseignement à l'Ecole Polytechnique Fédérale de Lausanne

Résumé de l'article: L'évaluation et la valorisation de l'enseignement à l'Ecole Polytechnique Fédérale de Lausanne (EPFL, Suisse) sont une préoccupation croissante de notre Ecole. Les évaluations des enseignements se déroulent systématiquement - au travers d'un questionnaire électronique- une fois par semestre incitant ainsi les enseignants à progresser.
Les prix aux meilleurs enseignants entrent dans le cadre d'une politique globale de promotion et valorisation de la qualité de la formation. L'EPFL compte deux prix distincts: „Les Polysphères" – géré par l'AGEPoly, l'association des étudiants de l'EPFL – récompensent le meilleur enseignant de chaque Faculté; le „Credit Suisse Award for best Teaching" – géré par la Vice-présidence pour les affaires académiques – quant à lui, couronne l'enseignant se distinguant par une carrière d'excellence didactique.

Evaluation and enhancement of teaching at the Swiss Federal Institute of Technology Lausanne (EPFL)

Abstract: The evaluation and valuation of teaching at the EPL (Swiss Federal Institute of Technology Lausanne) is an issue that is gaining in importance at our university. The evaluation of teaching is undertaken systematically, on the basis of an electronic questionnaire, once every semester with the goal of encouraging teaching staff to continue to make further improvements.
Teaching awards represent part of a wide-ranging policy to support and evaluate educational quality. The EPFL awards two different teaching awards: The Association of Students at the EPFL awards „Les Polysphères" to the best teaching staff in each faculty. The „Crédit Suisse Award for best Teaching" is awarded by a committee presided over by the Vice-President for Academic Affairs and honours lecturers for a career of exceptional teaching/continued excellence in teaching.

Fondée en 1853, comme École spéciale de Lausanne, l'institution devient l'École polytechnique fédérale de Lausanne en 1969, départ d'une croissance spectaculaire comme deuxième Ecole polytechnique de la Suisse. Dès les années 2000, elle accentue son profil avec la migration des instituts de physique, de chimie et de mathématiques de l'Université de Lausanne – qui viennent renforcer ses propres instituts dans ces disciplines – et le développement des sciences de la vie.

Dans sa vision, l'École se positionne comme une université technologique de recherche d'esprit polytechnique; sciences et technologies œuvrent de concert pour enrichir la formation ainsi que la recherche de base et appliquée. Son but est de figurer durablement dans le groupe de tête des universités technologiques mondiales.

Avec plus de 110 nationalités sur le campus, l'EPFL est une des institutions les plus internationales. Grâce à 160 accords d'échange, elle reçoit chaque année plus de 350 étudiants étrangers pour un séjour à l'EPFL, et permet à 200 de nos étudiants d'aller s'immerger dans une institution étrangère.

L'EPFL compte environ 400 Professeurs et Maîtres d'enseignement et de recherche et plus de 4'500 employés. Les étudiants inscrits approchent les 7'400, dont 1785 doctorants; 700 titres de master et 300 doctorats ès sciences sont décernés chaque année. Le budget de l'EPFL avoisine les 750 Mio CHF.

Gestion de la qualité de la formation
L'EPFL possède 13 filières d'études de bachelor et 21 filières d'études de master. Toutes ces filières ont récemment été accréditées par la Conférence Universitaire Suisse (CUS) et, pour les masters en ingénierie, également par le Ministère français de l'Éducation. Il s'agit d'une accréditation nationale et internationale simultanée effectuée par l'Organe d'Accréditation et d'assurance Qualité des universités suisses (OAQ) et par la Commission des Titres d'Ingénieurs française (CTI). Ceci donne une solide garantie aux diplômés et aux futurs employeurs.

Les prix aux meilleurs enseignants s'insèrent dans cette politique globale de promotion et valorisation de la qualité de la formation.

1 Evaluation des enseignements

L'évaluation des enseignements s'inscrit dans la double mission de l'EPFL qui est d'être, d'une part un centre de recherche reconnu au niveau international et, d'autre part une école d'ingénieurs avec comme priorité un enseignement de qualité assurant une formation de haut niveau.

En janvier 2004, l'EPFL met en place la „Directive sur l'évaluation et la mise en valeur de l'enseignement à l'Ecole Polytechnique fédérale de Lausanne" dont les principaux objectifs sont les suivants:

1. Valoriser l'engagement et les prestations des enseignants
2. Offrir des éléments d'appréciation lors des nominations, promotions et attributions de ressources
3. Edicter des dispositions permettant de déceler d'éventuels problèmes de qualité de l'enseignement et y remédier.

Dès l'entrée en vigueur de cette directive en 2004, un dossier d'enseignement est requis pour chaque promotion ou recrutement. La composition de ce dossier sera présentée plus bas sous le point 3.1.

1.1 Principes

La première phase du processus est l'évaluation dite indicative. C'est une évaluation légère et systématique de tous les enseignements chaque semestre qui poursuit trois buts: permettre aux étudiants de s'exprimer sur la qualité des enseignements qu'ils suivent, fournir un feedback à tous les enseignants et procurer de manière commode des données minimales et standardisées aux directions des sections pour gérer la qualité des enseignements. Cette évaluation se déroule pendant la dixième semaine du semestre qui en compte quatorze. Le questionnaire est réalisé électroniquement via notre base de données de gestion académique et est anonyme. Les résultats sont donc directement enregistrés électroniquement.

Ce questionnaire composé d'une seule question a le mérite d'être concis (cf. figure 1) prenant ainsi peu de temps à l'étudiant ayant pour conséquence un taux de participation élevé, plus de 60% depuis 2006. Le questionnaire permet également à l'étudiant de s'exprimer ouvertement grâce à un espace conçu pour la rédaction de remarques.

La consultation des résultats est possible au travers d'une connexion sécurisée. Les résultats sont principalement destinés à l'enseignant (cf. figure 2). Ils peuvent être consultés par les étudiants ayant suivis le cours ainsi que par les organes en charge de la formation et de la promotion académique. Les remarques ne sont pas visibles pour les étudiants.

Fig. 1 : Questionnaire d'évaluation

Dans l'ensemble, j'estime que cet enseignement est:

Matière	pas concerné	mauvais	très insuffisant	insuffisant	suffisant	bon	excellent	Participation
Analyse numérique	○	○	○	○	○	○	○	40 / 86
Analyse III	○	○	○	○	○	○	○	39 / 77
Composants de la microtechnique I	○	○	○	○	○	○	○	34 / 67
Electronique I	○	○	○	○	○	○	○	36 / 72
Gestion des Organisations : leadership et management	○	○	○	○	○	○	○	33 / 60
Matériaux microtechniques I	○	○	○	○	○	○	○	32 / 70
Mécanique des structures	○	○	○	○	○	○	○	35 / 77
Physique générale III	○	○	○	○	○	○	○	42 / 86
Systèmes logiques	○	○	○	○	○	○	○	33 / 65

Mes remarques sur cet enseignement

(Les remarques seront communiquées à l'enseignant, aux directeurs de section concernés et à la Direction de l'EPFL. Soyez constructifs et évitez les remarques malpolies ou injurieuses).

Remarques

Matière

Analyse numérique

Fig. 1 : Questionnaire d'évaluation

Année	2008-2009
Matière	
Questionnaire	Evaluation indicative des enseignements
Nb Inscrit	33
Nb Répondu	13

Dans l'ensemble, j'estime que cet enseignement est: [moyenne : 4.8] [écart-type : 1.1] [médiane : 5.0]

- 6 excellent — 31%
- 5 bon — 31%
- 4 suffisant — 31%
- 3 insuffisant — 0%
- 2 très insuffisant — 8%
- 1 mauvais — 0%
- 0 pas concerné — 0%

Remarques Consultez les 11 remarque(s) en Html ou en Excel

Cours difficile mais le prof explique la matière très bien.

Démo du laboratoire intéressante, qui peut nous aider à assayer de comprendre l'utilité de ce cours.

Ce cours est très bien donné, il est structuré, nous voyons des exemples et il y a beaucoup d'exercices pour s'entraîner.

très bon cours, bien encadré!

Matière un peu abstraite, un peu plus de démonstration pratique serait une bonne chose pour améliorer la compréhension générale du cours

Beaucoup de concepts nouveaux à connaître en trop peu de temps. Polycopié complet avec beaucoup d'exercices ce qui est bien.

Cours très intéressant, mais pas toujours évident à comprendre les concepts.

Fig. 2 : Exemple de retour à l'enseignant

Suite à l'évaluation indicative, une évaluation dite approfondie est obligatoire pour tous les cours jugés insuffisants, c'est-à-dire ayant une moyenne inférieure à quatre. Cette deuxième évaluation permet de cibler le problème au travers d'un questionnaire personnalisé établi en collaboration entre l'enseignant et la section. Les résultats de cette évaluation sont discutés par la direction de la section et l'enseignant. La direction de la section est en charge du suivi.

Les résultats de ces évaluations font partie intégrante du dossier d'enseignement.

1.2 Service d'évaluation confidentielle

Le CRAFT – Centre de Recherche et d'Appui pour la Formation et ses Technologies – offre en tout temps un service d'évaluation confidentielle de l'enseignement aux enseignants demandeurs. Ces évaluations se font principalement par questionnaire papier et détaillé remplis par les étudiants.

Les résultats font l'objet d'un dossier avec analyse et propositions d'amélioration et sont systématiquement discutés par l'enseignant et le conseiller pédagogique du CRAFT qui a mené l'évaluation. La demande est de l'ordre de 150 enseignants par année et c'est une prestation très appréciée des enseignants.

2 Prix du meilleur enseignant

L'EPFL compte deux prix du meilleur enseignant, le „Crédit Suisse Award for Best Teaching" et les „Polysphères", qui diffèrent par leur processus de sélection.

2.1 Credit Suisse Award for Best Teaching

Cette récompense est destinée aux enseignants s'étant distingués par leur manière d'encourager et de soutenir la formation à l'EPFL. C'est à l'occasion du 150e anniversaire du Crédit Suisse, en 2006, que l'initiative a été lancée. Ce prix d'excellence est donc décerné à un membre de l'EPFL ou à un enseignant externe sur la base de l'ensemble de ses contributions aux activités de formation, notamment les cours, les projets d'étudiants, l'élaboration de textes et autre matériel didactique, ainsi que le caractère innovateur de sa pédagogie.

Processus de sélection
Un appel de candidatures est lancé auprès des directeurs des 13 sections, les directeurs de programmes doctoraux et les responsables de formation. D'autre part, tous les enseignants peuvent proposer à leur section un candidat de leur choix.

Les sections et les programmes doctoraux transmettent au secrétariat du Prix les candidatures accompagnées d'une lettre de recommandation limitée à une page.

Suite à une première sélection, le comité de sélection sollicite le dossier d'enseignement complet des trois meilleurs candidats afin de pouvoir choisir le lauréat.

Le dossier d'enseignement est donc une pièce maîtresse pour l'évaluation des candidatures. Ce dossier est composé des éléments suivants:
- Descriptif de 1-2 page des cours donnés, des contributions à l'enseignement ainsi que des objectifs de formation poursuivis
- Résultat des évaluations indicatives
- Commentaires de l'enseignant sur l'évaluation de ses enseignements
- Lettre de référence du directeur de section
- Participation de l'enseignant aux diverses activités pédagogiques (commissions, séminaires, recherches, projets etc.)

Le comité de sélection, présidé par le Vice-Président pour les affaires académiques, est composé du doyen Bachelor/Master, du doyen de l'Ecole Doctorale et du directeur du CRAFT.

2.2 Les polysphères

L'association des étudiants de l'EPFL, l'AGEPoly, a conçu de sa propre initiative, le prix du meilleur enseignant. L'AGEPoly remet chaque année les cinq Polysphères de Faculté qui récompensent le meilleur enseignant de chaque Faculté dont le meilleur est couronné par les Polysphères d'or.

Les lauréats sont choisis par les étudiants de l'EPFL parmi l'ensemble du corps enseignant. L'AGEPoly a mis en place un système de vote représentatif par Internet. Le processus d'élection est sous la responsabilité du Comité de Direction de l'AGEPoly et les décisions sont prises par un jury composé de délégués de classe.

2.3 Complémentarité des prix

Le „Credit Suisse Award for best teaching" récompense une carrière d'excellence didactique basée sur le long terme. Les „Polysphères" de l'AGEPoly récompensent les qualités d'enseignement basées sur le point de vue des étudiants durant l'année écoulée.

Ces prix sont décernés lors de notre journée Magistrale où plusieurs milliers de personnes assistent à la remise de diplômes et de divers prix d'excellence.

3 Conclusion

Les prix d'excellence dans l'enseignement représentent un outil de valorisation et de promotion de l'engagement et des prestations des enseignants. Ces prix offrent également des éléments d'appréciation lors de nomination, de promotions et d'attributions de ressources.

Il est réjouissant de constater que la promotion et la valorisation de l'enseignement se développe sous de multiples facettes, y compris au travers d'une volonté politique de notre établissement.

Uwe Schmidt / Marie-Theres Moritz

Lehrpreise in Rheinland-Pfalz: Zielsetzung, Verfahren, Kriterien

Zusammenfassung: *Im Hinblick auf die Reputation ist an Hochschulen eine deutliche Diskrepanz zwischen Forschungs- und Lehrleistung zu erkennen. Eine Reihe von Initiativen versucht, diese zu durchbrechen und der Lehre zur verdienten Anerkennung zu verhelfen. So auch die rheinland-pfälzischen Lehrpreise, der individuelle Lehrpreis, bei dem herausragende Dozierende auf Grundlage von Studierendenbefragungen ermittelt werden, sowie der Exzellenzwettbewerb Studium und Lehre, dessen Ziel es ist, innovative Projekte und exzellente Lehrleistungen auf institutioneller Ebene auszuzeichnen. Der Tag der Lehre, auf dem die Gewinner ihre Auszeichnung erhalten und ein Workshop, auf dem ausgewählte Projekte präsentiert und diskutiert werden, sorgen für die notwendige Öffentlichkeitswirkung. Der vorliegende Artikel beschreibt Zielsetzung, Verfahren und Kriterien der rheinland-pfälzischen Lehrpreise.*

Teaching awards in Rheinland Palatinate: Objectives, Procedures and Criteria

Abstract: *As far as the issue of university reputation is concerned a clear discrepancy can be seen to arise between the value attached to research and teaching. A range of initiatives have attempted to overcome this, and help teaching achieve the recognition it deserves. The teaching awards of Rheinland Palatinate are one example of this, they include the Individual Teaching Award which is awarded to outstanding lecturers on the basis of student evaluations, as well as the Teaching Excellence Competition, the goal of which is to honour innovative projects and excellent teaching at an institutional level. The winners are presented with their awards on a Day of Teaching on which selected projects are presented and discussed in a workshop to ensure that the necessary publicity is generated. This article describes the objectives, procedures and criteria for the award of the teaching awards of Rheinland Palatinate.*

Im Vergleich zur Forschung erfährt die Lehre an Hochschulen nach wie vor eine geringere Anerkennung. Die Diskrepanz zwischen Forschungs- und Lehrwertigkeit offenbart sich nicht zuletzt in den mit beiden Bereichen verbundenen Ungleichgewichten bzgl. wissenschaftlicher Reputation und Chancen in Berufungsverfahren. Um den Stellenwert der Lehre zu erhöhen bzw. die Gleichrangigkeit und Einheit der beiden Kernaufgaben Forschung und Lehre an Universitäten zu stützen, gibt es unterschiedliche Initiativen zur Förderung der Lehre, zunehmend auch mit einer sichtbaren Ausrichtung auf den Aspekt „exzellente Lehre". Um eine qualitative Weiterentwicklung der Lehre anzuregen, sind in den vergangenen Jahren zahlreiche Initiativen zur Förderung guter bzw. exzellenter Lehre entstanden. Neben anderen ist vor allem die jüngst durch den Stifterverband der Deutschen Wissenschaft durchgeführte Exzellenzwettbewerb Lehre zu nennen, der – wenngleich deutlich schlechter dotiert – analog zur Exzellenzinitiative des Bundes und der Länder im Bereich der Forschung kommuniziert wurde. Neben der grundsätzlichen Förderung der Lehre stehen zunehmend auch die mit dem Bologna-Prozess verbundenen Ziele, die Lernerperspektive stärker zu akzentuieren, im Vordergrund. Dies verweist bereits auf unterschiedliche Ausrichtungen von Förderprogrammen für Lehre, die zum einen den Charakter einer Auszeichnung tragen, zum anderen aber auch für Innovationen im Bereich der Lehre und eine sukzessive Anpassung von Lehrformen und -ansätzen an die mit dem Bologna-Prozess veränderten Prämissen sorgen sollen. Das Bundesland Rheinland-Pfalz hat sich diese Aufgaben zu Eigen gemacht und ein umfassendes Programm zur Förderung der Lehre auf individueller und kollektiver Ebene entwickelt, das allen rheinland-pfälzischen Hochschulen zugutekommt. Grundlegendes Ziel der damit verbundenen und im Folgenden skizzierten Einzelprogramme ist sowohl die Auszeichnung und Unterstützung individuellen Engagements als auch die Förderung kollektiver Verantwortung für die Qualität der Lehre.

1 Verfahren und Kriterien

Im Rahmen des Hochschulprogramms „Wissen schafft Zukunft" werden seit 2005 bzw. 2006 jährlich individuelle Lehrpreise sowie der Exzellenzwettbewerb des Landes Rheinland-Pfalz durch das Ministerium für Bildung, Wissenschaft, Jugend und Kultur (MBWJK) ausgeschrieben. Die Organisation des Lehrpreisverfahrens liegt in den Händen des Hochschulevaluierungsverbundes Süd-West, eines Zusammenschlusses von insgesamt 16 Hochschulen aus Rheinland-Pfalz,

Hessen und dem Saarland mit dem Ziel der gegenseitigen Unterstützung in Fragen der Qualitätssicherung in Forschung und Lehre.[1]
Ziel der *individuellen* Lehrpreise ist es, herausragende Leistungen in der Lehre zu würdigen und zu fördern. Besondere Leistungen von Lehrenden an rheinland-pfälzischen Hochschulen sollen auf diese Weise sichtbar gemacht und dadurch ein Anreiz zu einem weiteren Engagement in der Lehre geboten werden.

Der Exzellenzwettbewerb Studium und Lehre soll dazu beitragen, exzellente Lehre auf *institutioneller Ebene* zu fördern. Hierzu werden zum einen innovative Projekte in Fächern und Fachbereichen unterstützt, zum anderen Studiengänge an rheinland-pfälzischen Hochschulen, die sich durch eine besonders hohe Qualität auszeichnen, gewürdigt. Hinzu tritt im laufenden Verfahren die Auszeichnung von ganzen Hochschulen, die durch besondere strategische Konzepte und Maßnahmen im Bereich der Lehre überzeugen.

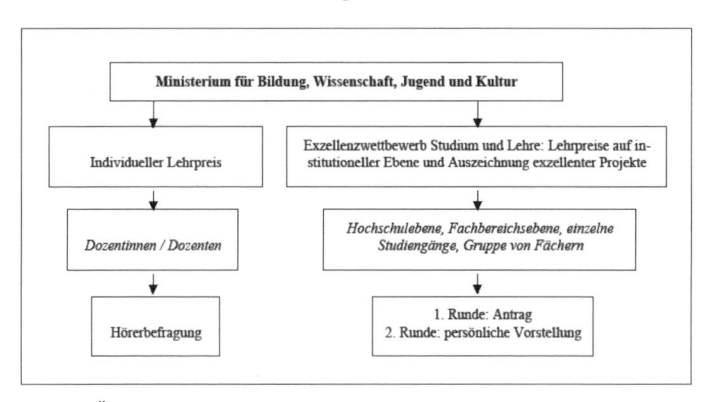

Abb. 1: Übersicht über den Lehrpreis und Exzellenzwettbewerb RLP

Grundlage für die Vergabe der *individuellen* Lehrpreise ist ein zweistufiges Verfahren. In einem ersten Schritt können alle Fachbereiche sowie Fachschaften rheinland-pfälzischer Hochschulen herausragende Dozentinnen und Dozenten nominieren, die in den Wettbewerb einbezogen werden sollen. Pro Fachbereich können maximal vier Lehrende für den Preis benannt werden. Bis zu drei Nominierungen obliegen hierbei dem Fachbereichsrat. Um die Stimme der Studierenden als Adressaten der Lehre angemessen zu gewichten, erfolgt die vierte Nominierung allein durch Studierendenvertreterinnen und -vertreter der Fachschaft. Nach Einreichen der Nominierungen werden Befragungen in den Veranstaltungen

---

1 Vgl. http://www.hochschulevaluierungsverbund.de

der für den Lehrpreis Vorgeschlagenen durchgeführt. Die Befragungsorganisation erfolgt durch den Hochschulevaluierungsverbund. Grundlage für die Bewertung ist ein Fragebogen, der auf aktuelle Ergebnisse der Forschung und eigene Untersuchungen rekurriert. Der Fragebogen fokussiert auf unterschiedliche Qualitätsebenen, d.h. auf den Aufbau und Anforderungen der Veranstaltung, Art und Weise der Wissensvermittlung sowie die Betreuung durch Lehrende.[2]

In der Regel werden mindestens zwei Veranstaltungen der Nominierten benannt, in denen Studierende befragt werden können. Hierbei soll die Anzahl der Teilnehmenden bei mindestens zwölf Studierenden pro Veranstaltung liegen. Die Erfassung der Daten sowie die Auswertungen erfolgen durch den Hochschulevaluierungsverbund. Unabhängig vom Lehrpreisverfahren erhält jeder Lehrende eine individuelle Rückmeldung über seine Ergebnisse. Grundlage für die Lehrpreisvergabe ist die durchschnittliche Gesamtbewertung der Lehrveranstaltung, wobei nicht das arithmetische Mittel, sondern die jeweiligen Residualwerte herbeigezogen werden. Hierdurch werden Effekte intervenierender Variablen in der Weise relativiert, dass eine Annäherung an die Messung von Lehrleistung erfolgen kann, die tendenziell unabhängig von externen Faktoren, wie der räumlichen Ausstattung, dem individuellen Leistungsstand und dem thematischen Interesse für eine Veranstaltung, ist.

Lehrpreise werden getrennt nach Universitäten und Fachhochschulen auf Ebene von folgenden Fächergruppen vergeben:
- Fächergruppen Universitäten:
  Mathematik und Naturwissenschaften, Ingenieurwissenschaften und Informatik sowie Medizin; Gesellschafts-, Rechts- und Wirtschaftswissenschaften sowie Sport, Kultur-, Sprach- und Geisteswissenschaften, Kunst und Musik sowie Theologie;
- Fächergruppen Fachhochschulen:
  Ingenieurwissenschaften und Informatik sowie Agrar- und Forstwissenschaften; Gesellschafts-, Rechts- und Wirtschaftswissenschaften sowie Kunst und Musik.

---

2 Musterfragebogen siehe http://www.hochschulevaluierungsverbund.de/Dateien/lehrpreis_muster.pdf

In den Fächergruppen werden unter Berücksichtigung der Zahl der Teilnehmenden für Fachhochschulen jeweils zwei Lehrpreise und für Universitäten jeweils vier Lehrpreise vergeben. Jeder Lehrpreis ist mit € 10.000 dotiert.

Grundlage für die Vergabe des *Exzellenzwettbewerbs* ist für alle zu vergebenen Auszeichnungen wiederum ein zweistufiges Verfahren: In einem ersten Schritt ist von den Fachbereichen bzw. der Hochschule ein maximal zehnseitiger Antrag einzureichen. Dieser sollte eine nachhaltige Steigerung der Lehrqualität im Sinne einer perspektivischen strukturellen Verankerung erkennen lassen. Grundlage hierfür ist eine durch die Antragsteller zu leistende Stärken-Schwächen-Analyse, an welche die zu beantragenden Maßnahmen anschließen. Diese müssen grundsätzlich geeignet sein, die identifizierten Probleme zu lösen. Die Qualität der Defizitanalyse, die Passung zwischen geplanten Maßnahmen und analysierten Defiziten sowie die Zielangemessenheit der Maßnahmen stellen dementsprechend wesentliche Kriterien für die Bewertung der Anträge dar. Darüber hinaus sind weitere zentrale Bewertungsaspekte relevant, u.a. inwiefern die beantragten Maßnahmen ein innovatives Potenzial im Sinne neuer Zielsetzungen und methodischer Zugänge aufweisen, welche nachhaltigen Effekte für die Entwicklung von Studium und Lehre zu erwarten sind, in welcher Weise die Ergebnisse auf andere Bereiche oder Fächer übertragen werden können und inwieweit ein angemessenes Verhältnis zwischen investiertem Aufwand und erwartetem Nutzen besteht.

Aus dem Antrag auf Förderung eines exzellenten *Projektes* sollten das geplante Konzept, die bereits erbrachten Vorleistungen sowie ein geschätzter Kostenrahmen für die Umsetzung des Projektes hervorgehen. Die Anträge sollten sich auf das bisherige Engagement im Bereich der Weiterentwicklung von Studium und Lehre beziehen. Die genannte Stärken- und Schwächenanalyse kann hierbei auf bereits erstellte Analysen (z.B. in Form von E-valuationsberichten) zurückgreifen. Die bisherigen inhaltlichen Schwerpunktsetzungen der Ausschreibungen hatten folgende Bereiche im Blick:
- Studienbetreuung und Studienberatung;
- Prüfungswesen;
- Schnittstelle Studium und Beruf.

Die Laufzeit der Projekte ist auf einen Zeitraum von maximal drei Jahren begrenzt. Die Nachhaltigkeit der Projekte sollte jedoch – wie zuvor angeführt – über diesen Zeitraum hinaus gewährleistet sein und die Frage der Übertragbarkeit aufgreifen.

Die anhand des Antrags ausgewählten Teilnehmerinnen und Teilnehmer werden in einem zweiten Schritt zu einer mündlichen Präsentation und Diskussion vor einer vom Ministerium eingesetzten Kommission eingeladen. In der Kommission sind neben drei Expertinnen bzw. Experten aus dem Bereich der Bildungs- und Hochschulforschung und drei Vertreterinnen bzw. Vertretern rheinland-pfälzischer Hochschulen auch drei studentische Vertreterinnen bzw. Vertreter eingebunden. Die für die Förderung ausgewählten Projekte werden durch den Hochschulevaluierungsverbund begleitet. Nach Abschluss des Projekts wird ein zusammenfassender Bericht vom Fachbereich erwartet, der zentrale Erfahrungen des Projekts darstellt.

Die Anträge auf Auszeichnung exzellenter *Lehrleistungen* auf *institutioneller* Ebene müssen hinreichend deutlich machen, auf welcher Grundlage der Fachbereich die Leistungen als exzellent ansieht. Auch hier bietet sich als Ausgangspunkt der Darstellung eine Definition von Stärken und Schwächen an, die auf bereits durchgeführten Erhebungen und Evaluationsverfahren basiert. Die für die Entscheidung über die Anträge zuständige Kommission hat sich im Vorfeld auf Kriterien verständigt, die bei der Antragstellung berücksichtigt werden. Die Bewertung der Anträge der Lehrleistungen erfolgt auf Basis folgender Dimensionen, zu denen entsprechende Daten und Erläuterungen vorgelegt werden sollen:

- Studiengangziele (Stringenz des Projektes, strukturelle Einbindung, internationale Ausrichtung, Praxisbezug etc.);
- Studienorganisation (Studienberatung, Transparenz der Informationen, Abstimmung von Lehrinhalten und Prüfungsanforderungen, Organisation von Praktika etc.);
- Studienergebnisse (Kompetenzgewinn, Fachstudiendauer, Berufseinmündung etc.);
- Ressourcen (Personal, Lehrkompetenzen, Bibliotheksausstattung etc.).

Bezüglich der Anträge definiert die Kommission nach Begutachtung der eingereichten Unterlagen, inwieweit zusätzliche Daten oder Erhebungen notwendig sind, um zu einer Bewertung zu gelangen. Diese werden durch den Hochschulevaluierungsverbund durchgeführt und wiederum der Lehrpreiskommission zur Verfügung gestellt.

Die anhand des Antrags ausgewählten Teilnehmerinnen und Teilnehmer werden ebenfalls zu einer mündlichen Präsentation und Diskussion vor der Kommission eingeladen.

Der Exzellenzwettbewerb ist mit € 50.000 dotiert.

2 Bekanntgabe und Vergabe der Preise

Die Auszeichnung der Gewinnerinnen und Gewinner des Lehrpreises und des Exzellenzwettbewerbs erfolgt durch die Ministerin bzw. den Minister des MBWJK im Rahmen des Tages der Lehre, einer jährlich wiederkehrenden Veranstaltung.

Um den Bekanntheitsgrad der Preise zu steigern und eine breite Diskussion im Bereich guter Lehre anzuregen, fand im Jahr 2009 erstmalig ein Workshop mit ausgewählten Gewinnerinnen und Gewinnern des Lehrpreises und des Exzellenzwettbewerbs statt, der künftig als Ergänzung zum Tag der Lehre regelmäßig veranstaltet werden soll. Auf diese Weise können zum einen die prämierten Projekte vorgestellt werden und es ist möglich, über Aspekte der Nachhaltigkeit und Übertragbarkeit im Sinne von „best practice" intensiv zu diskutieren. Zum anderen soll eine hohe Öffentlichkeitswirkung als Anreiz dienen, sich im Bereich der Lehre verstärkt zu engagieren. Insgesamt zeigt der Lehrpreis mit Blick auf die Beteiligung eine äußerst positive Entwicklung, so dass in den vergangenen Jahren die Teilnahme kontinuierlich gesteigert werden konnte. So wurden bspw. im Rahmen des individuellen Lehrpreises im Jahr 2005 75 Dozentinnen und Dozenten nominiert, 2007 waren es bereits 107. Die Anzahl der befragten Lehrveranstaltungen erhöhte sich im selben Zeitraum von 163 auf 277 und die Anzahl der befragten Studierenden konnte von 5.094 auf 10.215 mehr als verdoppelt werden.

3 Erfahrungen und Ausblick

Die im Rahmen des Exzellenzwettbewerbs in den letzten Verfahren eingereichten Anträge weisen eine hohe Qualität auf und deuten auf viele Vorarbeiten qualitätssteigernder Maßnahmen im Bereich Studium und Lehre der einzelnen Fächer und Fachbereiche hin. Interessant sind die unterschiedlichen Zugänge, welche die Anträge erkennen lassen. Systematisiert man diese, so verweisen sie auf ein breites Spektrum von Modellen, die sowohl auf veränderte hochschuldidaktische Zugänge als auch auf strukturelle Änderungen abstellen. Die breite Palette an Projektideen korreliert naturgemäß mit unterschiedlichen Strukturen auf Ebene der beteiligten Hochschulen sowie Fächer. Die damit verbundenen unterschiedlichen Ansprüche legen nahe, zum Teil sehr spezifische Lösungsansätze zu entwickeln, um den konkreten Vor-Ort-Bedingungen gerecht zu werden. Der Anspruch der Übertragung aus den Erfahrungen erfolgreicher Projekte muss mithin immer unter der Perspektive betrachtet werden, dass zum Teil erhebliche Anpassungen an die jeweiligen Kontextbedingungen notwendig sind. Die entsprechenden Anpassungskosten sind nicht zu unterschätzen, so dass der Modellcharakter der Projekte zwar grundsätzlich erfüllt wird, eine Übertragung der Erfahrungen jedoch unter Umständen weiterer Unterstützung und Beratung bedarf. Grundsätzlich sind der Tag der Lehre, wie auch die bereits erwähnten regelmäßigen Workshops angemessene Instrumente, diesen Erfahrungsaustausch und die Übertragung der Projekte zu fördern. Wesentlich erscheint aber auch eine kontinuierliche wissenschaftliche Begleitung, durch die dieProjekterfahrungen in einen breiteren fachlichen Kontext gerückt werden können. In diesem Zusammenhang ist auch eine umfassendere Dokumentation geplant, mittels derer einzelne Projektideen vertiefend betrachtet und öffentlich zugänglich gemacht werden sollen. Hiermit kann auch der Frage der Nachhaltigkeit projektübergreifend nachgegangen werden.

Insgesamt lässt sich resümieren, dass der Lehrpreis des Landes Rheinland-Pfalz als ein geeignetes Instrument anzusehen ist, gute Lehre sichtbar zu machen, engagierte Lehrende für ihre Lehrtätigkeit zu belohnen, die Weiterentwicklung guter Lehre anzuregen und einen Beitrag zur Qualitätsentwicklung zu leisten. „Der Lehrpreis ist ein sehr gelungenes Mittel, um gute Lehre zu fördern und ein sehr großer Motivator, gerade auch für jüngere Wissenschaftler", so eine Dozentin, die 2009 mit dem Lehrpreis ausgezeichnet wurde.

Günter Wageneder

Lehrpreise an der Universität Salzburg: Gestaltung – Erfahrungen – Bewertungen

Zusammenfassung. *An der Universität Salzburg werden seit dem Studienjahr 2007/08 Lehrpreise ausgeschrieben. In den ersten beiden Jahren der Ausschreibung sollten mit dem „Preis für innovative Lehre" Lehrveranstaltungen prämiert werden, in denen sich die Lehrenden gemeinsam mit ihren Studierenden um neue Wege erfolgreichen Lehrens und Lernens bemüht haben. Seit dem Studienjahr 2009/10 wird der Lehrpreis als „Preis für hervorragende Lehre" ausgeschrieben. Im Artikel wird über die Ausrichtung der Preise, die bisher erfolgten Einreichungen und die Form der Prämierung berichtet. Abschließend werden die Ergebnisse einer Befragung unter Lehrenden der Universität Salzburg zu den bisherigen Lehrpreisausschreibungen präsentiert.*

Teaching Awards at the University of Salzburg: Design – Experience – Evaluation

Abstract: *Teaching awards have been offered at the University of Salzburg since 2007/08. In the first two years the intention was to use the ‚Prize for Innovative Teaching' to provide incentives for teaching courses in which lecturers worked together with students to find new ways to promote successful teaching and learning. Since the 2009/10 academic year the teaching award has been awarded for ‚outstanding teaching'. This article will consider the focus of the award, the submissions made to date and the form the award takes. In conclusion, the results of a survey of teaching staff at the University of Salzburg related to the teaching awards offered until now will be presented.*

Zu Beginn seiner zweiten Amtsperiode im Oktober 2007 hat das Rektorat der Universität Salzburg eine „Qualitätsoffensive zur Verbesserung der Studienbedingungen" ausgerufen und in diesem Kontext eine Reihe von Maßnahmen ergriffen: Fokussierung der für den Zeitraum 2008 bis 2010 zu schließenden Zielvereinbarungen zwischen dem Rektorat und den einzelnen Fachbereichen auf Verbesserungen im Bereich der Lehre; Einführung einer verpflichtenden Betreuungsvereinbarung zwischen Studierenden und ihren Bertreuerinnen resp. Betreuern bei Aufnahme von Masterarbeiten, Diplomarbeiten und Dissertationen; Einführung einer breit angelegten Befragung der Absolventinnen und Absolventen; Eröffnung eines Karrierezentrums; Einführung eines jährlichen Tages der Lehre.[1] Zudem wurden zwei Preise ins Leben gerufen: Ein Wettbewerb, bei dem Studierende Verbesserungsvorschläge einreichen konnten, sowie ein Lehrpreis, für den sich seither alle Lehrenden der Universität Salzburg mit ihren Lehrveranstaltungen bewerben können.

In Anlehnung an Beispiele aus anderen Universitäten und mit dem vorrangigen Ziel, mit diesem Preis Lehrende zu neuen didaktischen Herangehensweisen, zum Ausprobieren neuer Methoden, letztlich zu didaktischer Kreativität anzuregen, wurde der Bewerb unter den Titel „Preis für innovative Lehre" gestellt. Weiters war es ein erklärtes Ziel, mit dieser Maßnahme zu einer Aufwertung der Lehre beizutragen.

1 Lehrpreis 2007/08 und 2008/09 – Preis für innovative Lehre

In Absprache mit der *Arbeitsgruppe für Qualitätsentwicklung in Lehre und Studium*, die sich mind. alle drei Monate trifft und die dem Vizerektor für Lehre für Aktivitäten im Bereich der *Qualitätsentwicklung in Lehre und Studium* beratend zur Seite steht, wurden die Bedingungen für das Vorschlagen von Lehrveranstaltungen folgendermaßen festgelegt:
- Vorgeschlagene Lehrveranstaltungen (LV) sollten einen oder mehrere der folgenden Aspekt/e erfüllen: innovatives didaktisch-methodisches Konzept; innovativer Einsatz webbasierter Informations- und Kommunikationstechnologien; Anwendung innovativer Prüfungsmethoden; Betreiben einer innovativen forschungsnahen Lehre; Verfolgen interdisziplinärer

---

1   Hinweise auf die entsprechenden Webseiten vgl. am Schluss des Beitrags.

Ansätze; Berücksichtigung unterschiedlicher Zielgruppen; allgemein ein Beschreiten neuer Wege für ein erfolgreiches Lernen der Studierenden.
- Einreichberechtigt waren Lehrende mit ihren eigenen Lehrveranstaltungen sowie Gruppen von mind. drei Studierenden. Dass die Studierenden in Gruppen einreichen mussten, sollte eine erste kleine Qualitätshürde sein und (tendenziell) willkürliche Einreichungen vermeiden helfen.
- Vorgeschlagen werden konnten alle Lehrveranstaltungen, die im betreffenden Studienjahr abgehalten wurden und im Rahmen eines ordentlichen Studiums anrechenbar waren. Mit dieser Regelung wurden auch nicht verpflichtende Lehrveranstaltungen (sogenannte Wahlfächer) zum Bewerb zugelassen; umgekehrt wurden damit Lehrveranstaltungen, die im Rahmen von Universitätslehrgängen (dem postgradualen Weiterbildungsangebot der Universität Salzburg) angeboten werden, ausgeschlossen.

Auf diese erste Ausschreibung im Studienjahr 2007/08 hin wurden 32 Lehrveranstaltungen vorgeschlagen, für den Bewerb im Studienjahr 2008/09 waren es 22. Unter den Einreichungen fanden sich Vorschläge aus allen Fakultäten der Universität Salzburg.

Ausgewählt wurden die Sieger in beiden Jahren von einer von der *Arbeitsgruppe für Qualitätsentwicklung in Lehre und Studium* zusammengestellten Jury, die aus Uni-internen und Uni-externen Vertretern sowie zwei Studierenden zusammengesetzt war. Bei der Auswahl der internen Jurymitglieder wurde auf fachliche Streuung über die Fakultäten der Universität Salzburg geachtet, bei der Auswahl der externen Mitglieder insb. auf einschlägige fachliche Kompetenz. Die zwei studentischen Mitglieder der Jury wurden jeweils von der Vertretung der Studierenden, der österreichischen Hochschüler/innen/schaft an der Universität Salzburg, benannt.

In der Jury erfolgte die Beurteilung der vorgeschlagenen Lehrveranstaltungen auf Basis der von den Lehrenden erhaltenen Einreichunterlagen (insb. didaktische Konzepte) und auf Basis der Bewertungen der an den vorgeschlagenen Lehrveranstaltungen teilnehmenden Studierenden. Hierfür wurden zwei Fragebögen vorgelegt: zum einen der klassische Lehrveranstaltungs-Evaluationsbogen der Universität Salzburg, zum anderen ein spezieller, an den oben genannten Kriterien orientierter Fragebogen.

Um zu einer Auswahl zu gelangen, wurde bei der jeweiligen Jurysitzung zunächst etwa die Hälfte aller Einreichungen anhand der studentischen Bewertungen ausgeschieden. Die verbleibenden Einreichungen wurden von den Jurymitgliedern auf Basis der Einreichunterlagen bewertet und in Abstimmung mit den studentischen Beurteilungen gereiht. Die Letztauswahl der Siegerprojekte erfolgte schließlich in einem diskursiven Prozess zwischen den Jurymitgliedern. Die so gefundenen Preisträger/-innen wurden der Universität und der weiteren Öffentlichkeit beim Tag der Lehre 2008 bzw. 2009 vorgestellt.

Die drei pro Studienjahr ausgezeichneten Lehrveranstaltungen erhielten je € 2.000 Preisgeld, wobei dieses bei mehr als einem oder einer Lehrenden zu teilen war. € 2.000 erschienen insofern für angemessen, da dies der Größenordnung nach der Abgeltung für eine reguläre Lehrveranstaltung entspricht. Aufgrund der mit einzurechnenden Lohnnebenkosten betrugen für die Universität Salzburg die tatsächlichen Ausgaben für den Lehrpreis pro Studienjahr aber mehr als das Doppelte der an die Preisträger/-innen ausbezahlten Beträge.

2 Lehrpreis 2009/10 – Preis für hervorragende Lehre

Auch im laufenden Studienjahr 2009/10 wird der Lehrpreis der Universität Salzburg fortgeführt. Allerdings wurden für die diesjährige Ausschreibung die Rahmenbedingungen etwas geändert. Grund dafür waren nicht nur vereinzelte kritische Fragen, ob denn „innovative Lehre" notwendigerweise mit qualitätsvoller Lehre gleichzusetzen wäre (die Antwort darauf kann nur „nein" lauten), sondern auch allgemeine Überlegungen im Rektorat bzw. in der *Arbeitsgruppe für Qualitätsentwicklung in Lehre und Studium*, die dahin gingen, dass nun nicht ein drittes Mal innovative Lehrveranstaltungen abgerufen werden sollten, sondern dass nun auch Lehrveranstaltungen eine Chance bekommen sollten, die hohe Qualität bieten, ohne dabei notwendigerweise innovativ zu sein. So wurde der Lehrpreis der Universität Salzburg in diesem Studienjahr als „Preis für hervorragende Lehre" ausgeschrieben.

Für das Festlegen von inhaltlichen Kriterien wurde auf zentrale, wissenschaftlich abgesicherte Aspekte der Gestaltung guter Lehre zurückgegriffen. Insbesondere wurden die Kriterien für die diesjährige Ausschreibung anhand der Darstellungen in Winteler (2004) ausgearbeitet. Demnach sollen sich im Studienjahr 2009/10 einzureichende Lehrveranstaltungen durch mehrere der folgenden Eigenschaften auszeichnen:

- An die Studierenden werden Lernanforderungen gestellt, mit denen über die reine Faktenvermittlung hinaus kritisches, kreatives und problemlösendes Denken vermittelt wird.

- In der Lehrveranstaltung wird aktives Lernen gefördert, etwa durch Gruppenarbeiten, Diskussionen, problemlösendes Lernen, interaktive Übungen, kollaborative Arbeiten auf Blackboard und andern aktivierenden Methoden. In nicht-prüfungsimmanenten Lehrveranstaltungen wird das Lernen der Studierenden insb. durch eine Verbindung von gelebter Begeisterung der/des Lehrenden für das Fach mit guter Strukturierung und Klarheit des Vortrages, durch Skripte und multimediale Lernmaterialien von hoher instruktiver Qualität oder auch durch den Einsatz von aktivierenden Methoden schon während der Vorlesung gefördert.
- Die gesetzten Lehr-/Lernaktivitäten sind an den Lernzielen der Lehrveranstaltung orientiert und aufeinander abgestimmt.
- Den Studierenden wird regelmäßig Rückmeldung über ihren Lernfortschritt gegeben. Sie erhalten schon während des Semesters Feedback über die von ihnen erbrachten Leistungen und damit Orientierung für ihr weiteres Lernen.
- In der Lehrveranstaltung kommt ein faires und transparentes Beurteilungssystem zur Anwendung. Die Prüfungsinhalte und Beurteilungsformen sind an den Lernzielen und Lernformen der Lehrveranstaltung orientiert. Die Beurteilung der Studierenden spiegelt nachvollziehbar die von ihnen erreichte Leistung wieder.

Unter der (wie unten zu zeigen sein wird: bestätigten) Annahme, dass viele Lehrende sich davor scheuen, sich selbst für die Auszeichnung vorzuschlagen, wurden für die Ausschreibung im Studienjahr 2009/10 zudem die formalen Einreichkriterien angepasst. Nunmehr können Lehrende nicht mehr nur eigene Lehrveranstaltungen, sondern auch solche von Kolleginnen und Kollegen vorschlagen; Studierende können weiterhin in Gruppen von mind. drei Personen Vorschläge machen. Zudem wurden die Vorsitzenden von Curricularkommissionen, die Leitungen der einzelnen Fachbereiche sowie die Dekane und Dekaninnen aufgerufen, Lehrveranstaltungen von Lehrenden aus ihren Bereichen für den Preis vorzuschlagen.

Die Einreichungen für das Studienjahr 2009/10 liefen bei Drucklegung dieses Textes noch. Das im Mai/Juni 2010 durchzuführende Bewertungsverfahren wird sich nicht wesentlich vom bisherigen unterscheiden; lediglich der Lehrpreis-spezifische Fragebogen wurde auf die neuen Kriterien hin aktualisiert und die Jury wurde wieder neu zusammengestellt – aufgrund vielfacher Anregung evtl. mit größerem Anteil an externen Jury-Mitgliedern.

3 Wirkungen und Bewertungen – Ergebnisse einer Lehrendenbefragung

Im Kontext der dritten Ausschreibung des Lehrpreises der Universität Salzburg sollte auch etwas über die tatsächlichen Wirkungen des Preises in Erfahrung gebracht werden. Wie viele Lehrende sehen sich die Siegerprojekte an? Gibt es Personen, die behaupten, dass sie der Lehrpreis zu Veränderungen in ihrer Lehre inspiriert hat? Wie wird allgemein über den Lehrpreis gedacht? Halten die Lehrenden der Universität Salzburg die Ausschreibung eines solchen Preises für sinnvoll?

Um diese Fragen zu beantworten, wurden Anfang November 2009 alle Lehrenden der Universität Salzburg gebeten, einen sehr kurzen Fragebogen rund um die oben genannten Fragen auszufüllen. Dieser Aufforderung kamen insgesamt 180 Personen nach – aufgeteilt nach Personengruppen ergibt dies einen Rücklauf von 2,3 Prozent bei den Doktorandeninnen und Doktoranden und sonstigen wissenschaftlichen Bediensteten (die aufgrund der vorliegenden Personaldaten in einer Gruppe erfasst wurden) bis hin zu 35,4 Prozent bei den Universitätsprofessorinnen und -professoren.

Danach gefragt, ob sie die (jährlich wiederkehrende) Ausschreibung eines Uni-internen Lehrpreises für sinnvoll halten, antworten 65,6 Prozent, dass sie das für (sehr) sinnvoll halten, 13,9 Prozent bleiben neutral, 9,4 Prozent tendieren dazu, das für nicht sinnvoll zu halten, 7,2 Prozent halten die Ausschreibung des Preises für gar nicht sinnvoll.

Nur 10,0 Prozent der Antwortenden haben sich bisher um den Lehrpreis der Universität Salzburg beworben. Die verbleibenden 90,0 Prozent wurden danach gefragt, ob sie eine Bewerbung in Erwägung gezogen hätten. Für 52,5 Prozent dieser Gruppe trifft auch das nicht zu, die verbleibenden 38,6 Prozent haben eine Bewerbung in Erwägung gezogen (8,9 Prozent haben nicht geantwortet). Beide Gruppen, also sowohl jene, die gar keine Bewerbung in Erwägung gezogen haben, als auch jene, die wohl darüber nachdachten, sich dann aber doch nicht beworben haben, wurden mit je einer offenen Frage nach ihren Gründen dafür gefragt. Die 47 bzw. 65 freien Anmerkungen zu diesen beiden Fragen wurden mit einer einfachen Textanalyse zu folgenden Kategorien zusammengefasst (siehe Tabelle 1).

Abgesehen von der Tatsache, dass viele Lehrende ihre eigene Lehrveranstaltung für nicht innovativ/besonders/gut/ … genug für eine Bewerbung gehalten haben, scheint vielen Lehrenden die Vorstellung eines Selbstvorschlages nicht behagt zu haben. Vielen potenziellen Bewerberinnen und Bewerbern war bisher auch der zeitliche Aufwand für eine Bewerbung zu groß. Eine weitere Gruppe war skeptisch gegenüber dem (bei der dritten Ausschreibung nunmehr geänderten) Fokus auf „innovative Lehre" oder aber prinzipiell gegenüber einer Lehrpreis-Ausschreibung. Einige

Kategorisierung der Antworten auf die beiden offenen Fragen: „Was hat Sie von einer tatsächlichen Bewerbung abgehalten?" (q5) „Warum haben Sie eine Bewerbung nicht in Erwägung gezogen?" (q6)	Anzahl Nennungen		
	q5	q6	Σ
Nicht beworben, weil (derzeit) keine innovative/ besondere LV	13	11	24
Problem mit Eigenlob und Selbstvorschlag – Studierende sollen vorschlagen	8	11	19
Nicht beworben wegen (Zeit)Aufwand für Antragstellung	12	3	15
Skepsis gegenüber dem Fokus „innovativ"	6	8	14
Prinzipielle Skepsis gegenüber dem Preis	3	10	13
Noch wenig/keine Lehrerfahrung	-	9	9
Skepsis gegenüber dem Verfahren	2	6	8
(Falsch-)Annahme, dass „innovativ" mit „Multimediaeinsatz" gleichzusetzen ist	3	5	8
Nicht beworben wegen Lehre im Team	5	2	7
Preis sollte für jüngere Lehrende da sein	-	6	6
Skepsis gegenüber Didaktik/Methodik (Inhalte sind wichtiger als die Form)	2	2	4
Fehlende/Unzulängliche Bewertungskriterien	2	1	3
Preis bzw. Lehre im Allg. hat keine Karriere-Relevanz	1	1	2

Tab. 1: Gründe, sich nicht für den Lehrpreis zu bewerben

Lehrende äußern sich in einer Weise, die darauf schließen lässt, dass sie der Falschannahme erlagen, dass der Preis für innovative Lehre ausschließlich auf Innovation im Sinne von Medieneinsatz abgezielt hätte. Erwähnt werden muss noch eine weitere Gruppe von Lehrenden, die Skepsis gegenüber dem Verfahren der Preisvergabe geäußert hat; hier muss offensichtlich für noch mehr Transparenz gesorgt werden.

Weiters wurden die Lehrenden gefragt, ob sie – unabhängig von einer Bewerbung – vom Lehrpreis (der Ausschreibung selbst oder den bisherigen Siegerprojekten) zu Veränderungen in der eigenen Lehre inspiriert wurden. Auf einer fünfstufigen Skala von „1 – ja, sehr" bis „5 – nein, gar nicht" antworten 2,8 Prozent mit „1 – ja, sehr", 11,1 Prozent mit „2", 13,9 mit „3", 14,4 mit „4" und 45,0 Prozent mit „5 – nein, gar nicht"; 12,8 Prozent geben auf diese Frage keine Antwort.

In einer letzten geschlossenen Frage wollten wir von den Teilnehmern/-innen der Befragung wissen, ob sie sich die Siegerprojekte der letzten Jahre angesehen haben.

8,3 Prozent behaupten, alle bisher ausgezeichneten Projekte angesehen zu haben, 13,3 Prozent haben sich viele ausgezeichnete LV angesehen, 6,7 Prozent alle eines Jahres 30 Prozent haben sich manche LV angesehen, 3,3 Prozent haben sich genau eine ausgezeichnete LV angesehen, 30,6 Prozent haben sich keine ausgezeichnete LV angesehen (7,8 %, haben auf diese Frage nicht geantwortet).

In einer weiteren offenen Frage wurden die Lehrenden nach ihrer ganz prinzipiellen Einstellung zur Ausschreibung eines Uni-internen Lehrpreises gefragt. In einer letzten offenen Frage konnten noch „sonstige Anmerkungen" gemacht werden. Auch die 141 bzw. 44 freien Anmerkungen zu diesen beiden Fragen wurden wieder mit einer einfachen Textanalyse zu Kategorien zusammengefasst (siehe Tabelle 2).

Kategorisierung der Antworten auf die beiden offenen Fragen: „Ganz allgemein: Was halten Sie von der Ausschreibung eines uni-internen Lehrpreises?" (q9) „Weitere Anmerkungen (zu den Fragen oben oder sonstige)" (q10)	Anzahl Nennungen		
	q9	q10	☐
Prinzipiell positiv	92	-	92
Ist Anreiz zur Verbesserung der Lehre	28	1	29
Prinzipielle Skepsis	21	1	22
Skepsis gegenüber dem Verfahren	14	3	17
Preis führt zu Aufwertung der Lehre (gegenüber der Forschung)	12	2	14
Verbesserungsvorschläge	1	12	13
(Falsch-)Annahme, dass „innovativ" mit „Multimediaeinsatz" gleichzusetzen ist	6	5	11
Problem mit Eigenlob und Selbstvorschlag – Studierende sollen vorschlagen	10	-	10
Auswahl der Sieger-LV sollte nur auf Basis von Studierenden-Bewertungen erfolgen	7	2	9
Skepsis gegenüber Fokus „innovativ"	7	-	7
Fehlende Bewertungskriterien	5	1	6
Preis sollte für jüngere Lehrende da sein	5	-	5
Gute Lehre sollte selbstverständlich sein	5	-	5
Preis bzw. Lehre im Allg. hat keine Karriere-Relevanz	1	2	3
Skepsis gegenüber Vergleichbarkeit über Fachgrenzen und LV-Typen hinweg	3	-	3
Skepsis, dass Preis Anreiz für bessere Lehre ist	3	-	3
Ist Anerkennung für Lehrende	2	-	2

Tab. 2: Meinungen zum Lehrpreis der Universität Salzburg

Zusätzlich zu den schon bei den Fragen *q5* und *q6* genannten Aspekten ist hier auffällig, dass eine große Anzahl von Antwortenden dem Preis prinzipiell positiv gegenüber steht. 22 Personen äußern aber auch prinzipielle Skepsis. Eine nicht kleine Gruppe von 29 Personen sagt von sich aus, dass sie den Preis als einen Anreiz für eine Verbesserung der Lehre sieht, 14 Personen glauben, dass der Preis zu einer Aufwertung der Lehre beiträgt.[2]

Resümee
Sowohl bei der entsprechenden geschlossenen Frage als auch bei den freien Anmerkungen geben viele Lehrende an, dass sie vom Lehrpreis, von der Ausschreibung oder von den bisherigen Siegerprojekten, zu Veränderungen in der Lehre inspiriert wurden und auch, dass sie dem Lehrpreis prinzipiell positiv gegenüber stehen, in ihm sogar einen Beitrag zur Aufwertung der Lehre sehen. Insofern scheinen gute Gründe vorzuliegen, an der Universität Salzburg weiterhin Lehrpreise auszuschreiben. Gleichzeitig müssen die geäußerten Verbesserungsvorschläge ernst genommen werden.

Literatur

Winteler, Adi (2004). Professionell Lehren und Lernen: Ein Praxisbuch. Darmstadt: wbg.

Websites zu den Lehrpreisen an der Universität Salzburg

Qualitätsoffensive:	www.uni-salzburg.at/qe-eval
Ausschreibung 2008/09:	www.uni-salzburg.at/qe-eval/lv-preis
Weitere Ergebnisse im Detail:	www.sbg.ac.at/qe-eval/eval-lehrpreis
Prämierte Projekte 2007/08:	www.uni-salzburg.at/qe-eval/lv-preis
Prämierte Projekte 2008/09:	www.uni-salzburg.at/qe-eval/lv-preis

---

[2] Alle Ergebnisse der hier zusammengefassten Befragung können unter www.sbg.ac.at/qe-eval/eval-lehrpreis eingesehen werden. Dort können auch die Antworten auf die vier offenen Fragen im Wortlaut nachgelesen werden.

Frances Blüml / Oliver Vettori

Innovative und Exzellente Lehre an der Wirtschaftsuniversität Wien

Zusammenfassung: Die Lehrauszeichnungen an der WU sowie deren Review- und Vergabepraxis basieren auf der Grundannahme, dass Konzepte wie „Innovation" und „Exzellenz" subjektiv unterschiedlich belegt, kontextualisierungsbedürftig und wandelbar sind. Ausgehend davon werden die beiden Prämierungen „Innovative Lehre" und „Exzellente Lehre" in Hinblick auf ihre jeweilige(n) Schwerpunktsetzung(en) vorgestellt. Es wird aufgezeigt, dass eine intersubjektive Aushandlung über Begrifflichkeiten im Review ebenso erforderlich ist, wie die Offenlegung der zugrundegelegten Annahmen und Kriterien. Die bisherigen Erfahrungen zeigen die Bedeutsamkeit einer begleitenden Reflexion der Verfahren und Ausschreibungen sowie unterschiedlicher kommunikativer Aktivitäten, um den Verfahren als auch Prämierungen Sichtbarkeit zu verleihen.

Innovative teaching and teaching excellence at the Vienna University for Business and Economics

Abstract: Teaching awards at the WU (Vienna University for Economics and Business) as well as the review and award procedures are based on the fundamental assumption that concepts such as ‚innovation' and ‚excellence' differ in terms of their subjective usage, are in need of contextualization and subject to dynamic change. With respect to this, the two awards ‚Innovative Teaching' and ‚Excellence in Teaching' will be presented in terms of their specific individual focus. It will be shown that an inter-subjective negotiation of concepts at the review stage is just as necessary as the disclosure of underlying assumptions and criteria. Experience gathered to date demonstrates the need for reflection on procedures and applications as well as on various other communication activities to ensure that both the procedure and the award is transparent.

Betrachtet man die sehr unterschiedlichen Anreizsysteme in Forschung und Lehre, wird schnell deutlich, warum letztere oft als die unattraktivere der beiden universitären Kernaufgaben gilt: Während in der Forschung individuelle Karrieren und institutionelles Prestige – zumindest theoretisch – am Streben nach Exzellenz ausgerichtet sind, scheint in der Lehre eher zu gelten, dass Minimalstandards nicht unterschritten werden sollten. Im ersten Fall führen quantitativ und qualitativ herausragende Publikationen zu attraktiveren Positionen und Arbeitsbedingungen, im zweiten Fall führen studentische Beschwerden und schlechte Evaluierungsergebnisse zu Negativsanktionen. Auch wenn solche Sanktionen – aus vielen guten Gründen – selten drastisch ausfallen und diese polemische Gegenüberstellung vieles vereinfachend darstellt, ist die motivationale Diskrepanz dennoch auffallend. Vor diesem Hintergrund ist es wünschenswert, wenn auch Teaching Awards oder Lehrpreise im deutschsprachigen Raum eine wachsende Popularität erfahren würden. In den USA bereits seit Jahrzehnten weit verbreitet (Jackson 2006; Carusetta 2001), wird ihnen eine ganze Reihe von Funktionen zugeschrieben (u.a. Van Note Chism 2006; Warren/Plumb 1999; Beiträge in diesem Band u.a. Futter 2010, Wageneder 2010): Sie sollen gute Lehre(nde) belohnen, Innovationen anregen, zum Austausch über „good practice" einladen, Beispiele setzen und – zumindest symbolisch – das persönliche und institutionelle Engagement für die Lehre hervorheben.

An der Wirtschaftsuniversität Wien (WU) führten ähnliche Überlegungen bereits 2001/02 zur Einführung einer Auszeichnung für „Innovative Lehre".[1] Mit der Initiative sollten besondere Leistungen und entsprechendes Engagement in der Lehre honoriert und gefördert und gleichzeitig anregende und innovative Impulse für andere Lehrende gesetzt werden. Im Jahr 2008 wurde komplementär dazu eine zweite Auszeichnung für „Exzellente Lehre" geschaffen, um auch herausragende Lehrveranstaltungen, die nicht im engeren Sinne als „innovativ" gelten können (also z.B. auch klassische Vorlesungen), entsprechend zu würdigen. Dadurch wird der Honorierung von Leistungen in der Lehre prinzipiell größeres Gewicht verliehen, indem nunmehr zweimal jährlich Lehrauszeichnungen durch das Rektorat vergeben werden. Nachwuchslehrende der WU werden in der „Exzellenten Lehre" zudem mit einer eigenen Kategorie „Young Faculty" bedacht.

Von Anfang an wurde außerdem darauf geachtet, dass die Auszeichnungen nicht zum isolierten kosmetischen „token" (Warren/Plumb 1999) werden, sondern eng mit

---

[1] Schon in den 1990ern wurde allerdings von der Österreichischen Hochschülerschaft (ÖH) der WU ein Lehrpreis organisiert und vergeben, der mit der Einbindung der ÖH in das neue Verfahren schließlich wegfiel.

dem Qualitätsmanagementkonzept in der Lehre und der Teaching & Learning Strategy der WU verknüpft sind. Gerade der Qualitätskulturansatz der WU setzt bewusst auf einen kommunikativen Prozess, im Zuge dessen sich Universitätsangehörige über Vorstellungen und Bedingungen anspruchsvoller Lehr- und Lernprozesse verständigen.[2] Damit verbunden ist auch eine gewisse Signalfunktion der Lehrpreise: Über die Auszeichnungsschwerpunkte und Kriterien können bestimmte WU-interne Prioritäten und Qualitätsinitiativen (z.B. Learning Outcome Orientierung, Peer Teaching) noch einmal stärker in den Vordergrund gerückt werden.

1 Referenzrahmen und Kriterien

Bezeichnungen wie „Innovative Lehre" oder „Exzellente Lehre" haben zwar einerseits einen klaren Symbolcharakter, machen es aber andererseits notwendig, immer wieder zu klären, von welchem Innovations- oder Exzellenz-Begriff eigentlich ausgegangen wird. In der Literatur wird gelegentlich kritisiert, dass die jeweils angelegten Kriterien oft vage und diffus bleiben (Van Note Chism 2006) oder der Exzellenzbegriff auf das Übertreffen bestimmter Standards beschränkt bleibt (MacDonald 1998) – ein Thema, das auch im akademischen Qualitätsdiskurs rege verhandelt wird (vgl. Doherty 2008; Harvey 2006; Harvey/Green 1993). Es verwundert allerdings wenig, dass auch die Praxis der Lehrauszeichnungen keine abschließende Antwort auf die Diskussion, was gute Lehre sei und woran sich diese erkennen ließe (u.a. Sethe 2007, Rindermann 1999, Dunkin 1995), zu liefern vermag.

An der WU wurde angesichts solch subjektiv unterschiedlicher, kontextualisierungsbedürftiger und sich dynamisch wandelnder Qualitätskonzepte auf eine feste Definition von Exzellenz und Innovation verzichtet. Es gehört damit zum – notwendigen – Beginnritual jeder Reviewgruppe, sich intersubjektiv auf eine „working definition" zu einigen und das eigene Verständnis auch im Zuge des Reviewprozesses kritisch zu reflektieren. Daneben haben sich in den letzten Jahren bestimmte Sprachregelungen durchgesetzt. So sollen etwa eingereichte Lehrveranstaltungsdesigns in der Innovativen Lehre im Hinblick auf die didaktisch-methodische Konzeption innovativ sein. Als innovativ kann das dargestellte Design dann gelten, wenn es in dieser konkreten Form an der WU neuartig ist. Es soll sich also z.B. von bereits gängigen und etablierten Designs innerhalb eines Fachs

---

2   Zum Qualitätskulturansatz der WU siehe: http://www.wu.ac.at/academicstaff/qual/qm

(z.B. Fallstudienarbeit im juristischen Bereich) abheben. Dies erfordert zwar seitens der Reviewer/-innen einen guten Überblick über die Lehrpraxis an der WU, schafft aber auch einen notwendigen Referenzrahmen für die Beurteilung von Innovationen. Prämierungswürdige Designs sollen außerdem praktisch umsetzbar sein sowie – zumindest in Teilen – auch auf andere Veranstaltungen transferierbar sein. Mit diesem Kriterium wird zumindest ansatzweise dem Anspruch Rechnung getragen, durch die Auszeichnung Impulse für die Weiterverbreitung und Förderung innovativer Ideen und Ansätze in der Lehre zu setzen. Letztlich soll aus der Einreichung ein hohes Maß an Reflexivität in Bezug auf die intendierten Lern- bzw. Projektziele und die gewählte Umsetzung zu deren Erreichung ersichtlich sein. Die „Exzellente Lehre" setzt demgegenüber bewusst andere Akzente und legt den Schwerpunkt auf Lehrveranstaltungen, die nicht notwendigerweise innovativ sind, allerdings hinsichtlich bestimmter Designelemente aus dem Gros der Lehrveranstaltungen herausragen („excellence as distinction"). Auch hier wird die Subjektivität der Reviewer/-innen bewusst akzeptiert – die schriftlichen Begründungen der Reviewergebnisse sollen jedoch die zugrundliegenden Annahmen und Kriterien so transparent wie möglich machen. Erwähnenswert ist auch, dass die Auszeichnungen zwar in allen Fällen an Lehrende verliehen werden, diese jedoch nicht ad personam ausgezeichnet werden: im Mittelpunkt steht jeweils die Lehrveranstaltung als Gesamtsituation bzw. das ihr zugrundeliegende (inhaltlich-didaktische) Design. Damit wird auch der Tatsache Rechnung getragen, dass viele Lehrveranstaltungen an der WU in Team-Arbeit entstehen oder auf den Arbeiten anderer Lehrender aufbauen.

2 Innovative Lehre

Die Auszeichnung „Innovative Lehre" wird seit ihrer Einführung einmal jährlich vergeben und verzeichnet zum einen seit Beginn der Auszeichnungen einen kontinuierlichen quantitativen Anstieg an Einreichungen (derzeit rund 30 pro Jahr), zum anderen lässt sich auch eine positive qualitative Veränderung in den Anträgen und den zugrundeliegenden Konzepten beobachten. Einreichungen können dabei sowohl von Einzelpersonen als auch von Personengruppen in zwei Kategorien „Innovative Lehrveranstaltungsdesigns" und „Innovative Lehrprojekte" erbracht werden. Für erstere können sich alle WU-Wissenschaftler/-innen (auch externe Lektorinnen und Lektoren), die im betreffenden Studienjahr an der WU gelehrt haben, mit Designs bereits umgesetzter Lehrveranstaltungen oder auch solchen, die im darauffolgenden Semester umgesetzt werden sollen, bewerben. „Innovative Lehrprojekte" hingegen sind nicht an Lehrveranstaltungen geknüpft, sondern beziehen sich auf forschungs- und praxisorientierte Projekte, deren Augenmerk auf der Erforschung von Lehr- und Lernprozessen bzw. der Entwicklung neuartiger Maßnahmen zur nachhaltigen Verbesserung universitären Lehrens und Lernens liegt. In dieser Kategorie sind alle WU-Mitarbeiter/-innen antragsberechtigt.

Um prinzipiell förderungswürdig zu sein, müssen Einreichungen, neben den zu erfüllenden formalen Anforderungen, zumindest einem der in der Ausschreibung definierten Auszeichnungsschwerpunkte (oder Förderbereiche) zuordenbar sein. Diese Schwerpunkte orientieren sich am Lehr-/Lernverständnis der WU und werden oft mit generellen Qualitätszielen verknüpft. Derzeit umfassen sie etwa eine Studierenden- und Outcome-orientierte Ausrichtung, den Einsatz partizipativer und kooperativer Lehr-/Lernformen sowie interdisziplinäre Kooperationen von Lehrenden als auch Studierenden. Die WU-interne Ausschreibung läuft in etwa einhalb Monate und wird intern allen Mitarbeitern und Mitarbeiterinnen kommuniziert und zugänglich gemacht. Ausgangsbasis für den anschließenden Review bildet in beiden Kategorien das eingereichte Konzept.

Nach Ablauf der Ausschreibungsfrist begutachtet eine WU-interne, fachunabhängige Reviewgruppe, die aus Vertreterinnen und Vertretern der Professorenschaft, des akademischen Mittelbaus, der Studierenden und des Vizerektorats für Lehre zusammengesetzt ist, alle eingegangenen Einreichungen. Die Gestaltung des internen Arbeitsprozesses zur Entscheidungsfindung bleibt der Reviewgruppe überlassen. Bisher folgte diese zumeist einem zweistufigem Prozess, in dem zunächst anhand der Kriterien sowie der ausgehandelten „working definition" entschieden wurde, welche Einreichungen für eine Prämierung in Frage kommen und anschließend die Höhe der zu vergebenden Prämien diskutiert wurde.[3]

Die Reviewgruppe erstellt einen Prämierungsvorschlag und legt diesen dem Rektorat zur Entscheidung vor (wobei das Rektorat in der Regel den Empfehlungen der Reviewer/-innen folgt). Der Vizerektor für Lehre informiert anschließend die Einreichenden über die getroffene Entscheidung und übermittelt die schriftlichen Begründungen der Reviewgruppe. Die Prämierungen werden nicht nur WU-weit kommuniziert, sondern darüberhinaus in einer Festveranstaltung des Rektorats (WU-Prämienabend) gemeinsam mit den Forschungsauszeichnungen verliehen.

---

3   Alle Lehrauszeichnungen werden in Form von Leistungs- oder Förderungsprämien vergeben, für die ein Gesamtbudget in Höhe von € 40.000 pro Jahr zur Verfügung steht.

3 Exzellente Lehre

Die Prämierung „Exzellente Lehre" ist noch relativ jung an der WU und erfreute sich bei der erstmaligen Ausschreibung im Jahr 2008 einer hohen Resonanz mit ca. 30 Einreichungen aus allen Departments. Während für die „Innovative Lehre" Einreichungen ausschließlich in Eigeninitiative erfolgen, besteht bei der „Exzellenten Lehre" zudem die Möglichkeit einer Nominierung. Einerseits soll dadurch der Einbezug der Studierenden erhöht und andererseits die Partizipation seitens der Departments gefördert werden. Die Österreichische Hochschülerschaft (ÖH) der WU als Studierendenvertretung kann somit pro Ausschreibung bis zu drei Lehrveranstaltungen nominieren. In den Departments können bis zu zwei Lehrveranstaltungen durch den Departmentvorstand/die Departmentvorständin bzw. die jeweiligen Qualitätspromotorinnen und -promotoren benannt werden. Die Nominierungen werden dem Vizerektor für Lehre bekannt gegeben und die betreffenden Lehrveranstaltungsleiter/-innen über ihre Nominierung informiert und gleichzeitig gebeten, die erforderlichen Unterlagen einzureichen. Daneben können sich alle WU-Mitarbeiter/-innen, die im entsprechenden Kalenderjahr eine Lehrveranstaltung erfolgreich umgesetzt haben, in Eigeninitiative bewerben. In den Review fließt aufgrund der Schwerpunktsetzung der „Exzellenten Lehre" die Einschätzung und Bewertung der Lehrveranstaltung durch unterschiedliche Personengruppen ein. Dies geschieht zum einen bereits durch die Nominierungen und zum anderen, indem Rückmeldungen von Studierenden (z.B. Ergebnisse der Lehrveranstaltungsevaluierung und anderer Feedbackvarianten) sowie Kolleginnen (z.B. Dokumentation von Peer Feedback) ein stärkeres Gewicht erhalten als bei der „Innovativen Lehre". Insgesamt unterscheidet sich das Prozedere der „Exzellenten Lehre" nur unwesentlich von dem der „Innovativen Lehre", allerdings ist die Reviewgruppe in beiden Fällen personell unterschiedlich besetzt.

Mit der „Exzellenten Lehre" sollen zudem auch explizit Nachwuchslehrende der WU angesprochen werden. Ziel ist es, die Leistungen dieser Lehrenden, denen es zwar oft an Erfahrung aber nicht an guten Ansätzen mangelt, stärker hervorzuheben und zugleich die Auseinandersetzung mit Lehren und Lernen anzuregen. Die Aufnahme einer eigenen Kategorie „Young Faculty" bietet hierbei einen Rahmen, um exzellente Lehrveranstaltungen von engagierten (noch nicht habilitierten) Lehrenden, die längstens seit vier Jahren im Lehrbetrieb der WU tätig sind, in den Mittelpunkt zu stellen und entsprechend anzuerkennen.

4 Begleitende Reflexion und Kommunikation

Nach Abschluss jeder Reviewrunde und der erfolgten Auszeichnung werden die Verfahren und Ausschreibungen kritisch-reflexiv evaluiert und entsprechend verändert. So gilt es, unter anderem zu überdenken, inwieweit die jeweiligen Auszeichnungsschwerpunkte und förderungswürdigen Bereiche noch dem aktuellen Stand an der WU entsprechen bzw. ob sich an dieser Stelle neue wünschenswerte Akzente setzen ließen. Auch die angelegten Kriterien und die Aushandlung über deren Gewichtung durch die Reviewer/-innen müssen einer kritischen Betrachtung unterzogen werden. Als schwierig erweist sich hier das Verhältnis zwischen der Bewertung der eingereichten Darstellung und der tatsächlichen Lehrpraxis, die letztlich auch in einem noch so transparenten Reviewprozess immer eine Aushandlung subjektiver Vorstellungen von Innovation und Exzellenz bleibt, auch wenn häufig, z.B. mit Verweis auf Evaluierungsergebnisse, eine gewisse Objektivität unterstellt werden soll. Eine Möglichkeit damit umzugehen, ist die Erarbeitung von Stellungnahmen, die den Anspruch erheben, die Entscheidung der Reviewer/-innen weitestgehend nachvollziehbar und transparent zu machen. Dies erfordert zugleich eine Form der Rückmeldung, die für die Einreichenden akzeptierbar ist, denn gerade mit Nicht-Prämierungen geht immer auch die Gefahr einer, engagierte Lehrende zu frustrieren. Auch wenn die Reviewgruppe hierbei oftmals einen Spagat zwischen der Hervorhebung positiver und motivierender Elemente, kritischen Anmerkungen und „politischen" Überlegungen meistern muss, erscheint das Feedback an die Einreichenden auch für die weitere Vergabepraxis bedeutsam.

Neben den Erfahrungen aus dem Review liefern Anregungen und Kritik durch Einreichende, andere Lehrende und Studierende wesentliche Anhaltspunkte für die kontinuierliche Weiterentwicklung der Auszeichnungen. Die bisherige Erfahrung an der WU zeigt, dass die Ausschreibungen mittlerweile nicht nur bekannt sind, sondern auch eine steigende Resonanz verzeichnen. Um das Interesse zu erhalten, bedarf es auch der Sichtbarkeit der Lehrpreise. Kommunikationsaktivitäten, nicht nur der Ausschreibungen an sich, sondern insbesondere der prämierten Designs, Projekte und Lehrveranstaltungen, etwa durch verfügbare Kurzbeschreibungen im Internet[4] oder die Einladung Prämierter zu lehrebezogenen Veranstaltungen, sollen auch künftig einen wesentlichen Beitrag zur Wahrnehmung der „Innovativen Lehre" und „Exzellenten Lehre" leisten.

---

4 Übersicht über die Prämierungen sowie Kurzbeschreibungen dazu siehe: www.wu.ac.at/academicstaff/awards/innovative (für Innovative Lehre); www.wu.ac.at/academicstaff/awards/excellent (für Exzellente Lehre).

Literatur

Carusetta, Ellen (2001). Evaluating Teaching through Teaching Awards. In: New Directions for Teaching & Learning 88, S. 31-40.
Doherty, Geoffrey D. (2008). On quality in education. In: Quality Assurance in Education 16(3), S. 255-265.
Dunkin, Michael J. (1995). Concepts of Teaching and Teaching Excellence in Higher Education. In: Higher Education Research & Development 14(1), S. 21-33.
Harvey, Lee (2006). Understanding Quality. In: Purser, L. (Ed.), EUA Bologna Handbook: Making Bologna work, Brussels European University Association and Berlin, Raabe. http://www.bologna-handbook.com/.
Harvey, Lee / Green, Diana (1993). Defining Quality. In: Assessment & Evaluation in Higher Education 18(1), S. 9-33.
Jackson, Michael (2006). „Great classroom teaching" and more. Awards for outstanding teaching evaluated. In: International Journal of Educational Management 20(4), pp. 261-278.
MacDonald, Lesley (1998). Points Mean Prizes: Reflections on Awards for Teaching Excellence. In: Innovations in Education and Training International 35(2), S. 130-132.
Rindermann, Heiner (1999). Was zeichnet gute Lehre aus? Ergebnisse einer offenen Befragung von Studierenden und Lehrenden. In: Zeitschrift für Hochschuldidaktik 1/99, S. 136-156.
Sethe, Rolf (2007). Zehn Thesen zu guter Hochschullehre. Erweiterte Fassung des Vortrags anlässlich der Verleihung des Ars legendi-Preises für exzellente Hochschullehre vom 03.05.2007, Gießen. http://stifterverband.info/wissenschaft_und_hochschule/lehre/ars_legendi/rolf_sethe_zehn_thesen_zu_guter_hochschullehre.pdf, Download am 30.11.2009.
Van Note Chism, Nancy (2006). Teaching Awards: What do they award? In: The Journal of Higher Education 77(4), S. 589-617.
Warren, Roger / Plumb, Elizabeth (1999). Survey of Distinguished Teacher Award Schemes in Higher Education. In: Journal of Further and Higher Education 23(2), S. 245-255.

PREISE IN ANDEREN SPARTEN

Preise werden in verschiedenen Sparten vergeben. Auch wenn Architekturpreise, Musikauszeichnungen und Sportmedaillen in unterschiedliche Kontexte eingebettet sind und nach ebenso unterschiedlichen Gesetzmässigkeiten funktionieren, so bietet der – hinkende – Vergleich mit Lehrpreisen dennoch eine anregende Illustration und gleichzeitig eine klarere Kontur dessen, was ein Lehrpreis an einer Hochschule ausmacht.

Eine Umschau macht zudem darauf aufmerksam, dass auch im Bildungsbereich Preise vergeben werden: Zum Beispiel in Berufsmeisterschaften oder Weiterbildungswettbewerben.

Preise in anderen Sparten zeigen zudem, dass Auszeichnungen auch dort möglich sind, wo exakte Messungen nicht möglich und „willkürarme Ermessensentscheidungen" gefordert sind. Auch diese erfordern allerdings klare Kriterien und einen ungetrübten Blick.

Gleichzeitig machen diese Preise darauf aufmerksam, welche Mechanismen die öffentliche Aufmerksamkeit für Auszeichnungen und Preisträgerinnen und Preisträger mitstrukturieren. Die Geschichte ausgewählter Wettbewerbe weist zudem darauf hin, dass ihre Bedeutung stark ändern kann, was sich beispielsweise mit der Palette der olympischen Disziplinen zeigen lässt.

Aus diesen (und ähnlichen) Vergleichen mit Preisen aus anderen Sparten – so unsere Annahme – lassen sich Gestaltungsmöglichkeiten für die Konzeption, Durchführung und Etablierung von Lehrpreisen ableiten. Gleichzeitig gilt es, die Gesetzmässigkeiten und Regeln der Hochschulen als wissenschaftliche Einrichtungen zu berücksichtigen.

Markus Weil

Berufsmeisterschaft, Weiterbildungswettbewerb, Lehrpreis – drei Auszeichnungsmodelle im Vergleich

Zusammenfassung: *Ziel dieses Artikels ist es, die Entwicklungslinien und Charakteristika von drei Wettbewerbstypen in der schweizerischen und internationalen Bildungslandschaft gegenüberzustellen. Aus den Erfahrungen mit den anderen Auszeichnungsmodellen lassen sich Rückschlüsse für den Lehrpreis an Hochschulen ziehen, die es bei der Weiterentwicklung des Modells zu diskutieren gilt. Eine solche Gegenüberstellung muss dabei aber auch klar auf die Grenzen des Vergleiches hinweisen: Ziel ist es, das Modell des Lehrpreises an Hochschulen zu reflektieren und nicht einen Preis aus einer anderen Bildungssparte zu kopieren.*

**WorldSkills competitions, Adult Learner Awards, Teaching Awards –
a comparison of three award procedures**

Abstract: *The aim of this article is to juxtapose the line of development and characteristics of three types of competition in the Swiss and international educational landscape. By drawing on experiences gained from the models used for other awards, it is possible to arrive at certain conclusions regarding teaching awards at universities which can then be profitably discussed in relation to the further development of this model. This type of juxtaposition must, however, also clearly show the limitations of such a comparison. The goal is to reflect meaningfully on the model for awarding teaching awards at universities, and not simply to copy a prize model from another educational sector.*

Beim Thema „Lehrpreise an Hochschulen" liegt es nahe, einen Blick auf Preise benachbarter Bildungsbereiche zu werfen, um Anregungen für die Weiterentwicklung zu erhalten. Eine solche Gegenüberstellung muss dabei aber auch klar auf die Grenzen des Vergleiches hinweisen: Es geht darum, das Modell des Lehrpreises an Hochschulen zu reflektieren und nicht einen Preis aus einer anderen Bildungssparte zu kopieren. Im Folgenden kommen zu diesem Zweck neben dem Lehrpreis zwei Auszeichnungsmodelle zur Sprache, die sich als nationale Initiativen für die Auszeichnung von Einzelpersonen oder Gruppen im Bildungsbereich etabliert haben.[1] Diese zunächst schweizerische Perspektive lässt sich auf einen größeren Kontext übertragen, wenn solche Auszeichnungsmodelle in internationalen Wettbewerben vergeben werden bzw. in anderen Ländern ebenfalls bekannt sind. Diese drei Kriterien: ähnliche Zielgruppe, mehr oder weniger schweizweite Austragung und internationale Übertragbarkeit führen zu der Auswahl an Auszeichnungsmodellen: Berufsmeisterschaft, Weiterbildungswettbewerb und Lehrpreis an Hochschulen. Ziel dieses Artikels ist es, die Entwicklungslinien und Charakteristika der drei Wettbewerbstypen gegenüberzustellen und für den Lehrpreis an Hochschulen Rückschlüsse aus den Erfahrungen mit den anderen Auszeichnungsmodellen sichtbar zu machen.

- „Schweiz holt in Kanada 14 Medaillen." Bei dieser Schlagzeile handelt es sich nicht um ein Sport-Event, sondern um die Berufsweltmeisterschaft (vgl. Megalink 2009). Die Schweiz brilliert dort meist mit einem guten Medaillenspiegel. Damit einher geht das Image der schweizerischen Berufsbildung allgemein. Neben der Welt- und Europameisterschaft gibt es in diesem Auszeichnungsmodell eine schweizerische Variante, die als Berufsmeisterschaft oder SwissSkills bekannt ist. Ausgezeichnet werden Berufslernende unterschiedlicher Berufsgruppen.
- „Die Schweiz lernt – 24 Stunden." Mit diesem und anderen bildungspolitischen Postulaten macht der nationale Weiterbildungswettbewerb im Rahmen des Schweizerischen Lernfestivals auf sich aufmerksam (vgl. SVEB 2009). Der Weiterbildungswettbewerb hat verwandte Initiativen in anderen Ländern (so zum Beispiel der Weiterbildungspreis in Deutschland oder der „Adult Learners' Week Award" in Großbritannien). Dieses Auszeichnungsmodell betont Lerner-Biografien und -Projekte sowie die bildungspolitische Botschaft, dass Weiterbildung eine wichtige Rolle in der Bildungslandschaft und in der Gesellschaft spielt.
- „Lehrpreis. Der ‚Tatort' im Hörsaal" – mangels eines schweizweiten Slogans steht diese Zürcher Variante des Lehrpreises im Jahr 2009 exemplarisch Pate für die Berichterstattung über dieses Thema (vgl. Werner 2009). Lehrpreise an Hochschulen werden nicht als nationale Initiative, sondern jeweils pro Bildungsinstitution vergeben. Es gab sie bereits zuvor an einigen Hochschulen, sie haben aber seit der weitgehend flächendeckenden

---

1 Die Preisträgerinnen und Preisträger sind in allen Fällen Erwachsene oder ältere Jugendliche. Dies schließt nicht aus, dass im gleichen Auszeichnungsmodell auch Projekte oder Institutionen berücksichtigt werden.

Durchführung nochmals eine andere Dynamik und Öffentlichkeit erhalten. Mit dem Lehrpreis werden Dozierende an Hochschulen ausgezeichnet, die über unterschiedlichste Varianten ausgewählt wurden.

Während die Berufsbildungsmeisterschaft auf eine Tradition bis zurück in die 1950er Jahre blickt und die Weiterbildungswettbewerbe in der beschriebenen Form seit den frühen 1990er Jahren durchgeführt werden, ist die Lehrpreisvergabe in der Schweiz ein recht junges Unterfangen. Es kann vermutet werden, dass die betrachteten Preise sich jeweils in einer Zeit kurz nach der systematischen Ausdifferenzierung und Institutionalisierung des jeweiligen Bildungsbereichs etabliert haben. Ob der Lehrpreis an Hochschulen sich tatsächlich an einer solchen Schwelle befindet, bleibt aber zu diskutieren.

Die drei vorgestellten Auszeichnungsmodelle sind jeweils nicht die einzigen ihrer Kategorie, die Preise sind zahlreich und teilweise auf spezifische Themen ausgerichtet (z.B. Enterprize – Auszeichnung für Unternehmergeist in der Gesellschaft) oder auch auf anderen Bildungsstufen anzutreffen (selbst die PISA-Studie wird teilweise im Sinne einer Meisterschaft rezipiert). In den folgenden Ausführungen soll es aber vielmehr um die Preise gehen, die schweizweit anzutreffen sind und durch ihre thematische Breite im Kontext zur jeweiligen Bildungsstufe näher betrachtet werden können.

1 Berufsmeisterschaft

1.1 Geschichte und Entwicklung

Die Berufsmeisterschaft ist sowohl auf schweizerischer Ebene sowie als Europa- und Weltmeisterschaft organisiert. Unter dem Label SwissSkills bzw. EuroSkills und WorldSkills sind die jeweiligen Wettbewerbe in den verschiedenen Berufen gefasst.[2] Zentrales Anliegen für die Schweiz ist die Sichtbarkeit des schweizerischen Berufsbildungssystems (vgl. SwissSkills o.J.a). Seit 2003 wurde zudem ein „Tag der Berufsbildung" eingeführt, um die gesellschaftliche und mediale Präsenz zu erhöhen. Seit 2004 erfolgt zu diesem Anlass die Siegerehrung der Schweizermeisterschaften (vgl. SwissSkills 2009, o.J.b). Schweizer Delegationen nehmen-

---

2 SwissSkills agiert als Stiftung, in der das Bundesamt für Berufsbildung und Technologie (BBT), Kantone, Schulen und Organisationen der Arbeitswelt (OdA) vertreten sind (vgl. SwissSkills o.J.c).

laut Angaben der Stiftung seit 1953 an der Weltmeisterschaft teil.[3] Die Bewertung einer bestimmten Aufgabenstellung für die Teilnehmenden erfolgt durch eine Fachjury. Die Auszeichnungen gliedern sich in über 40 Berufsfelder analog zu Sportveranstaltungen in Gold-, Silber- und Bronzeplatzierungen.

1.2 Mission und Ziele

Auf internationaler Ebene beschreibt die Organisation WorldSkills als Hauptziel, dass nicht die Preise, sondern die Berufsbildungssysteme der verschiedenen Länder im Fokus stehen:

> „Today: Being selected to compete in an International Vocational Training Competition is a source of great pride and honour. In spite of language barriers, the experience has a lasting personal and professional impact on all participants. The competitions not only rank member-countries and award medals. The underlying goal is to enhance and promote vocational training systems worldwide." (WorldSkills 2009)

Auch die Schweizermeisterschaften weisen darauf hin, dass die Bedeutung beruflicher Ausbildung in der Gesellschaft unterschätzt werde, deshalb solle Berufsbildung als „Alternative zu anderen Bildungsmodellen" bekannt gemacht und potenziellen Schülerinnen und Schülern als attraktiver Bildungsweg aufgezeigt werden (vgl. SwissSkills o.J.a).

1.3 Wettbewerbs- und Auszeichnungsmodell der letzten Jahre

Für jeden Beruf wird eine Wettbewerbsaufgabe formuliert und von den teilnehmenden Berufslernenden ausgeführt. In der technischen Beschreibung sind Kompetenzen, Anwendungsbereich, Format/Struktur, Entwicklung, Validierung, Auswahl, Verbreitung sowie Bewertungskriterien der Wettbewerbsaufgabe angegeben. Der Jurypräsident und eine Gruppe von Expertinnen und Experten bilden

---

3 Die Geschichte und Entwicklung der internationalen Initiative geht laut Angaben der Organisation WorldSkills auf das Jahr 1947 zurück, als spanische Berufslernende in einigen Handwerksberufen gegeneinander antraten. Mit Portugal kam es 1950 zum ersten „Iberischen Wettbewerb" und seit 1953 stießen verschiedene europäische Staaten (unter anderem die Schweiz) hinzu. Seit 1954 institutionalisierten sich die ersten internationalen Strukturen, woraufhin auch ein Rotationsprinzip der Austragungsorte eingeführt wurde.

die Jury, die für die Bewertung einer Wettbewerbsaufgabe im jeweiligen Beruf verantwortlich zeichnet (vgl. WorldSkills 2006).
Diese Jury bewertet Aspekte der Ausführung, die zu Subkriterien gehören, sodass eine vielschichtige Bewertungsskala entsteht. Die Auszeichnung erfolgt nach einem Turnierprinzip (vgl. Backes-Gellner/Pull 2008) aus dieser Bewertungsskala mit einem ersten, zweiten und dritten Platz (Gold, Silber, Bronze) eines jeden Berufs. Für die einzelnen Nationen entsteht so bei der WorldSkills ein Medaillenspiegel. Analog gibt es mit EuroSkills einen Wettbewerb auf europäischer Ebene. Bei den SwissSkills werden die nationalen Gewinner am Tag der Berufsbildung ausgezeichnet.

Austragungsjahr und Austragungsort	Nationenwertung Schweiz (ab 2003)
2003 St. Gallen/Schweiz	1. Rang
2005 Helsinki/Finnland	1. Rang
2007 Shizuoka/Japan	3. Rang und beste europäische Nation
2009 Calgary/Kanada	2. Rang (14 Medaillen, 16 Diplome) und beste europäische Nation

Tab. 1: *Abschneiden der Schweiz in den Berufsweltmeisterschaften 2003–2009 (Beteiligung der Schweiz seit 1953).*

1.4 Bezug zur Berufsbildung

Bereits in der bildungspolitischen Ausrichtung ist der Wettbewerb auf nationaler, europäischer und internationaler Ebene als Öffentlichkeitsarbeit für das Berufsbildungssystem vorgesehen. Für die Schweiz spielt zudem eine Rolle, dass die beteiligten Partner (Bund, Kantone, Organisationen der Arbeitswelt) sichtbar werden. Die Rolle der Organisationen der Arbeitswelt ist zentral, denn sie benennen sowohl die Kandidatinnen und Kandidaten für einen Wettbewerb als auch die Expertinnen und Experten. Die Berufsbildungsweltmeisterschaft etablierte sich kurz nach einer Zeit, in der sich auch die Berufsbildungssysteme in Europa und in der Schweiz ausdifferenzierten (für die Schweiz vgl. Wettstein/Gonon 2009, 83f.). Im Turnier entsteht eine Wettbewerbssituation; der Medaillenspiegel repräsentiert ein Stück weit nationale Berufsbildungssysteme. Die Preisgewinner/-innen und deren gelungene praktische Ausführung des erlernten Berufs stehen für ein ganzes Ausbildungssystem. Die weltweite Austragung stößt gegenüber der schweizerischen Variante auf ein größeres mediales Interesse.

2 Weiterbildungswettbewerb

2.1 Geschichte und Entwicklung

Die Geschichte eines nationalen schweizerischen Weiterbildungswettbewerbs ist eng mit der Initiative des Lernfestivals, koordiniert durch den Schweizer Verband für Weiterbildung (SVEB)[4], verbunden. Erstmals wurde ein nationaler Weiterbildungswettbewerb in der Schweiz 1996 durchgeführt. Die Idee, Erwachsenen- und Weiterbildung durch eine organisierte Kampagne in die Öffentlichkeit zu bringen, entstand bereits Mitte der 1980er Jahre in den USA. Die American Association for Adult and Continuing Education (AAACE) führte Ende der 1980er Jahre[5] einen Vorläufer des Lernfestivals als „Kongress-Frühstück" und einen Weiterbildungswettbewerb für Erwachsene durch. Die „Adult Learners' Week" fand ihren Weg in den 1990ern zuerst nach Großbritannien und ab 1996 in Verbindung mit einem Weiterbildungswettbewerb in die Schweiz (vgl. Weil 2001, Weil/Martinez 2001). Der Weiterbildungswettbewerb in der Schweiz basiert auf Sponsoring beziehungsweise auf Fördergeldern. Die Preise unterteilen sich in Einzel- und Gruppenpreise, darunter auch Projekte, mit verschiedenen Themenschwerpunkten (vgl. Weil 1999).

2.2 Mission und Ziele

Der Weiterbildungswettbewerb dient dazu, einen bestimmten Bildungsbereich – nämlich Weiterbildung – sichtbar zu machen. Insbesondere spielt hierbei das informelle Lernen eine Rolle, das nicht zu formalen Abschlüssen im Bildungssystem führt und deshalb vor speziellen Herausforderungen bezüglich der Bekanntheit in der Öffentlichkeit steht. Im Weiterbildungswettbewerb wird die Operationalisierung der Lerntätigkeit zugunsten von biografischen Darstellungen zurückgestellt. Besonders biografieorientiert sind die Lernformen und -methoden in den Pressedarstellungen zu Wettbewerbsgewinnern (vgl.: für Großbritannien: NIACE 1992, S. 4, S. 24, NIACE 1994, S. 10 ff., Themen aus dem beruflichen, informellen und sozialen/politischen Bereich, NIACE 1998, S. 8 f., NIACE o.J., S. 8. „Developing learners' voices", für die Schweiz: SVEB 2005 „I did it my way").

---

4   Ehemals Schweizerischer Vereinigung für Erwachsenenbildung.
5   Aus den Ausführungen von Yarnit geht hervor, dass die „US Outstanding Learners Awards" von 1988 bis 1990 vergeben wurden (Yarnit 1990, S. 42).

2.3 Wettbewerbs- und Auszeichnungsmodell der letzten Jahre

Seit 1996 funktioniert das Auszeichnungsmodell für den nationalen Weiterbildungswettbewerb durch Selbstnomination oder Ernennung durch eine so genannte Lernhelferin bzw. einen Lernhelfer in zwei Kategorien:

1. Kategorie: Einzelpersonen, die sich durch ihre besondere Bildungsbiografie hervorgehoben haben.
2. Kategorie: Anbieter, die neue Ideen und Projekte in der Weiterbildung verwirklich haben.

Die Jury besteht aus Sponsoren, Vertretern aus Weiterbildungseinrichtungen und politischen Persönlichkeiten.

Austragungsjahr	Vergebene Preise
1996	13 Preise 6 an Lernende, 6 an Träger/Anbieter, 1 Jury-Preis
1999	20 Preise 7 an Lernende, 13 an Träger/Anbieter
2002	14 Preise 5 an Lernende (Bildungsbiografien), 9 an Träger/Anbieter
2005	11 Preise 7 an Lernende (Bildungsbiografien), 4 an Projekte
2008	12 Preise 6 an Einzelpersonen/Gruppen (Bildungsbiografien) 5 an Projekte, 1 bildungspolitischer Anerkennungspreis

Tab. 2: Vergebene schweizerische Weiterbildungspreise nach Austragungsjahr

2.4 Bezug zur Weiterbildung

Wie bei der Berufsmeisterschaft geht es beim Weiterbildungswettbewerb darum, für einen bestimmten Teils des Bildungssystems Aufmerksamkeit zu erzeugen. Durch die Ausrichtung am informellen Lernen setzt der Wettbewerb nicht auf die Performanz, sondern auf das Aufzeigen eines biografischen Weges als „good-practice-Beispiel". Die Jury bewertet einen Entwicklungsschritt und nicht eine konkrete Wettbewerbsaufgabe. Konsequenterweise erfolgt keine Platzierung und auch keine Bewertung der eigentlichen Kompetenz, sondern vielmehr die Auszeichnung einer Weiterbildungsbiografie. Dabei spielt besonders der regionale Bezug eine Rolle. International steht das Zusammentreffen von Preisträgern erst am Anfang und hat nicht den Zweck, ein Ranking zu erstellen, sondern das Publikmachen von guten Beispielen.

Der Ansatz des informellen und lebenslangen Lernens passt zur internationalen politischen Agenda im Bereich der Weiterbildung. Auf der schweizerischen Ebene ist der Wettbewerb zudem verbunden mit dem Lernfestival und den Aktivitäten rund um den Weltalphabetisierungstag. Die Rückschlüsse auf das Bildungssystem sind demnach eher bildungspolitischer Art zu Themen wie dem Nachholen von Bildungsabschlüssen, der Anerkennung und Validierung von informellem Lernen und Weiterbildungsgesetzgebung, die in der Weiterbildung seit den 1990er Jahren aktuell sind. Der Weiterbildungswettbewerb kam also etwas später auf als die eigentliche Etablierung der Weiterbildung im Bildungssystem (vgl. Deutscher Bildungsrat 1972), aber in einer Zeit, in der lebenslanges und informelles Lernen auf der bildungspolitischen Agenda als Themen lanciert wurden (vgl. EDK 1999, Kommission der Europäischen Gemeinschaften 1995 sowie „Europäisches Jahr des Lebenslangen Lernens" im Jahr 2000).

3 Lehrpreis an Hochschulen

3.1 Geschichte und Entwicklung

Lehrpreise wurden zwar schon seit längerem in einzelnen Universitäten vergeben, eine schweizweite Entwicklung setzte aber erst 2006 ein. Die Auszeichnung wird von einem Sponsor getragen, aber durch die Hochschulen nach je eigenen Verfahren vergeben. Dabei haben sich teilweise sehr unterschiedliche Lehrpreise entwickelt, sowohl was die Jury bzw. die Nomination als auch die thematischen Schwerpunkte betreffen. Insbesondere die englischsprachigen Länder verfügen über eine längere Tradition der Teaching Awards (vgl. Skelton 2005), die für die schweizerische Initiative Pate gestanden haben mag. Aufgrund der recht jungen Geschichte in der Schweiz kann aber noch nicht von einer systematischen Bezugnahme der Preise untereinander oder zu Preisen in anderen Ländern gesprochen werden.

3.2 Mission und Ziele

Beim Lehrpreis für Hochschulen liegt ein Ziel der Preisvergabe ebenfalls darin, ein Bildungsthema öffentlichkeitswirksam in den Medien und in der Gesellschaft bzw. den Hochschulen zu positionieren. Daneben sind die Ziele zu nennen, die durch den Sponsor transportiert werden.

> „Der Credit Suisse Award for Best Teaching wird an Dozierende von Hochschulen verliehen, die in besonderer Weise die Bildung von Studierenden unterstützen. Die Credit Suisse Foundation bezweckt mit der Auszeichnung, die Qualität der Ausbildung zu fördern und den Wissens- und Forschungsplatz Schweiz zu stärken." (Credit Suisse o.J.).

Bei einem Preis mit nur einem Sponsor sind klar wirtschaftliche Interessen bei der Auszeichnung zu nennen, welche auch die Namengebung „Credit Swiss Best Teaching Award" in der Schweiz erklärt. Hinzu kommen teilweise eigene Ziele der auszeichnenden Hochschule, die bei der Preisvergabe berücksichtigt werden. Auf nationaler oder internationaler Ebene sind hier aber (noch) keine gemeinsamen Entwicklungen zu erkennen.

3.3 Wettbewerbs- und Auszeichnungsmodell der letzten Jahre

Es gibt kein schweizweit einheitliches Auszeichnungsmodell. Die verschiedenen Beispiele sind in einem vorangehenden Kapitel dieser Publikation zusammengestellt, darin wird auch die Bandbreite der Auszeichnungsmodelle sichtbar. Gibt es eine Jury, wählt eine Person oder ist die gesamte Studierendenschaft zur Wahl aufgerufen? Wird der Preis mit ggf. vorhandenen Preisen kombiniert? Auch Zeitpunkt und Modalitäten der Verleihung sind unterschiedlich. Dies sind nur einige Kennzeichen, die kein übergreifendes Statement zum Wettbewerbs- und Auszeichnungsmodell der letzen Jahre zulassen. Vielmehr sind die Auszeichnungsmodelle stark am institutionellen Rahmen jeder einzelnen Hochschule ausgerichtet.

3.4 Bezug zur Hochschulstufe

Wie bei den anderen Preisen steht die Komponente des „Sichtbarmachens" einer bestimmten Bildungsstufe im Vordergrund. Die Nuancierung ist beim Lehrpreis aber anders, denn es geht vor allem um einen Teilaspekt einer Bildungsstufe (Tertiärstufe A), nämlich die Lehre an Hochschulen. Dennoch ist der gesellschaftliche und politische Bezug deutlich mit der Absicht verankert, den Wissens- und Forschungsplatz Schweiz zu stärken (vgl. Credit Suisse o.J.).

4 Gegenüberstellung

Für die Gegenüberstellung interessieren vor allem die Gemeinsamkeiten und Unterschiede der drei Auszeichnungsmodelle, um daraus Konsequenzen für die Gestaltung von Lehrpreisen an Hochschulen ableiten zu können. Zu den Gemeinsamkeiten zählen zum einen die genannten Auswahlkriterien: ähnliche Zielgruppe, weitgehend schweizweite Austragung und die Übertragbarkeit auf andere Länder- und Bildungskontexte. Die drei vorgestellten Auszeichnungsmodelle sind medial präsent und verfügen über eine Tendenz, dass Ergebnisse auf eine gesamte Bildungsstufe übertragen werden (sollen).

4.1 Initiative: Verdichtung durch Institutionalisierung

Bei der Initiative zu der flächendeckenden Einführung der jeweiligen Preisen gibt es einige Unterschiede, die bezüglich Bildungssystem zentral sind. Die Berufsmeisterschaft wurde bereits Mitte des 20. Jahrhunderts zwischen einzelnen Ländern ausgetragen. Die nationale Perspektive verdichtete sich in der Schweiz erst in den letzten Jahren, beispielsweise durch den Tag der Berufsbildung. Der Charakter der Meisterschaft im Sinne eines Turniers ist klarer als bei den anderen Auszeichnungsmodellen. Noch in der heutigen Austragung ist die Initiative stark an das Engagement der Organisationen der Arbeitswelt gekoppelt und für bestimmte Berufsgruppen gestaltet.

Der Weiterbildungswettbewerb spielte erst ab den frühen 1990er Jahren eine flächendeckende Rolle und war eng gekoppelt an die Idee der „Adult Learners' Week" als Motivationskampagne in der Weiterbildung. Die Perspektive war zunächst national, wenngleich die Ideen durch die Verbindung zur UNESCO und zu anderen Ländern international geprägt waren. Der Charakter eines Wettbewerbs wird zugunsten einer medialen Aufbereitung von biografischen Praxisbeispielen abgeschwächt. Das Engagement ist in der Schweiz eng mit dem Schweizerischen Verband für Weiterbildung – einer Dachorganisation für Weiterbildungsanbieter – gekoppelt.

Die flächendeckende Initiative für den Lehrpreis an Hochschulen beruht auf einem Sponsor und wird stark von der einzelnen Bildungsinstitution geprägt und dementsprechend unterschiedlich organisiert. Noch hat sich keine systematische Verknüpfung der Preisvergabe mit einem „Tag der Lehre" oder dem Dies academicus oder mit einer nationalen bzw. internationalen Perspektive ergeben. Die mediale Aufbereitung guter Praxisbeispiele basiert vor allem auf den einzelnen Hochschulen.

Bei der Initiative zu den Preisen zeigt sich somit, dass sich die Berufsmeisterschaft und der Weiterbildungswettbewerb verstetigt haben, nachdem sich auch die dazugehörigen Stufen im Bildungssystem bzw. bestimmte Themenschwerpunkte ausdifferenziert und institutionalisiert haben. Übertragen auf den Lehrpreis könnte dies bedeuten, dass wir uns ebenfalls in einer Phase der Ausdifferenzierung und Manifestierung des Themas „Lehre an Hochschulen" befinden. Bei den beiden erstgenannten Preisen gab es jeweils eine Koppelung an einen besonderen Stichtag (Tag der Berufsbildung, Lernfestival). Beim Lehrpreis muss sich diese Koppelung beispielsweise an den „Tag der Lehre" oder an den Dies academicus noch zeigen. Auch fehlt dem Lehrpreis bisher eine nationale oder institutionenübergreifende Dimension, welche den Bezug zu einem bestimmten Aspekt im Bildungssystem (z.B. Wissens- und Forschungsplatz Schweiz) deutlich machen würde. Ob und in welcher Form die Hochschullehre auf die politische Agenda und zu einer institutionell ausdifferenzierten Verankerung gelangt, lässt sich noch nicht absehen.

4.2 Vergabemodus und Preisträger: Repräsentanz oder Einzelfall

Unterschiede zeigen sich auch beim Vergabemodus und den Preisträgern. Bei der Berufsmeisterschaft werden Preise an Berufslernende vergeben, stehen aber für das gesamte Bildungssystem eines Landes/einer Region. Das Auszeichnungsmodell hat somit einen starken Wettbewerbscharakter auf nationaler, europäischer und internationaler Ebene ähnlich wie bei einem Sportanlass.

Im Weiterbildungswettbewerb werden Preise ebenfalls an Lernende vergeben, diese haben aber viel weniger einen repräsentativen Charakter für das gesamte Land oder für eine bestimmte (Berufs-)Sparte. Vielmehr geht es um einen biografischen bzw. projektbezogenen Charakter. Es gibt eine internationale Zusammenkunft, aber der Wettbewerbscharakter ist deutlich geringer als in der Berufsmeisterschaft. Die Preisträger haben die Funktion exemplarisch aufzuzeigen, wie ein Bildungsweg durch informelle und formelle Weiterbildung aussehen kann.

Sofern man beim Lehrpreis an Hochschulen von *einem* Auszeichnungsmodell sprechen kann, gibt es einen grundlegenden Unterschied zu den beiden anderen Preisen: Ausgezeichnet werden Lehrende, nicht Lernende. Bezugspunkt bleibt trotz einer über die ganze Schweiz verteilten Ausrichtung die einzelne Hochschule. Von der Imagearbeit profitiert zudem der Hauptsponsor des Lehrpreises. Die nationale oder internationale Perspektive scheint nur wenig ausgeprägt. Die Übertragungstendenz des Einzelpreises auf das gesamte Bildungssystem oder eine Stufe davon ist noch geringer als beim Weiterbildungspreis.

Bezogen auf das Bildungssystem bedeutet das eine graduelle Abstufung der Modelle von einer hohen zu einer niedrigen Tendenz der Generalisierung, je nachdem ob Vergabepraxis und Preisträger als Repräsentanten einer bestimmten Stufe wahrgenommen werden oder als Einzelbeispiele. In der Berufsmeisterschaft werden die Lehrenden und das gesamte Berufsbildungssystem durch das Abschneiden der Lernenden repräsentiert. Beim Weiterbildungswettbewerb und beim Lehrpreis geht es tendenziell eher um das Hervorheben von „good-practice-Beispielen" und deren mediale Aufbereitung mit dem Zweck, für Weiterbildung bzw. für Lehre an Hochschulen (oder den Wissens- und Forschungsplatz Schweiz) zu sensibilisieren. Sollte dies tatsächlich eines der zentralen Ziele sein, würde eine wirklich schweizweite Ausrichtung die potenzielle mediale Präsenz und damit die Chance zur Sensibilisierung erhöhen.

4.3 Die Auszeichnungsmodelle im Überblick

In einer Gegenüberstellung von verschiedenen Kriterien wie Initiative, Vergabekriterien und Preisträger zeigen sich unterschiedliche Verbindungen der Auszeichnungsmodelle zur Bildungslandschaft in der Schweiz.

Kategorie / Modell	Ausrichtung	Vergabekriterien	Preisträger	Bezug zur Bildungslandschaft	Bezugstag
Berufsmeisterschaft	Aus kompetitivem Charakter entstanden, internationale Ausrichtung	Performanz (ad hoc), Wettbewerb	Berufslernende nach Beruf	Berufsbildungssystem und Schweiz	In der Schweiz: Tag der Berufsbildung
Weiterbildungswettbewerb	Aus Motivationskampagne entstanden, bildungspoltische Ausrichtung	Biografie, good practice	Lernende oder Projekt	Weiterbildung, informelles und lebenslanges Lernen und ggf. Region	Lernfestival, ursprünglich auch: International Literacy Day
Lehrpreis an Hochschulen	Fast flächendeckend durch einen Sponsor, institutionelle Ausrichtung	unterschiedlich, teilw. Performanz (post hoc), good practice	Dozentin / Dozent	Exemplarisch für Lehre im Hochschulbereich und einzelne Hochschule	Zum Teil: Tag der Lehre, Dies academicus

Tab. 3: *Vergleich der drei schweizerischen Auszeichnungsmodelle (Quelle: eigene Darstellung)*

5 Anregungen für den Lehrpreis

Bei den verglichenen Auszeichnungen soll nicht der Eindruck entstehen, es könne ein Modell beliebig auf andere Kontexte übertragen werden. Dennoch stellt sich die Frage, welche Rückschlüsse für den Lehrpreis an Hochschulen die Gegenüberstellung der drei Wettbewerbstypen zulässt.

Bei den beiden ersten Preisen zeigt sich eine prinzipiell andere Ausrichtung als beim Lehrpreis an Hochschulen durch die Orientierung an Lernenden. Für den Lehrpreis an Hochschulen wäre zu prüfen, welches Ziel im Vordergrund steht. Falls dies in der Repräsentanz des Wissens- und Forschungsplatzes Schweiz läge, wäre deutlich hervorzuheben, wie Lehrende dieses Ziel repräsentieren und ob ggf. auch Lernende ausgezeichnet werden sollten.

Damit verbunden stellt sich die Frage einer gesamtschweizerischen bzw. internationalen Perspektive. Beim Lehrpreis steht allerdings die einzelne Bildungsinstitution im Zentrum. Ein schweizweites Auszeichnungsmodell und/oder ein Zusammentreffen der Gewinnerinnen und Gewinner wären eine interessante Perspektive, welche die gesellschaftliche und bildungspolitische Diskussion ggf. nachhaltiger als bisher anstossen könnte.

Im jetzigen Auszeichnungsmodell des Lehrpreises scheint die Verküpfung zum Bildungssystem unklar zu sein. Nicht dass dies ein notweniges Kriterium für eine

Preisvergabe wäre, aber dennoch ließe sich kritisch anmerken, ob nicht bestehende Online-Plattformen von Studierenden zur Professorinnen- und Professorenbewertung bereits das Gleiche weniger aufwändig leisten wie der Lehrpreis. Wenn das Thema prinzipiell „Lehre an Hochschulen" lautet, wäre der Bezug zum Wissens- und Forschungsplatz Schweiz bildungspolitisch deutlich hervorzuheben. Der Unterschied liegt im Referenzrahmen: Lehre an Hochschulen bezieht sich auf die Bildungsinstitution Hochschule und auf Lehre als einen Teilaspekt dieser Institution. Der Wissens- und Forschungsplatz Schweiz ist bildungspolitisch viel breiter gefasst und rekurriert auf einen Landeskontext und auf das Zusammenspiel von Wissen, Forschung und – und wenn vom Lehrpreis die Rede ist – auf Lehre einer oder mehrerer Bildungsstufen. Eine konsequente Bezugnahme über die institutionelle Perspektive hinaus z.b. durch eine schweizweite Ausrichtung oder die institutionenübergreifende mediale Präsenz wären mögliche Entwicklungsschritte für die zersplitterten Lehrpreismodelle.

Ob der „Credit Suisse Award for Best Teaching" den Sprung zum „Schweizer Lehrpreis" unter den bisher geschaffenen Voraussetzungen leisten kann, hängt hauptsächlich von einer Diskussion über die Qualitätsindikatoren in der Hochschullehre ab und dem dezidierten Interesse, Hochschullehre wirklich zu einem bildungspolitischen und gesellschaftlichen Thema machen zu wollen. Die bildungspolitische und institutionelle Etablierung von Lehre und professioneller Lehrentwicklung an Hochschulen wäre jedenfalls eine Option, die es zu prüfen gilt. Ein begleitendes Auszeichnungsmodell könnte diese Ausdifferenzierung in der Bildungslandschaft noch unterstreichen.

Literatur

Backes-Gellner, Uschi / Pull, Kerstin (2008). Tournament Incentives and Contestant Heterogeneity: Empirical Evidence from the Organizational Practice. ISU Working Paper, Nr. 75.
Credit Suisse (Valérie Clapasson Fahrni, Online Publications) (o.J.). Engagement. Credit Suisse Award for Best Teaching URL: http://emagazine.credit-suisse.com/app/article/index.cfm?fuseaction=OpenArticle&aoid=249741&lang=DE (Stand: 30.9.2009).
Deutscher Bildungsrat (1972). Empfehlungen der Bildungskommission, Strukturplan für das Bildungswesen. Stuttgart: Klett (4. Aufl., 1. Aufl. 1970).
EDK (Schweizerische Konferenz der kantonalen Erziehungsdirektoren) (1999). Erwachsenenbildung in den Kantonen. Materialen, Vorschläge und Anträge der

interkantonalen Konferenz der Beauftragten für Erwachsenenbildung (IKEB). Bern.

Kommission der Europäischen Gemeinschaften (1995). Weißbuch Lehren und Lernen. Auf dem Weg zur kognitiven Gesellschaft. Brüssel.

Megalink (2009). Schweiz holt in Kanada 14 Medallien. URL: http://www.megalink.ch/2009-09-08/schweiz-holt-in-kanada-14-medallien40-berufsweltmeisterschaften-worldskills-in-calgary/ (Stand 30.9.2009).

NIACE (National Institute for Adult Learning) (1998). A review of Adult Learners' Week. 16-22 May 1998. Learn and Grow. Leicester: NIACE.

NIACE (National Institute for Adult Learning) (1994). Adult Learners' Week 1994. People, events, awards. A Report. Leicester: NIACE.

NIACE (National Institute for Adult Learning) (1992). Celebrating Adult Learning. A report of the first UK national Adult Learners' Week. Leicester: NIACE.

NIACE (National Institute for Adult Learning) (o.J.). Celebrating Lifelong Learning for all. Adult Learners' Week 20-26 May 2000. A review. Leicester: NIACE.

Skelton, Alan (2005). Understanding Teaching Excellence Higher education. London: Routledge Oxon.

SVEB (Schweizer Verband für Weiterbildung) (2009).Die Schweiz lernt – 24 Stunden. URL: http://www.alice.ch/de/lernfestival (Stand 30.9.2009).

SVEB (Schweizer Verband für Weiterbildung) (2008). Gut zu wissen. Nationaler Weiterbildungswettbewerb 2008. Zürich: SVEB.

SVEB (Schweizer Verband für Weiterbildung) (2005): Lass die Hirnzellen tanzen: I did it my way. Weiterbildungswettbewerb 2005. Zürich: SVEB..

SVEB (Schweizer Verband für Weiterbildung) (2002): 3. Lernfestival. 2002 Nationaler Weiterbildungswettbewerb. Zürich: SVEB.

SVEB (Schweizerische Vereinigung für Erwachsenenbildung) (1999). „Formation en fête" Weiterbildungswettbewerb 1999. Zürich: SVEB.

SVEB (Schweizerische Vereinigung für Erwachsenenbildung) (1996). Nationaler Weiterbildungswettbewerb 1996. Zürich: SVEB.

Swissmem (2009). Berufsmeisterschaften 2007. URL: http://www.swissmem-berufsbildung.ch/aktuell/projekte/berufsweltmeisterschaft.html (Stand 30.9.2009).

SwissSkills (2009). Tag der Berufsbildung. URL: http://www.swiss-skills.ch/de/schweizermeisterschaften/tag-der-berufsbildung.html (Stand: 9.4.2009).

SwissSkills (o.J.a). Was sind CH-Meisterschaften? URL: http://www.swiss-skills.ch/de/schweizermeisterschaften/erlaeuterungen/was-sind-ch-meisterschaften.html (Stand 9.4.2009).

SwissSkills (o.J.b). Schweizmeisterschaften Zyklus 2008/2009. URL: http://www.swiss-skills.ch/uploads/media/Liste_CH-Meisterschaften_mit_Resultaten_08_09.pdf (Stand: 9.4.2009).

SwissSkills (o.J.c). SwissSkills – Wer sind wir? URL: http://www.swiss-skills.ch/de/willkommen/portrait.html (Stand: 30.9.2009).

Weil, Markus / Martinez, Francisca (2001). Handbuch zur Planung und Durchführung von Kampagnen in der Weiterbildung. Hamburg, Leicester: UIP/NIACE.

Weil, Markus (2001). Entwicklung und Konzepte der „Adult Learners' Week" – eine erziehungswissenschaftliche Perspektive. Trier: unveröffentlichte Diplomarbeit.

Weil, Markus (1999). Nationaler Weiterbildungswettbewerb. SVEB: Zürich (unveröffentlichtes Manuskript).

Wettstein, Emil / Gonon, Philipp (2009). Berufsbildung in der Schweiz. Bern: Hep-Verlag.

Werner, David (2009). Der „Tatort" im Hörsaal. UZH News. Universität Zürich. URL: http://www.uzh.ch/news/articles/2009/lehrpreis2009.html (Stand: 30.5.2009).

WorldSkills (2009). History of WorldSkills International. URL: http://www.worldskills2009.com/whatisworldskills/worldskillsoverview/historyofwsi.cfm (Stand: 30. September 2009).

WorldSkills (2006). Wettbewerbsreglement. Für die Organisation und Durchführung von WorldSkills-Wettbewerben. Secrétariat de WorldSkills: Haarlem.

Yarnit, Martin (1990). „Learning Against the Odds. The US Outstanding Learners Awards ". In: Adults Learning 2/2, S. 42.

Markus Binder

„Jurieren ist ein Prozess des Auswählens in Schritten." – Wie die Architektur Qualität beurteilt.
Interview mit Fredy Swoboda[1]

Markus Binder:
Herr Swoboda, im Zentrum steht die Frage, was gute Lehre ist und wie man sie auszeichnen kann. Sie sind Architekt: Was ist gute Architektur?

Fredy Swoboda:
Schwierig zu sagen. Gute Architektur ist sicher nicht nur schön. Sie muss auch brauchbar sein, nachhaltig mit Ressourcen umgehen und sich städtebaulich gut ins Umfeld einordnen, um nur einige Kriterien zu nennen.

Können Sie diese Qualitäten messen?
Sehr vieles ist messbar, ja. Ob ein Gebäude zum Beispiel den vorgegebenen betrieblichen Abläufen entspricht, zum Beispiel für ein Chemielabor, das lässt sich klar bestimmen. Ebenso die Sicherheit oder die Erweiterbarkeit eines Baus. Alles was in einer Vorprüfung eines Architekturwettbewerbs geprüft werden kann.

Und die Schönheit?
Genau da wird es schwierig. Eine gute Einbindung ins Stadtbild lässt sich einigermaßen objektiv beurteilen, weil es nicht vor allem um Schönheit, sondern um die Nutzung geht. Aber ob ein Gebäude schön ist, ist subjektiv.

---

[1] Fredy Swoboda (1953), Dipl. Arch. ETH SIA und Master in Architecture and Urban Design der Harvard University; Leiter des Swiss Real Estate Institute und Studienleiter des MAS Real Estate Management an der HWZ Hochschule für Wirtschaft Zürich; vorher Geschäftsleiter der Immobilienbewirtschaftung der Stadt Zürich, Abteilungsleiter des Projektmanagements des Bundesamtes für Bauten und Logistik, Leiter des Stabes Bauten und Informatik beim ETH-Rat.

Sie haben es also zu einem großen Teil mit weichen Kriterien von Qualität zu tun?
Wie groß der Anteil ist, hängt vom Objekt ab und von der Ausschreibung. Ob man zum Beispiel einen markanten Ausdruck sucht oder eher eine zurückhaltende Sprache. Aber sicher ist, in jedem Architekturwettbewerb gibt es auch weiche Kriterien.

Diese weichen Kriterien stellen bei Lehrpreisen eine große Herausforderung dar. Wie geht die Architektur mit diesen Kriterien um?
Es gibt eine lange Tradition von Jurys in der Architektur und Planung schlechthin. Sie bestimmen am Schluss, wer gewinnt. Aus meiner Sicht ist das die einzige Möglichkeit. Für die Messbarkeit von qualitativen Anforderungen werden im Programm die Anforderungen und die Mess- oder Vergleichsgrößen formuliert. So z.B. kann bei einer Aufgabe die „gute Eingliederung in das bestehende, feingliedrige Stadtgefüge" als qualitative Anforderung verlangt sein. Das bestehende Stadtgefüge mit seiner baulichen Körnigkeit gibt hier den Rahmen. Projekte, die diesen durch einen gigantischen Einzelbau sprengten, würden also „nicht erfüllen".

Wie muss man sich die Arbeit in einer Architekturjury vorstellen?
Entscheidend ist, dass es immer mehrere Runden gibt. Jurieren ist ein Prozess des Auswählens in Schritten. Das Vorgehen wird in der Regel vorgängig festgelegt. Jedes Mitglied übernimmt einige Projekte, stellt diese vor und argumentiert, weshalb sie spannend oder weniger spannend sind. Dann werden Projekte in verschiedenen Durchgängen eliminiert, bis noch drei bis fünf übrig bleiben. So tastet sich die Jury an die Rangierung der Projekte heran.

Weshalb mehrere Runden?
Weil man auch seine eigenen Vorlieben überdenken soll und weil aufgeschlossene Personen mit sich selbst auch einen Findungsprozess durchmachen.

Wird am Schluss abgestimmt oder kommt man diskutierend zu einem Ergebnis?
Beides ist möglich, das kommt ganz auf das Projekt und die Jury an.

Welche Rolle spielt der Jurypräsident?
Er ist von vornherein bestimmt und leitet den Prozess. Unabhängig von seiner beruflichen Herkunft muss er dafür sorgen, dass die unterschiedlichen Sichtweisen der Jurymitglieder einfließen können und so der Jury erlauben, ein gemeinsames Urteil zu fällen.

In der Architektur gibt es auch öffentliche Jurierungen. Was sind hier die Vorteile?
Öffentliche Jurierungen gibt es vermehrt im deutschsprachigen Raum. Sie werden oft bei großen Projekten, etwa in der Quartierentwicklung eingesetzt, damit die Betroffenen die aktuellen Diskussionen mit verfolgen können. Öffentliche Jurierungen erhöhen die Transparenz. Häufig geht dem eigentlichen Wettbewerb eine Art Werkstatt voraus, in der mögliche Konzeptansätze mit Beteiligten und Betroffenen, also auch Teilen der Öffentlichkeit, als Vorgaben für die Planenden erarbeitet werden. Hier wird gerne der Begriff der partizipativen Planung verwendet.

Muss man sich das vorstellen wie in einem Ratssaal mit Publikum, das einfach zuhören darf?
Nein, meist gibt es da pro Projekt eine Stellwand. Jemand aus der Jury stellt das Projekt vor und man kann die Fragen mitverfolgen. Fallweise gibt es auch den aktiven Miteinbezug. Entscheidend ist das Nachvollziehen der Argumentation.

Hat sich dieses Vorgehen bewährt?
Ja, die Architektur ist damit gut gefahren. Es hat vor allem auch dazu geführt, dass man sich im Vorfeld sehr genau Gedanken macht, was man wie will. Man muss die Kriterien sehr klar definieren. Man darf Kriterien nicht im Nachhinein ändern. Das ist gegen die Vorschriften, weil damit die Spielregeln geändert werden und nicht mehr alle dieselben Chancen hätten. Auch das öffentliche Beschaffungswesen und die öffentlichen Ausschreibungen nach GATT/WTO haben stark dazu beigetragen, dass Wettbewerbe sehr präzise formuliert werden. Das Vorgehen muss unter gewissen möglichen Verfahrensarten gewählt werden, dies wird den potenziellen Teilnehmenden dargelegt und entsprechend abgewickelt. Es gibt einen starken formalen und materiellen Rahmen.

Garantieren denn große Namen, dass etwas Gutes passiert? Über das KKL in Luzern von Jean Nouvel hört man zum Beispiel nur Positives.
Nein, es müssen gar nicht immer nur die Stars sein. Wir haben in der Schweiz eine exzellente Architektur- und Designszene. Das Geschenk der Schweiz an die UNO ist hier ein Beispiel. Oder die Erweiterung des Landesmuseums. Das wäre auch für die Lehre nicht empfehlenswert, wenn nur die großen Stars Preise gewinnen würden.

Nehmen wir ein Beispiel: Wie können Sie beurteilen, ob das Schweizer Geschenk an die UNO ein Erfolg war?
Anlässlich eines UNO-Beitrittes ist es üblich, dass das neue Mitgliedsland ein Geschenk überreicht. Die UNO selbst ist ja seit Jahren auch in Genf ansässig. Also hat die Schweiz zwei Geschenke beschlossen, die typisch schweizerische Qualitäten ausdrücken sollten. In Genf sind die Sanierung der Fresken von Karl Hügin im Palais des Nations und ein neues Ausstellungssystem überreicht worden. Das Ausstellungssystem von Vitrinen, Sockeln und Stellwänden ist im Wettbewerbsverfahren auf Einladung von Designern entwickelt worden. Das Ausstellungssystem sollte die Nützlichkeit eines Schweizer Sackmessers haben, praktisch für unterschiedliche Ausstellungsarten sein und eine hohe Gestaltungsqualität aufweisen. Das siegreiche Design des Zürcher Gestaltungsteams hat diese Anforderungen perfekt umgesetzt und im Betrieb bewiesen. Für den UNO-Hauptsitz in New York ist die sogenannte GA-200 in einem offenen Wettbewerbsverfahren komplett neu gestaltet worden. Ein junges, interdisziplinäres Team aus Biel hat diese wichtige Raumzone vor dem Plenarsaal realisiert. Sämtliche Rednerinnen und Redner, die als Gäste vor der Hauptversammlung sprechen, benutzen den GA-200. Gelingt es einem Projekt derart selbstverständlich und stilvoll, eine geforderte Funktion zu erfüllen, so darf man in aller Bescheidenheit von einem Erfolg sprechen.

Wie muss eine Jury zusammengesetzt sein, damit am Schluss das beste Projekt oder die beste Lehrperson gewinnt?
Ausgewogen. Es braucht eine gute Mischung von Leuten: die Betriebsspezialisten, also eigentlich die Benutzer, die finanziellen Auftraggeber, Architekten und Gestalter, je nach dem auch Vertreter der Kommunen. Wichtig ist dabei, dass ein gesamtheitliches und abgerundetes Urteil entstehen kann.

Entsteht nicht das Problem, dass sich in einer Jury Kollegen beurteilen, die später auch wieder in einer Jury Kollegen beurteilen werden?
Das kann passieren, ist aber selten. Ein Problem ist das aber nicht, denn ein schwaches Projekt kann nicht zum Sieger durchgedrückt werden. Es gibt aber auch anonyme Bewerbungen.

Ist das ein Vorteil?
Für eine erste von mehreren Bewerbungsrunden ist es eine gute Variante, ja. Beim Berliner Spreebogen wurde zum Beispiel dieses Vorgehen gewählt.

Wie groß ist der Neid in der Architektur?
Riesig. Wenn jemand mehrere Male gewinnt, dann ist man als Unterlegener natürlich neidisch. Aber weil es nachvollziehbar ist, weshalb jemand gewinnt, ist es auch wieder nicht so ein Problem.

Sie betonen immer wieder den Prozess des Wettbewerbs, weshalb?
Weil jeder Schritt dazu beiträgt, dass der Wettbewerb zu einem guten und fairen Resultat führt. Zuerst die Ausschreibung mit den präzisen Kriterien, damit für alle die Spielregeln klar sind. Dann eventuell eine klärende Runde, in welcher die Teilnehmer Fragen stellen können. Dann die Vorprüfung der eingegebenen Projekte und verlangten Kriterien. Sie macht vor allem nachher die Jurierung effizienter. Und schließlich die Diskussion in der Jury mit dem Eliminationsverfahren, das protokolliert wird. Der Wettbewerb kann auch als Prozess der Partnersuche für die nachfolgende Realisierung gesehen werden.

Würden Sie einen solchen Prozess jedem Wettbewerb raten, auch einem für gute Lehre?
Ja, auf jeden Fall. Es ist der Entscheidungsprozess, der die Qualität eines Wettbewerbs ausmacht.

Bei Lehrpreisen sind sehr unterschiedliche Ziele möglich, Qualitätsentwicklung zum Beispiel oder Anerkennung. Welches Ziel hat eigentlich ein Architekturpreis – ein möglichst schönes Haus möglichst billig?
Nein, das ist ebenfalls sehr unterschiedlich. Bei einem Ideenwettbewerb geht es darum, Möglichkeiten auszuloten und die Qualität zu entwickeln. Es gibt aber sehr konkrete Projekte und auch in der Architektur gibt es Ehrungen für das Lebenswerk.

Ich sehe zwischen Preisen für gute Architektur und für gute Lehre einen großen Unterschied: die Vergleichbarkeit der Teilnehmenden. In der Architektur diskutiert man immer über konkrete Pläne oder Modelle, die sich vergleichen lassen. In der Lehre liegt kein Modell auf dem Tisch. Wie wichtig ist es für Sie, dass sie ein Produkt auf dem Tisch haben, wenn sie in einer Jury diskutieren?
Enorm wichtig. Ein Wettbewerb ist ein Vergleich, um das beste Projekt zu küren. Dazu muss es konkret auf dem Tisch liegen. Man kann damit auch eine Ausstellung machen und es allen zeigen.

Wie würden Sie vorgehen, wenn Sie eine Person für hervorragende Lehre auszeichnen müssten?
Preise wie der „Pritzker-Preis", der weltweit renommierteste Preis in der Architektur, ehrt das „Lebenswerk", das Talent und den Einfluss einer professionellen Person. Hier wird mit zeitlichem Abstand, mit Blick auf ein Werk, eine Person gekürt. In Anlehnung dazu, könnten vielleicht auch Alumni quasi rückblickend die besten Lehrpersonen beurteilen.

Wie geht man in der Architektur damit um, wenn ein Unternehmen mit einem Preis Werbung für sich machen will?
Es gibt solche Preise. Der Betonpreis zum Beispiel wird von Betonfirmen gesponsert. Ich sehe darin aber kein Problem, weil die Interessen klar deklariert sind. Sponsoring heißt ja nicht, dass der Preis nicht sauber vergeben wird und der Gewinner nicht gute Arbeit geleistet hat. In der Regel aber ist es ja der Staat oder ein Privater, der ein Haus oder eine Brücke bauen will; da ist Sponsoring nicht möglich und wäre auch unsinnig.

Gibt es auch Förderpreise für junge Architekten?
Ja, das gibt es, allerdings nur wenige. Architekturwettbewerbe haben auch den Vorteil, dass sie allen offen stehen und sich die jungen mit den etablierten Architekten messen können. Erfahrung ist sicher sehr wichtig, aber viele junge Architekten haben sehr gute Ideen.

Wer einen Preis ausschreibt, muss sich immer auch über die Form Gedanken machen. Geht es in Architekturwettbewerben vor allem ums Geld?
Nicht nur. Nur von Wettbewerben kann man nicht leben als Architekt. Man muss auch bauen können. Deshalb ist es auch wichtig, aufgeführt zu werden in den Wettbewerbsresultaten. Renommee ist wichtig, weil es auch Wettbewerbe gibt, zu denen man eingeladen wird.

Was würden Sie einer Universität raten, die einen Preis für herausragende Lehre einrichten will?
Ich würde raten, keinen Personenkult zu betreiben. In Anlehnung an den Planungswettbewerb würde es mich reizen, eine konkrete Aufgabe im Bereich der Lehre in den Raum zu stellen: z.B. das Erarbeiten von praxistauglichen Fallstudien zu theoretischen Modellen in einem bestimmten Bereich.

Sie haben gesagt, dass es wichtig ist, die Benutzer oder hier das Publikum, die Studierenden, zu fragen.
Ja, ich würde stark gewichten, was die Studierenden sagen, aber es darf nicht einfach eine Sympathienote von Studierenden sein. Ich fände spannender, eine Aufgabe zu formulieren, auf die man sich bewerben kann. Ein Fallbeispiel oder das Entwickeln eines Instrumentariums. Ich würde also versuchen, möglichst ein Produkt zu bewerten, das auch einen messbaren Teil hat.

Und den unmessbaren Teil?
Ich würde das, was nicht messbar ist, offen legen. So dass transparent ist, worüber die Jury entscheidet. Zudem braucht es in der Jury eine gute Mischung aus Didaktikexperten, Publikum und Peers.

Und was soll der Preis bewirken?
Das muss sich die Universität sehr gut überlegen. Mir wäre wichtig, dass es weiter geht. In der Architektur fängt mit einem Preis eigentlich alles erst richtig an, denn dann beginnt man zu bauen. Es wäre gut, wenn es in der Lehre mit dem Preis nicht einfach getan ist.

Wie könnte man dies sicherstellen?
Indem prämierte, innovative Lehransätze sichtbar werden – und andere anregen, Neues zu wagen.

Markus Binder

„Das Schwierige ist nicht, eine Person zu finden, der man 10.000 Franken geben kann." – Wie das Bundesamt für Kultur die Qualität von Kunst beurteilen lässt.
Interview mit Jean-Frédéric Jauslin[1]

Markus Binder:
Herr Jauslin, der Bund betreibt schon lange Kulturförderung, einige Preise gibt es seit über 100 Jahren. Weshalb?

Jean-Frédéric Jauslin:
Der Bund fördert auf der einen Seite junge Künstlerinnen und Künstler und er ehrt auf der anderen Seite bedeutende Persönlichkeiten. Auf diese zwei Ebenen haben wir unsere Kulturförderung in den letzten Jahren ausgerichtet. Junge Kunstschaffende sollen eine Plattform und ältere eine Anerkennung für ihr Gesamtwerk erhalten.

In allen Sparten?
Idealerweise ja. Im Vordergrund stehen derzeit die Sparten Kunst und Design. In der Kunst haben wir den „Eidgenössischen Wettbewerb für Kunst" für Kunstschaffende unter 40 und den „Prix Meret Oppenheim" für anerkannte Künstler über 40. Im Design gibt es analog den „Eidgenössischen Wettbewerb für Design" und seit 2007 den „Grand Prix Design". In der Literatur und in der Musik sind wir leider noch nicht so weit. Im Film läuft es ein bisschen anders mit dem Filmpreis.

Weshalb muss eigentlich der Bund solche Preise verleihen, weshalb können das nicht Private tun?
Der Bund hat eine Legitimität, die privaten Stiftungen zum Beispiel nicht haben. Das Schweizer Kreuz ist ein Symbol mit starkem Wiedererkennungswert. Deshalb haben wir dies so im neuen Kulturförderungsgesetz verankert. Artikel 11 sagt

---

[1] Jean-Frédéric Jauslin (1954), Dr. sc. tech. ETHZ, Direktor des Bundesamtes für Kultur, vorher Direktor der Schweizerischen Landesbibliothek.

ganz schlicht: Der Bund kann künstlerische Leistungen und kulturelle Verdienste auszeichnen. Es ist ein großer Unterschied, ob der Staat einen Preis vergibt oder ein Privater, auch in der Wirkung im Ausland. Der Preis einer Lokalbank ist zwar schön, nützt einem Künstler im Ausland aber wenig, das Schweizerkreuz dagegen bedeutet staatliche Anerkennung.

Und die ist nötig?
Ja, auch wenn es nicht der Schweizer Mentalität entspricht. Wir sind in dieser Hinsicht sehr bescheiden. Ich war kürzlich in Paris, weil wir das Werk von Le Corbusier bei der UNESCO als Weltkulturerbe anerkennen lassen möchten. Dabei musste ich betonen, dass Le Corbusier nicht Franzose war. Das ist sehr typisch. Wenn jemand bekannt ist, dann ist er es als Person und nicht als Schweizer. Außer vielleicht bei Roger Federer!

Der Staat soll also diese Preise vergeben. Wie stellen Sie sich denn zum Sponsoring von staatlichen Preisen durch Private?
Das stört mich gar nicht, im Gegenteil. Entscheidend ist nur die Rollenverteilung. Es muss ein Unterschied sein, ob ein Privater einen Preis vergeben will und den Staat beizieht oder ob der Staat die Federführung hat.

Höre ich das richtig, Sie sind eher dafür, dass der Staat die Federführung hat und nicht die Privaten.
Nein, es geht beides, die Spielregeln müssen einfach klar definiert sein. Wenn das Schweizerkreuz zuvorderst steht, dann kann der Preis nicht nach einer Bank benannt sein.

Es würde Sie also nicht stören, wenn ein Preis für ausgezeichnete Lehre an den Hochschulen „Credit Suisse Award for Best Teaching" heißt?
Nein, da kann es sich durchaus um eine Win-win-Situation handeln. Die Rollenverteilung von Privaten und öffentlicher Hand muss einfach klar definiert sein.

Das heißt, die Bank steht zuvorderst und muss die Hauptarbeit leisten, nicht die Universität.
Wenn ein Preis „Credit Suisse Preis" heißt, dann ist klar, dass es nicht der Preis der Institution ist, sondern eben der Credit Suisse. Sie profitiert davon und definiert das Ziel. Wenn es der Preis der Institution ist, dann heißt er „Lehrpreis der Universität Bern", zum Beispiel.

Wenn ihr Name nicht im Titel des Preises steht, hat doch die Credit Suisse kein Interesse mehr, den Preis zu sponsern.
Nicht unbedingt. Die Credit Suisse könnte trotzdem profitieren, zum Beispiel bei der Preisverleihung. Das gibt es in der Kunst in ähnlicher Form auch.

Wenn jemand für die beste Lehre ausgezeichnet wird, dann geht es um eine Qualität, die sich nicht einfach messen lässt. In der Kunst ist es ähnlich. Wie gehen Sie damit um?
Die einzig mögliche Form ist eine Expertenkommission. Die Eidgenössische Kunstkommission wird vom Bundesrat gewählt und hat damit auch entsprechendes Gewicht. Es muss sich um ausgewiesene Expertinnen und Experten handeln, die nach möglichst objektiven Kriterien eine Wahl treffen, nicht einfach nach persönlichem Geschmack. Ein Privater oder ein Unternehmen kann einen Preis vergeben, weil ihm grün besser gefällt als blau, für einen staatlichen Preis braucht es aber mehr Objektivität.

Die Eidgenössische Kunstkommission, also die Jury, wird alle vier Jahre neu gewählt, weshalb?
Weil es eine gewisse Kontinuität aber auch Wandel braucht. Die Welt verändert sich. Außerdem hätten wir nicht genug Experten, wenn wir jedes Jahr eine neue Jury zusammenstellen müssten.

Die Eidgenössische Kunstkommission entscheidet als Jury. Weshalb soll dieser Entscheid objektiv sein?
Halt, sie entscheidet nicht. Sie hat nur ein Vorschlagsrecht. Der Bund ist Auftraggeber, er formuliert einen klaren Auftrag an die Kommission. Diese begründet ihre Auswahl. Am Schluss entscheidet aber der Bund. Das muss auch aus juristischen Gründen so sein, die Expertenarbeit kann man delegieren, den Entscheid nicht.

Es braucht also zwei Gremien?
Ja, das ist absolut zentral. Die Hauptfragen müssen immer sein: Wer ist der Auftraggeber? Was ist der Auftrag? Und wer ist der Auftragnehmer?

Der Bund, oder das Bundesamt für Kultur, entscheidet also über gute Kunst?
Wieder Nein. Wir mischen uns nicht in die Inhalte ein. Diese beurteilt die Kommission. Wir schauen, ob die Regeln, die wir aufgestellt haben, eingehalten worden sind. Sind sie das, dann übernehmen wir den Vorschlag der Kommission.

Nochmals zur Objektivität. Sie liegt, wenn ich das richtig verstehe, in diesem Auftrag und in der Expertenkommission. Gibt es gar nichts Messbares?
Nein, Kunst ist nicht messbar. Auch wenn man sagt, dass Kunst eine Botschaft haben muss, die die Gesellschaft bewegt, oder die Gefühle hervorruft. Das Einzige, was man vielleicht messen kann, ist, ob ein Künstler auch das Publikum erreicht, das er sucht. Jemand, der gar keinen Erfolg hat beim Publikum, kann nicht einfach sagen, er sei ein Genie. Aber weil auch das schwierig ist, brauchen wir eben die Experten und ihre Begründungen.

Aber da spielen doch garantiert auch persönliche Vorlieben mit. Wenn jemand geometrische Malerei nicht mag, dann wird er nie einen Preis dafür verleihen.
Ja, deshalb ist es wichtig, dass die Experten wirklich eine große Kenntnis besitzen und auch Kunst einschätzen können, die nicht zu ihren persönlichen Vorlieben gehört. Und deshalb wird die Kommission auch alle vier Jahre neu gewählt.

Besteht dabei nicht die Gefahr, dass Kollegen die Kunst von Kollegen beurteilen, die später dann auch mal die Kunst von Kollegen beurteilen müssen?
Das lässt sich nicht vermeiden. Wenn aber der Auftrag präzise formuliert ist, dann kann ich als Auftraggeber prüfen, ob der korrekt ausgeführt worden ist.

Wenn der Erfolg beim Publikum wichtig ist, weshalb braucht es dann überhaupt Experten?
Das Publikum kann die Expertenkommission in gewissen Fällen schon unterstützen. Spannend ist, was wir nun im Bereich Film machen. Im Wettbewerb um die Oskar-Nominierung für Hollywood haben wir das Publikum miteinbezogen und als Beraterinnen und Berater funktionieren lassen. Spannend ist das deshalb, weil diesmal das Publikum denselben Film gewählt hat wie die Jury.

Der Wert eines Preises ist auch abhängig davon, wie viele es davon gibt. Sie plädieren für große, gesamtschweizerische Preise.
Ja, wenn jede Universität in der Schweiz einen Preis verleiht, dann hat das einen anderen Wert als ein eidgenössischer Preis. Es ist aber natürlich auch eine Kombination denkbar, mit universitären Preisen auf einer ersten Stufe und dann einer eidgenössischen Auszeichnung für einen der Preisträger.

Dann braucht man einfach noch mehr Geld?
Nein, überhaupt nicht. Beim „Schweizer Filmpreis" ist es zum Beispiel so, dass mehrere Filme nominiert werden und alle dasselbe Preisgeld erhalten. Einer wird dann ausgezeichnet, erhält aber nicht zusätzliches Geld, sondern er darf sich mit dem Titel schmücken. Das ist viel wichtiger als zusätzliches Geld.

Bei den Preisen für die jungen Künstlerinnen und Künstler betonen Sie die Plattform und nicht das Geld.
Wenn man junge Künstler fördern will, dann brauchen sie eine Möglichkeit, bekannt zu werden und ein Netzwerk aufzubauen. 1991 hat Pipilotti Rist zum Beispiel den „Eidgenössischen Kunstpreis" erhalten, den es seit 1899 gibt. Dabei hat sie auch Geld, aber vor allem auch eine Plattform erhalten. Geld ist nicht immer das Wichtigste, auch bei Anerkennungspreisen. Viel wichtiger ist die Einzigartigkeit und die Inszenierung des Preises. Darin sind wir in der Schweiz, wie gesagt, nicht so gut.

Sie würden also einem Preisträger für ausgezeichnete Lehre einen Aufenthalt an einer Top-Universität ermöglichen?
Zum Beispiel, ja.

Wie würden Sie damit umgehen, wenn das, was ausgezeichnet wird, nicht konkret auf dem Tisch liegt wie ein Bild?
Das ist kein Problem, das ist nur eine Frage des Auftrags: Was ist das Ziel des Preises? Soll die Schule wahrgenommen werden? Oder eine bestimmte Person? Das muss formuliert werden im Auftrag. Den Rest kann man der Kommission überlassen.

Ganz frei?
Ganz frei. Eine Kommission oder Jury kann sehr gut die eigenen Kriterien aufstellen. Wenn der Auftrag klar ist, dann kann die Freiheit sehr groß sein.

Die Lehre ist bei Berufungen an Universitäten weniger wichtig als die Forschung. Es kann sogar sein, dass ein Preis für gute Lehre für eine Berufung gar keine Rolle spielt. Wie würden Sie damit umgehen?
Dann würde ich mich fragen, ob der Preis richtig organisiert ist und richtig wahrgenommen wird. Wenn ein Preis bei einer Bewerbung nicht zählt, dann ist der Preis nicht gut. Dann gibt es vielleicht zu viele Preise.

Wenn Sie nun eine Universität beraten müssten, die einen Preis für ausgezeichnete Lehre einrichten will. Worauf würden Sie vor allem achten?
Ich würde zuerst fragen, was die Universität vom Preis erwartet. Das Ziel muss klar sein. Das Schwierige ist nicht, eine Person zu finden, der man 10.000 Franken geben kann. Das Schwierige ist, den Preis so auszuschreiben und vor allem zu verleihen, dass das Ziel erreicht wird.

Heißt das, Sie würden die Übergabe des Preises stärker inszenieren, damit die Institution besser zur Geltung kommt? Mehr Pomp also?
Ich würde sagen mehr Visibilität. Die Verleihung kann wichtiger sein, als alles andere. Wir haben in der Schweiz Mühe mit großen Verleihungen. Als dieses Jahr erstmals der Buchpreis verliehen wurde, da konnte Rolf Lappert ihn nicht einfach alleine entgegen nehmen, er musste alle anderen auch auf die Bühne bitten. Wir dürfen ruhig etwas mehr Mut zur Auszeichnung haben.

Autorinnen und Autoren

Binder, Markus
Freischaffender Journalist, Schreibtrainer und Lektor sowie Dozent am Institut für Angewandte Medienwissenschaft der ZHAW in Winterthur.
markus.binder@swissonline.ch

Blüml, Frances
M.A., Mitarbeiterin im Bereich Qualitätsmanagement & Program Delivery sowie Lehrbeauftrage an der Wirtschaftsuniversität Wien (WU). Sie ist mitverantwortlich für die Begleitung und Entwicklung von Unterstützungsangeboten in der Lehre, wie Feedback- und Evaluierungsverfahren, und betreut die Lehrauszeichnungen „Innovative Lehre" und „Exzellente Lehre" an der WU.
frances.blueml@wu.ac.at

Eugster, Balthasar
Lic. phil., wissenschaftlicher Mitarbeiter an der Arbeitsstelle für Hochschuldidaktik der Universität Zürich. Gegenwärtige Arbeits- und Forschungsschwerpunkte sind die Professionalisierung und Evaluation der Hochschullehre sowie die Analyse und Steuerung universitärer Bildungsprozesse. Er ist Mitglied der Arbeitsgruppe Bologna-Koordination der Rektorenkonferenz der Schweizer Universitäten.
balthasar.eugster@access.uzh.ch

Futter, Kathrin
Lic. phil., wissenschaftliche Mitarbeiterin an der Arbeitsstelle für Hochschuldidaktik der Universität Zürich. Ihre Arbeitsgebiete umfassen die Beratung und das Coaching von Dozierenden an der Universität, sowie die Planung und Durchführung von Ausbildungsprogrammen. Ihre Forschungstätigkeit liegt hauptsächlich in der Lehrerinnen- und Lehrerbildung und betrifft das berufsspezifische Lernen von zukünftigen Lehrpersonen und deren Mentoren in der berufspraktischen Ausbildung.
kathrin.futter@access.uzh.ch

Gutbrodt, Fritz
Prof. Dr., Managing Director in der Credit Suisse Group und Geschäftsführer der Credit Suisse Foundation, die den Best Teaching Award gestiftet hat. Er war zuvor Assistant Professor an der Johns Hopkins University in Baltimore, USA und unterrichtet jetzt als Titularprofessor an der Philosophischen Fakultät der Universität Zürich.
fritz.gutbrodt@credit-suisse.com

Israel, Mark
Professor of Law and Criminology, Faculty of Law, University of Western Australia, and Adjunct Professor of Law and Criminology, School of Law, Flinders University. Winner of 2004 Prime Minister's Award for Australian University Teacher of the Year.
mark.israel@flinders.edu.au

Jorzik, Bettina
Programmleiterin „Lehre und Akademischer Nachwuchs" beim Stifterverband für die Deutsche Wissenschaft (Programme „Die internationale Hochschule", „Zukunft der Lehre", „Exzellenz in der Lehre", „InnoLecture – Gastdozenturen zur Innovation in der Lehre", „Neue Wege in der Juristenausbildung", „Lehrerbildung – von der Hochschule in den Klassenraum"); bis 2003 Leiterin des Referats für Internationale Angelegenheiten im Ministerium für Schule, Wissenschaft und Forschung des Landes Nordrhein-Westfalen; studierte Englisch und Sozialwissenschaften an der Universität Köln und der Universität-Gesamthochschule Essen.
bettina.jorzik@stifterverband.de

Kolendowska, Albertine
Diplômée en biologie de l'université de Genève en 2000, elle se spécialise en conservation de la nature. Après quelques années d'expérience dans le privé, le public ainsi que dans les organisations non-gouvernementales, Albertine Kolendowska intègre l'EPFL en tant qu'adjointe à la Déléguée à la formation. Ses principales fonctions sont la gestion de dossiers stratégiques liés à la formation. Albertine Kolendowska est également en charge de la promotion et de la coordination du Credit Suisse Award for Best Teaching.
albertine.kolendowska@epfl.ch

McNaught, Carmel
Professor of Learning Enhancement and Director, Centre for Learning Enhancement And Research (CLEAR), The Chinese University of Hong Kong.
carmel.mcnaught@cuhk.edu.hk

Mighty, Joy
Dr., Director of the Centre for Teaching and Learning and Professor in the School of Business at Queen's University. She is the President of the Society for Teaching and Learning in Higher Education (STHLE) and represents Canada on the Council

of the International Consortium for Educational Development (ICED). An award winning teacher, Dr. Mighty has an academic background in English, Education, and Organizational Behaviour, as well as a wealth of experience and expertise as an administrator, teacher, educational developer, researcher and consultant. Her special interests are organizational development and change, as well as equity and diversity issues as they relate to both management and education. She is a frequent keynote speaker, and has published in various conference proceedings, journals and books.
mighty@queensu.ca

Moritz, Marie-Theres
M.A., wissenschaftliche Mitarbeiterin im Zentrum für Qualitätssicherung und Entwicklung an der Johannes Gutenberg-Universität Mainz.
marie-theres.moritz@zq.uni-mainz.de

Pasternack, Peer
Dr. phil., Staatssekretär a.D., Forschungsdirektor am Institut für Hochschulforschung (HoF) an der Universität Halle-Wittenberg.
peer.pasternack@hof.uni-halle.de

Schiefner, Mandy
M.A., studierte Erziehungswissenschaft, Informationswissenschaft und Kunstgeschichte. Nach ihrem Studium arbeitete sie als wissenschaftliche Mitarbeiterin an der Fachhochschule Nordwestschweiz. Seit 2006 wissenschaftliche Mitarbeiterin an der Universität Zürich, seit 2007 stellvertretende Leiterin der Arbeitsstelle für Hochschuldidaktik. Forschungsschwerpunkt: Medien in der Hochschullehre, Web 2.0, Bildungsforschung und Hochschulentwicklung.
mandy.schiefner@access.uzh.ch

Schmid, Christian J.
Dipl. Soz., Wissenschaftlicher Mitarbeiter im DFG-Projekt „Auf dem Weg zur unternehmerischen Universität – eine Studie zu intendierten und nicht-intendierten Auswirkungen neuer Governance-Formen auf die akademische Lehre" an der TU Dortmund. Als Organisationswissenschaftler interessiert er sich für die qualitative und quantitative empirische Erforschung alternativer Konzeptionen des Zusammenhangs von Organisationsstrukturen mit der Handlungsebene der Organisationsmitglieder. Dazu integriert er Herangehensweisen der praxis- und inter-

aktionstheoretischen Sozialtheorie in den klassischen Kanon der Organisationstheorie. Bisher hat er sich v.a. mit der Organisation devianter bzw. delinquenter Individuen in subkulturellen Kontexten befasst.
christian.schmid@tu-dortmund.de

Schmidt, Uwe
Dr. phil., Leiter des Zentrums für Qualitätssicherung und -entwicklung der Universität Mainz. Seine Forschungsschwerpunkte liegen im Bereich Evaluation, Hochschulforschung und Familiensoziologie.
uwe.schmidt@zq.uni-mainz.de

Tremp, Peter
Dr., Bildungswissenschaftler, Leiter der Arbeitsstelle für Hochschuldidaktik der Universität Zürich. Seine Arbeitsschwerpunkte sind: Universitäre Didaktik, Lernen in Bildungseinrichtungen und Didaktik als Kultivierung des Lehrens und Lernens.
peter.tremp@access.uzh.ch

Vettori, Oliver
Mag., Leiter des Bereichs Qualitätsmanagement & Program Delivery an der Wirtschaftsuniversität Wien (WU), Lehrbeauftragter an der WU sowie der Universität Wien und darüber hinaus als Berater/Vortragender für unterschiedliche Universitäten und Organisationen des Feldes tätig (u.a. WUS Austria, EUA, Quality Austria). Seine Arbeitsschwerpunkte und Interessen liegen in den Feldern Qualitätsentwicklung und Hochschulsteuerung, Hochschuldidaktik, Organizational Behaviour und qualitative Forschungsmethoden.
oliver.vettori@wu.ac.at

Wageneder, Günter
Mag., seit 2001 in der Zentralen Servicestelle für Flexibles Lernen und Neue Medien der Universität Salzburg für die Entwicklung und Etablierung der Nutzung von Informations- und Kommunikationstechnologien für Lehre und Studium mitverantwortlich. Seit 2004 ist er zudem für den beim Vizerektor für Lehre angesiedelten Arbeitsbereich Qualitätsentwicklung in Lehre und Studium verantwortlich.
guenter.wageneder@sbg.ac.at

Weil, Markus
Dr., wissenschaftlicher Mitarbeiter an der Arbeitsstelle für Hochschuldidaktik der Universität Zürich. In seiner Diplomarbeit verglich er fünf Lernfestivals in der Erwachsenenbildung und die dazugehörigen Weiterbildungspreise, ausserdem ist er seit geraumer Zeit im Bereich der Berufs- und Wirtschaftspädagogik tätig.
markus.weil@access.uzh.ch

Westphal, Elisabeth
Mag., arbeitet als Referentin für den Bologna Prozess, Hochschulbildung in Europa und Lehre bei der Österreichischen Universitätenkonferenz in Wien. Einige ihrer Arbeitsfelder sind die Implementierung des Bachelors, Masters und Doktorats, Life Long Learning, Qualifikationsrahmen und die Betreuung des Forums Lehre. Ihre Arbeitserfahrungen sammelte sie in unterschiedlichen Institutionen im Bereich der Kunst und Forschung, wie beispielsweise dem Bildarchiv der Österreichischen Nationalbibliothek, der Österreichischen Akademie der Wissenschaften und der österreichischen Buchbranche. Westphal studierte Geschichte & Sozialkunde und Anglistik & Amerikanistik an der Universität Wien und war im Zuge einiger Studien- und Forschungsaufenthalte in London, Redhill und Nordengland.
elisabeth.westphal@uniko.ac.at

Wilkesmann, Uwe
Prof. Dr., Inhaber des Lehrstuhls für Organisationsforschung, Weiterbildungs- und Sozialmanagement am Zentrum für Weiterbildung der Technischen Universität Dortmund und Direktor des Zentrums für Weiterbildung an der TU Dortmund. Außerdem ist er Adjunct Professor am Knowledge Management Research Centre, Hong Kong Polytechnic University. Er hat viele Drittmittelprojekte zu den Themen Wissensmanagement, organisationales Lernen, Hochschulmanagement, wissenschaftliche Weiterbildung durchgeführt. Arbeitsgebiete: Hochschulforschung, (Weiter-)Bildungsforschung, Organisationsforschung, Motivation und Anreize, gesellschaftliche Erwartungsmilieus.
uwe.wilkesmann@tu-dortmund.de

Michael Gessler (Hrsg.)

Handlungsfelder des Bildungsmanagements

Ein Handbuch

2009, Waxmann Studium, 464 Seiten, br., 29,90 € ISBN 978-3-8309-2223-0

Das Bildungsmanagement gewinnt spätestens seit den 1990er Jahren in Deutschland zunehmend an Bedeutung. Seit dem Jahr 2000 „festigt" sich diese noch junge Disziplin u.a. durch die Einrichtung entsprechender Bachelor- und Masterstudiengänge im Kontext des Bologna-Prozesses. Dass die wechselseitige Bezugnahme zwischen „Bildung" und „Management" nicht nur fruchtbar sein kann, sondern heute auch notwendig ist, ist eine Grundprämisse des Bandes. Gleichwohl bleibt das Verhältnis spannungsreich.

Die Bandbreite des Bildungsmanagements wird in 15 Handlungsfeldern dargestellt. Diese wurden auf Basis eines Strukturmodells zunächst ausgewählt und sodann empirisch validiert und verifiziert. Die praktischen Beispiele stammen weitgehend aus dem Bildungsbereich „Berufliche Weiterbildung". Insgesamt 19 Autorinnen und Autoren mit unterschiedlichen disziplinären Hintergründen (u.a. Erziehungswissenschaften und Wirtschaftswissenschaften) beteiligten sich an der Entwicklung des Bandes und der Beschreibung der Handlungsfelder.

Für Praktiker und für Studierende ist dieses Werk gleichermaßen nützlich und lesenswert.
Weiterbildung, 3/2010

Michaela Knust,
Anke Hanft (Hrsg.)

Weiterbildung im Elfenbeinturm!?

2009, 224 Seiten, br., 29,90 €, ISBN 978-3-8309-2059-5

Dem Transfer von wissenschaftlichen Leistungen wird im deutschen Hochschulsystem bislang eine zu geringe Beachtung geschenkt. Wollen deutsche Hochschulen im internationalen Wettbewerb auf dem hart umkämpften Weiterbildungsmarkt konkurrieren, haben sie eine Reihe von Hausaufgaben zu erledigen.

Mit der Anfang 2008 durchgeführten Tagung „Weiterbildung im Elfenbeinturm!?" sollte eine Idee davon vermittelt werden, wie Lifelong Learning an Hochschulen aussehen kann. Wie vielfältig die Aufgaben für Hochschulen sind, wenn sie über ihre bisherigen Weiterbildungsaktivitäten hinaus einen Beitrag zur gesellschaftlichen und wirtschaftlichen Entwicklung leisten wollen, ist in den hier versammelten Beiträgen der internationalen Referenten deutlich geworden. Acht Handlungsfelder, die zur Neubestimmung der wissenschaftlichen Weiterbildung in Deutschland besonders wichtig erscheinen, haben die Herausgeber neben den einleitenden Überblicksvorträgen in den Mittelpunkt der Tagung gestellt und in diesem Band dokumentiert.

Anke Hanft,
Michaela Knust (Hrsg.)

Weiterbildung und lebenslanges Lernen in Hochschulen

Eine internationale Vergleichsstudie zu Strukturen, Organisation und Angebotsformen

2007, 392 Seiten, br., 34,90 €, ISBN 978-3-8309-1915-5

Angesichts der gesamtgesellschaftlichen Situation sowie der aktuellen demographischen Veränderungen wird ein kontinuierliches Lernen im Lebenslauf immer wichtiger. Wie aber positionieren sich Hochschulen in diesem Umfeld? Agieren sie als „important player" oder zeigen sie derzeit eher ein verhaltenes Engagement? Die gegebene Notwendigkeit des lebenslangen Lernens eröffnet in diesem Zusammenhang interessante Gestaltungsoptionen zum Ausbau der wissenschaftlichen Weiterbildung. Diese stellen jedoch auch große politische, strukturelle und organisationsbezogene Herausforderungen dar, die die Hochschulen unterschiedlich annehmen.

Diese Studie analysiert die „Struktur und Organisation der Weiterbildung durch Hochschulen" in einem internationalen Vergleich. Neben Deutschland als Referenzland wurden die aktuelle Situation der wissenschaftlichen Weiterbildung auf der System-, Organisations- und Angebotsebene in Finnland, Frankreich, Großbritannien, Österreich und den Vereinigten Staaten von Amerika analysiert. Angebunden wurde zudem eine Studie, die die außerhochschulischen Akteure, wie Unternehmen und Forschungseinrichtungen, einbezieht, die ebenso in der hoch qualifizierten Weiterbildung engagiert sind. Über die Berücksichtigung der jeweiligen Rahmenbedingungen der betrachteten Länder wird ein Verständnis von der organisationsfokussierten Funktionsweise wissenschaftlicher Weiterbildung geschaffen, was den Weg ebnet, über dieses kontextbezogene Verständnis hinaus Implikationen für die deutsche Situation zu schließen.